高等院校本科生通识课系列教材

MANAGEMENT

管理学

鲁 渤 ◎主编

大连理工大学出版社
Dalian University of Technology Press

图书在版编目(CIP)数据

管理学 / 鲁渤主编． -- 大连：大连理工大学出版社，2023.2
ISBN 978-7-5685-3233-4

Ⅰ.①管… Ⅱ.①鲁… Ⅲ.①管理学 Ⅳ.①C93

中国版本图书馆CIP数据核字(2021)第213426号

GUANLIXUE

大连理工大学出版社出版
地址：大连市软件园路80号　邮政编码：116023
发行：0411-84708842　　邮购：0411-84708943　　传真：0411-84701466
E-mail：dutp@dutp.cn　　URL：https://www.dutp.cn
辽宁星海彩色印刷有限公司印刷　　大连理工大学出版社发行

幅面尺寸：185mm×260mm　　印张：13　　字数：316千字
2023年2月第1版　　　　　　　　　　2023年2月第1次印刷

责任编辑：邵　婉　王　洋　　　　　　　　　责任校对：杨　洋
封面设计：奇景创意

ISBN 978-7-5685-3233-4　　　　　　　　　　定　价：55.00元

本书如有印装质量问题，请与我社发行部联系更换。

前　言

改革开放40多年来,中国企业在组织管理效率、自主创新能力以及国际化影响力方面取得了整体上的长足发展,在现代管理思想和方法上也有了相当的积累。当下,全球新一轮科技革命正快速而深刻地重塑全球企业和产业竞争格局,一系列管理和伦理问题也相伴而生,中外企业所处的竞争环境呈现出复杂性、模糊性和不确定性特征,管理学也在促进经济发展和社会转型的过程中肩负着重要的使命。夯实管理研究方法,探索中国特色管理实践,实现东西方管理学理论的融合发展,已成为我国当代管理科学发展的重要任务。

无论是提高我国管理科学水平,还是建立具有中国特色的管理理论体系,都需要培养大批具有先进管理理念、掌握科学管理方法的管理专业人才。为帮助我国企业的各类管理者和管理类相关专业的学生了解国内外最新的管理学理念、方法与技术,感受国内外企业管理实践的前沿,洞悉管理学的要义与精髓,我们组织编写了本书。

本书分为管理学理论、管理学实践与管理学创新三篇,共计十章,涵盖了管理学的计划、组织、激励、领导、控制等多个专题。主要内容包括:绪论、管理学的基本概念、管理学的活动主体、管理学的研究对象、管理学理论形成与演化、目标与计划、组织、领导、控制、创新管理。

本书结构科学、内容丰富,集中反映了管理学领域的最新进展。主要特色体现在:其一,简洁平实,结构清晰。本书从谋篇布局到用词遣句都力求简洁、平实,力争用有限的篇幅,高效、准确地阐述管理学的知识体系。其二,案例丰富,贴合实际。每章末配有案例分析并以二维码形式呈现,方便广大教师进行案例教学,更便于广大读者借助研习案例来领会管理学的理论体系,感受企业管理实践的日新月异,提升自己的管理能力。其三,注重中国文化中的管理启示,在"中国管理思想理论形成与演化"一节系统论述了中国传统管理思想精粹,在其他章节深入挖掘红色资源,探索管理学中蕴含的思政元素,促进专业教学与思政教育的互补融合。

最后,我要感谢刘晓冰、张令荣、吕志军、路宏漫、范丽洁、郝帅等,他们参与了本书的资料搜集、初稿编写工作,为本书的顺利出版付出了辛勤劳动。在本书的编写过程中,引用了不少学者的成果,限于篇幅,在此不一一列出,谨对他们为中国管理学事业的发展与本书所做的贡献表示衷心的感谢。

由于作者水平有限,所述内容难免存在纰漏与不足,恳请各位专家、学者和广大读者不吝指正,使之日臻完善。让我们携手并进,共同开创中国管理科学新时代。

鲁 渤

2022 年 12 月

目 录

第1章 绪 论 ·· 1
  1.1 管理学的学习意义 ·· 1
  1.2 管理学的学习方法 ·· 2

第一篇 管理学理论

第2章 管理学的基本概念 ··· 7
  2.1 管理的含义与重要性 ··· 7
  2.2 管理产生的原因与特点 ·· 9
  2.3 管理活动的时代背景 ·· 10
  本章小结 ·· 13

第3章 管理学的活动主体 ·· 14
  3.1 管理者的定义与职能 ·· 14
  3.2 管理者的分类 ··· 16
  3.3 成为良好管理者的途径 ··· 17
  本章小结 ·· 20

第4章 管理学的研究对象 ·· 21
  4.1 组织的定义 ·· 21
  4.2 组织环境影响因素 ·· 22
  4.3 组织文化 ·· 24
  4.4 组织表现的衡量 ··· 27
  本章小结 ·· 27

第 5 章 管理思想理论形成与演化 ………………………………………………… 29
5.1 中国管理思想理论形成与演化 ………………………………………… 29
5.2 西方管理思想理论形成与演化 ………………………………………… 33
5.3 当代管理思想理论 ……………………………………………………… 46
本章小结 ……………………………………………………………………… 50

第二篇 管理学实践

第 6 章 目标与计划 ………………………………………………………………… 53
6.1 确定目标 ………………………………………………………………… 53
6.2 制订计划 ………………………………………………………………… 60
6.3 预测 …………………………………………………………………… 70
6.4 决策 …………………………………………………………………… 72
本章小结 ……………………………………………………………………… 83

第 7 章 组 织 ……………………………………………………………………… 85
7.1 组织设计理论综述 ……………………………………………………… 85
7.2 组织结构 ………………………………………………………………… 100
7.3 组织权力的分配 ………………………………………………………… 110
7.4 组织人员的安排 ………………………………………………………… 116
本章小结 ……………………………………………………………………… 133

第 8 章 领 导 ……………………………………………………………………… 134
8.1 领导职能概述 …………………………………………………………… 134
8.2 领导主要理论 …………………………………………………………… 138
8.3 沟 通 …………………………………………………………………… 148
8.4 激 励 …………………………………………………………………… 154
本章小结 ……………………………………………………………………… 164

第 9 章 控 制 ……………………………………………………………………… 165
9.1 控制建立的条件 ………………………………………………………… 165

9.2 控制过程与原则 …………………………………………………… 168
9.3 控制方式与内容 …………………………………………………… 173
9.4 控制阻力的应对 …………………………………………………… 177
本章小结 ……………………………………………………………… 179

第三篇 管理学创新

第10章 创新管理 ………………………………………………………… 183
   10.1 管理创新及其重要性 ……………………………………………… 183
   10.2 管理创新模式与原则 ……………………………………………… 186
   10.3 管理创新思维方法 ………………………………………………… 188
   10.4 创新管理 …………………………………………………………… 191
   本章小结 ……………………………………………………………… 196

参考文献 …………………………………………………………………… 197

第1章 绪 论

1.1 管理学的学习意义

管理学既是一级学科名称，又是一门课程名称。作为学科的管理学是一门采用系统思想、数量方法和信息技术解决各类管理问题，以提高决策水平和管理效率，在国民经济建设和社会发展中发挥重要基础性作用的学科；作为课程的管理学是以管理活动为主要研究内容，研究管理规律、探讨管理方法、建构管理模式、取得最佳管理效益的学习和实践课程。

管理学的主要研究内容是管理活动，管理是人们社会活动的重要组成部分之一。作为社会活动，通过管理，组织可以发挥个体不能发挥的作用，完成个人不能完成的工作。这是学习管理学最根本的意义。

管理学具有普遍性，社会生活的方方面面都需要运用管理学的知识，所有的组织都需要管理。管理的普遍性如图 1-1 所示。

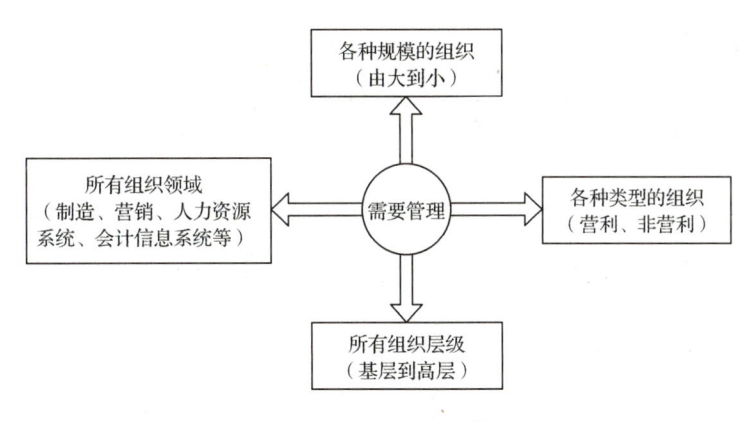

图 1-1 管理的普遍性①

对于个人而言，学习管理学可以支持个人职业生涯的发展。每个人在职业生涯中都有可能成为管理者，也有可能成为被管理者。对于未来有可能成为管理者的人来说，学习

---

① 斯蒂芬·罗宾斯，玛丽·库尔特.管理学[M].13版.刘刚，程熙镕，梁晗，等，译.北京：中国人民大学出版社，2017.

管理学可以获取管理的知识和技能,为其未来的管理活动打下基础。同时,在工作中不承担管理者职务的人也有可能需要与管理者一起合作,有成为管理活动中一分子的机会,所以也需要具备一定的管理学知识,才能更好地完成工作。

对于企业来说,有效的管理对内可以提高企业资源利用效率,增强企业的凝聚力,促进企业的良性发展。良好的企业管理可以帮助企业培养顾客的忠诚度,扩大企业对社会的影响力,提高企业在激烈竞争环境中的竞争力。面对时代的变革和社会关系的变化,大大小小的企业都面临着创新的挑战,有效的管理可以提高企业的创新能力,为企业的发展创造源源不断的活力。

对于国家而言,培养管理人才,推动管理学思想的发展与进步,是促进国家经济增长,实现国家资源合理配置的重要举措。面对复杂变化的国际关系,发展中国家更需要立足于国家经济的发展,不断提高国家的竞争力和实力。高度专业化的社会分工是现代国家和现代企业建立的基础,而管理学则为企业专业化的发展提供了有效的管理工具,使企业的凝聚与资源的协调成为可能,进而为提升企业竞争力与国家影响力提供了途径。

管理学的学习也是时代发展的需求。伴随着数字化与信息化技术手段的普及,互联网、人工智能、区块链、云计算等信息技术手段正逐渐改变着人们的经济活动、社会活动和日常生活方式。管理学的发展推动了科技的进步与生产力的发展,提高了人们的生活水平,而在变革的时代,管理也需要进行变革,管理学的思想和内容也需要不断丰富和发展。

作为一门立足于实践的科学,管理学在总结前人管理工作经验的基础上为后人管理活动的实施与改进提供了指导和建议,并对社会生活的方方面面产生了影响。管理学丰富的内涵也为其他学科的学习打下了基础,因此"管理学"是管理类专业本科生和研究生的重要基础课程。

1.2　管理学的学习方法

1.2.1　管理学的特点

不难发现,管理学具有如下特点:
(1)管理学的研究对象是社会活动,人是管理活动的主体。
(2)管理学的目的是取得最佳管理效益,管理活动具有强烈的目标导向。
(3)管理学是不断发展的科学,不同的时代、环境、科技水平对管理活动有不同的要求。
(4)管理学是综合性很强的科学,涵盖了许多自然科学、社会科学的知识。
(5)管理学是实践性很强的科学,从实践中产生,最终指导实践。
(6)管理学既是一门科学,又是一种实践,还是一门艺术,成功的案例可以提供经验,但失败的案例也可以使人获得借鉴。

1.2.2 学习管理学应坚持的原则

1. 目标导向原则

管理活动具有强烈的目标导向,组织应该按照所处环境、环境的变化以及有关风险,根据组织的不同需求,确定组织的特定目标,围绕目标选择其有效的组织形式、管理方式,制定有效的管理过程,并以目标达成度来衡量最终管理效果。

2. 以人为本原则

人是管理活动的主体,管理活动中,对外要从满足顾客要求的角度出发,进行管理工作的设计、安排、落实、执行,以顾客关于组织是否已满足其需求为标准进行评价并确定改进内容;对内要从研究员工的需求出发,基于适当的教育、培训、技能和经验,确保组织员工认识到所从事活动的相关性和重要性,并为实现质量目标而努力。

3. 持续改进原则

管理学是不断发展的科学,组织环境、科技水平、政策法规、顾客需求等因素随时、随地发生变化,难以找到普遍适用的管理方法。应该不断根据业绩和产品的符合性,采取适当的预防和纠正措施,调整管理过程及方法,确保目标的达成。

1.2.3 学习管理学应遵循的方法

1. 树立正确的世界观和方法论

学习和研究管理学,要以马克思主义原理为基本指导,树立正确的世界观和方法论,坚持用辩证唯物主义与历史唯物主义的精神研究、分析管理学中的科学问题,得到真实的、反映客观事实的、不断发展的管理规律,进而应用于管理实践活动。

2. 养成科学思维方法

科学的思维方式或思维方法有助于真实客观地认识事物的本质和规律,提高对管理理论的认识和运用能力,在指导管理实践的过程中会取得事半功倍的效果。新时代管理的科学思维包括战略思维、历史思维、辩证思维、创新思维以及底线思维等。

3. 坚持理论联系实际

管理学的理论体系从实践中产生,并最终指导实践。不同的管理理论其应用的原则、方法、对象、范围可能不同,在具体组织管理实践中要根据具体问题做出具体分析,采用适当的管理理论与方法。在学习具体管理理论时应了解理论形成的实践背景,把握理论与方法的本质。

管理一方面具有同生产力、社会化大生产相联系的自然属性,同时它又有与生产力和社会化大生产发展水平相适应的特征,即由生产资料所有制和社会制度决定的管理目的、管理方式、管理权力归属等方面的特征。

理解管理二重性原理能使我们更清楚地认识管理的特点和本质,同时在学习借鉴外国管理经验的时候,可以察真伪、识良莠,做到只纳其益,不受其害,从而真正有助于我国管理事业健康发展。

4.学好案例分析

案例教学,即通过对案例的深入研究分析,发现案例中规律性、普遍性的要素,形成管理规律和方法,是管理学最常用的方法之一。案例分析被实践证明是行之有效的管理学研究工具,在整个管理学体系中具有重要位置。

伴随着经济全球化,少数西方发达国家通过各种手段加强意识形态的渗透,新自由主义、历史虚无主义、文化复古主义和泛娱乐主义等偏离主旋律的社会思潮出现在媒体中,严重影响了中国主流意识形态的牢固地位,这迫切需要习近平新时代中国特色社会主义思想占领主流意识形态,以消除不良社会思潮的影响。在学习案例的过程中,要坚持马克思主义的指导思想,正确认识经济社会发展大势和社会思想意识中的主流与支流,在错综复杂的社会现象中看清本质,明确方向,牢固树立马克思主义的世界观、人生观、价值观和正确而远大的理想。具体而言,要善于使用辩证唯物主义和历史唯物主义的思想方法分析和解决问题,正确认识新中国成立以来取得的举世瞩目的成就以及发展过程中遇到的困难,从时代的高度、大局的高度学习、解构案例,自觉践行习近平新时代中国特色社会主义思想。

第一篇

管理学理论

第 2 章　管理学的基本概念

管理学是一门系统研究管理活动的科学。作为一门综合性学科，管理学在人们的生产实践中产生，最终又投入到指导人们生产实践的活动中去，并随着时代的进程不断丰富发展。管理的本质是协调，通过科学的管理方式，人们可以提高资源的利用效率与生产效率，利用有限的资源创造更大的价值，或者实现更高的目标，因此管理学的产生与发展有其必要性和重要的意义。

2.1　管理的含义与重要性

管理学是一门系统研究人类社会管理活动普遍规律与基本方法的科学，是一门综合性交叉学科，也是一门不断发展的科学。而管理作为管理学最基本的概念，是人类生活中最常见、最普遍和最重要的活动之一，小到家庭和个人，大到国家的治理，社会的方方面面都涉及管理。伴随着社会的变革与科学技术的不断发展，不同学者对管理以及管理学提出了不同定义，而管理学的内涵也逐渐变得丰富起来。

弗雷德里克·温斯洛·泰勒[1]（Frederick Winslow Taylor）是古典管理学家、科学管理的主要倡导人，被尊称为"科学管理之父"。泰勒认为管理的基本目标不仅是实现雇主的"最大繁荣"，也是实现雇员的"最大繁荣"，即让每个人在能力范围内实现最大的工作效率，而实现这一目标则需要管理的"科学化"与"标准化"。

亨利·法约尔（Henri Fayol）提出管理活动即规划、组织、协调和控制。

"现代管理学之父"彼得·德鲁克[2]（Peter F. Drucker）提出"管理是一种活动，也是一种准则"。他强调了人在管理活动中的重要性，认为"所有管理的成就都是管理者的成就，所有管理的失败也都是管理者的失败"。同时他提出了管理者需要掌握的五种技能，包括制定有效的决策、组织内外部沟通、正确使用控制与准则、预算与计划技能、使用分析工具与管理科学的技能。

哈罗德·孔茨[3]将管理定义为"设计和保持一种良好环境，使人在群体里高效率地完成既定目标"，他强调了管理的目的就是创造一种环境，使组织能够利用最少的资源完成更多的任务。

---

[1] Frederick Winslow Taylor. The Principles of Scientific Management. [M]. Project Gutenberg, 2004.
[2] Peter F. Drucker. Management: Tasks, Responsibility, Practices. [M]. Portsmouth: Heinemann, 1974.
[3] 哈罗德·孔茨, 海因茨·韦里克. 管理学[M]. 郝国华, 金慰祖, 葛昌权, 等, 译. 北京: 经济科学出版社, 1995.

管理学家斯蒂芬·P.罗宾斯①强调了管理者的作用,并对管理者进行了这样的定义:"管理者是协调和监管其他人的工作,以使组织目标能够实现的人。"

周三多教授②对管理进行了这样的定义:"管理是为了实现组织的共同目标,在特定的时空中,对组织成员在目标活动中的行为进行协调的过程。"

邢以群教授③提出管理的基本内容与核心是"协调",管理的目的是提高资源的利用效率,而管理的实质是人们为了实现目标而使用的手段。

陈传明教授④将管理活动的实质定义为"协调组织中的不同成员在不同时空中努力以有效地实现组织的活动目标。在这个过程中,管理者需要依循一定的方法和工具。"

汪克夷教授⑤等的著作中提出:管理是各级管理者在执行计划、组织、领导和控制思想基本职能的过程中,通过优化配置和协调使用组织内的各种资源——人力、财力、物力和信息等,有效地达到组织目标的过程。

在以往研究的基础上,可以对管理学进行如下定义:

第一,管理是为实现组织目标而采取的一种手段。

第二,管理活动的主体是具有专业知识的管理者。

第三,管理工作的核心是协调,管理的过程就是通过优化配置以及协调使用组织资源从而更好地达到组织目标的过程。

管理本身并不是目的,而是为实现目标采取的手段,管理是为组织服务的。管理劳动是从社会生产中分离出来的一种劳动形式,是一种专门的职业,而实施管理的主体就是具备一定专业知识和技能的管理者。虽然管理者需要具备一定的专业知识和技术技能,但不是所有具有专业知识和技能的人都能够成为好的管理者。管理者也需要具备一定的人际关系能力、综合分析能力和创新能力。为实现组织目标,管理者需要开展一系列复杂的活动,包括计划、组织、领导、控制等,这些活动就是管理的主要职能。实施每一个管理职能都是一个过程,因而管理本身也是一个复杂的、循环往复的过程。虽然管理具有多种多样的表现形式,但其核心与本质还是"协调"。管理者实施管理活动的过程,实际上也是在对组织目标、组织资源、组织成员行为、组织活动等因素进行协调的过程。通过优化资源配置,协调使用各种资源,组织才能更好地实现目标,而这也是实施管理活动的意义所在。

基于对管理活动的研究,管理学具有以下特点:

首先,管理学是一门综合性的学科。管理学以管理活动为主要研究内容,而管理活动本身具有自然属性与社会属性的综合属性,这种综合属性与复杂性就注定了管理学要涉及社会科学、自然科学和工程技术科学中的众多学科。

其次,管理学是一门不断发展的学科。管理具有悠久的历史,从原始社会开始,简单

---

① 斯蒂芬·罗宾斯,玛丽·库尔特.管理学[M].13版.刘刚,程熙鎔,梁晗,等,译.北京:中国人民大学出版社,2017.
② 周三多,等.管理学:原理与方法[M].上海:复旦大学出版社,2019.
③ 邢以群.管理学[M].4版.杭州:浙江大学出版社,2016.
④ 陈传明,等.管理学[M].北京:高等教育出版社,2016.
⑤ 汪克夷,齐丽云,刘荣.管理学[M].2版.北京:清华大学出版社,2016.

的管理活动就已经产生。工业革命催生了新的企业制度与生产方式,也促使了越来越多的新的管理思想的诞生。第二次世界大战以后,人类社会科技飞速发展,生产力也在迅速提高,在这样的趋势与潮流下,人类社会在管理学领域的研究也不断发展。科学技术的进步与生产力的提高促使人们在逐渐丰富的管理活动中不断丰富管理思想的内涵,推动管理学的发展。

最后,管理学是一门重视实践的科学。理论与实践相互作用也相互影响,管理实践的发展促使管理思想的丰富,而管理思想也对人们的管理活动起到指导作用。作为人类生活中最普遍的活动,管理理论应用于人类社会生活的方方面面,是一门实用性很强的科学。有的人尽管没有系统地学习过管理学的知识,但是在日常工作中也能够运用管理学的思想与技能进行实践,而学好了管理学也不意味着就能成为好的管理者,管理理论需要应用在社会实践中才能发挥它的价值,管理的技能与知识也需要在实践中不断获得和提高。

2.2 管理产生的原因与特点

管理的本质是协调,而协调产生的原因就是矛盾的存在。在人类社会发展过程中,最深刻的矛盾就是资源的有限与人类需求的不断增加。为解决这一矛盾,人们使用了不同的手段与方法,比如通过生产创造更多的资源,缓解需求与资源之间的矛盾;通过组织与合作提高生产效率,实现靠个人无法实现的目标;通过战争掠夺他人资源,从而满足自身的欲望;通过贸易手段实现资源的互通有无;使用道德和教育手段转变人们的思想,使有限的资源满足人们的愿望等。

通过科学管理的方式,人们可以提高资源的利用效率与生产效率,利用有限的资源创造更大的价值,或者实现更高的目标,这就是人类社会需要管理的原因。

管理的产生与发展具有其必要性和重要意义。

首先,管理具有普遍性,无论是大小企业、学校、医疗机构、研究所还是政府,凡是有人群从事有目的的共同活动的地方都需要管理,管理的重要性体现在管理的普遍性之中。而社会的进步与生产力的发展更是催生了各种复杂的组织机构以及大型组织机构,这也愈加凸显了管理的重要性。

其次,有效的管理可以提高组织的竞争力。在全球化与信息化时代,组织间的竞争变得愈发普遍和激烈,在激烈的竞争环境下,组织竞争力的强弱往往是决定组织能否良好发展的重要条件。有效的管理手段可以使组织在有限的资源条件下实现更高的目标与效益,从而使组织更好地应对竞争。同时,由于不断变化的市场环境,良好的管理手段可以使组织更好地应对变化的环境,如对于生产企业来说,有效的管理可以使企业更好地把握不断变化的消费需求,从而生产出更符合市场需求的产品,进而提高企业的竞争力与影响力。

再次,管理与生产力存在相互作用的关系。科学有效的管理可以使组织在有限资源的条件下创造出更大的价值,推动生产力的发展,而生产力的进步也对管理提出了更高的要求与挑战,为管理与管理学的发展提供了机会。

最后,管理的发展具有推动时代发展变革的作用。自工业革命到信息技术革命,人类社会总在不断前进发展。蒸汽机的出现将手工作坊变成工厂,使生产与管理相分离,管理思想由此萌芽,通过劳动分工、专业化、标准化生产,生产力大幅度提高。十九世纪下半叶,工业得到了前所未有的发展,各种管理思想也纷纷涌现,科学的管理方法代替了传统、经验型的管理方法,社会生产力也获得了更进一步的提升。科技发展日新月异的今天给管理手段和方式提出了更高的要求,也为管理学的发展创造了更多的条件和机会。

由此,可以总结出管理活动的特点:

1. 管理来源于实践

管理学是在人们的生产实践活动中产生的。千百年来,人类为了生活和生产,不断研究周围生存环境的规律性。从原始共产主义开始,原始人群居住在一起,共同获取和生产生存资源,并对有限的资源进行分配,在这一过程中诞生了最简单原始的管理。伴随着人类社会的进步与发展,人们思维方式的深度和广度都在不断拓展,生存环境和生产方式也在不断改变。工业革命催生了新的思潮,科学的管理思想形成后,以往的经验型管理开始逐步被取代,这也推动了生产方式的进步。由于管理来源于实践,而人类的实践活动又会受到外部环境的影响,因此管理活动的方式也是在不断变化的。

2. 管理是一门科学,也是一门艺术

管理的思想来源于实践,也吸收了其他学科的科学思想,这些反映实践规律的思想往往具有完整的体系和逻辑性,具备科学的特点,可以对实践起到指导作用。然而,由于个人的社会经历、经验以及对管理理论的体会不同,不同的人可能会有不同的管理风格,采用不同的管理方法,如同艺术创作一般,人们会在管理上融入个人风格和技巧,由此也体现了管理的艺术性。

管理的艺术性与科学性并不相悖,如何更好地将科学的管理方法和巧妙的管理艺术结合在一起,是管理者需要考虑的重点。

2.3 管理活动的时代背景

1. 区域一体化与全球化

区域一体化与全球化是现代社会的一个重要特征。伴随着科技的发展与生产力的进步,世界越发地成了一个整体。全球化使世界紧密地联系起来,这为企业发展创造机遇的同时也带来了挑战。对于跨国企业而言,全球化要求管理者站在国际视角,通过对分布在世界各地的子公司或代理机构的人力、物力、财力等要素进行有效规划、组织、协调、指挥和控制,谋求全球范围内的竞争优势。管理者还面临着如何拓展国际市场、如何制定国际化经营策略等问题。

课程思政

西方遇见东方：16—19世纪的铁锅贸易

在古代，铁锅铸造工艺极为复杂，而中国的先进铸锅技术，使得南宋以来的中国铁锅成为周边诸国的抢手货。

南海诸国"番商"甚至形成了以铁锅交易的传统。铁锅等大规模出境，一度引发了宋孝宗"海舶飞运，所失良多"的感慨。元代《真腊风土记》《岛夷志略》中所载南海各地贸易几乎每条都涉及铁制品，其中铁锅尤多，泉州铁锅最受欢迎。宋元时期沉船考古成果表明，铁器是绝对的船货大宗之一。13世纪爪哇海沉船中的大量铁锅，就是上述文献记载的有力印证。

明代，佛山采用了先进的"红模铸造法"，所产广锅品相质量俱佳，不仅是政府指定的官锅，也成为周边觊觎的"宝器"。例如，北方蒙古以缺锅为苦，铁锅成为俺答汗归附的重要因素。东亚方向，朝鲜通过朝贡获得铁锅后，常常再"被迫"通过边境市场"转向输出"给满族部落。东南亚各国则多以"朝贡—回赐"方式得锅，如琉球、爪哇等国"不贵纨绮，惟贵磁器、铁釜，自是赏赉多用诸物"。作为明朝朝贡贸易的巅峰举动——郑和下西洋，宝船上载有大量广锅作为高规格的对外赏赐品，由此"奠定了广锅在海外国家王室、首领心目中的明朝国家品牌地位。海外诸国对中国铁器的追求，强化了明代朝贡体系的核心作用"。

直至1553年，葡萄牙人登陆中国澳门，逐渐将其打造成"东方第一商埠"，编织起一个横跨世界的贸易信用体系，中国开始被卷入全球化贸易漩涡之中。葡萄牙以及后来的西班牙、荷兰、英国商人，很快建立起以中国澳门为中心的铁锅走私线，伙同中国商人将铁锅贩运至日本及东南亚地区。在"马尼拉大帆船"推助下形成的太平洋丝绸之路上，中国生铁和铁锅扮演了重要角色。

铁锅海外贸易的一大转机，是康熙二十八年（1689年）颁行《粤海关税则》之后。该税则将铁锅列入征税商品，改变了宋代以来禁止贩运出境的状况。结果广锅如浩荡江水一般涌入海外市场。雍正年间广东布政使杨永斌根据官方夷船出口册，奏称"其不买铁锅之船，十不过一二"，每船购买数量为"一百连（二千斤）至一千连（二万斤）"。据学者罗一星推算，康熙二十八年至雍正九年（1731年），每年夷船、华船和走私商船出口的铁锅重量不少于300万斤，数量达75万口。光绪年间，两广总督张之洞奏称："内地铁货出洋，以锅为大宗。其往新加坡、新旧金山等处，由佛山贩去者约五十余万口。"于此可见中国铁锅海外市场之影响力。

16—19世纪铁锅贸易所寄身的海洋体系，从规模和意义上来说，已远非宋元时期的"海上丝绸之路"可比拟。如果说葡萄牙商船航路是两千多年来的"海上丝绸之路"东渐，"西班牙的'马尼拉帆船航路'则开辟了西方遇见东方的全新通道，将东亚与美洲、欧洲紧密地连接在一起，完成了海洋全球化不可或缺的最后一环"。

参考文献：[1]管夕茂,王景奎.从古代铁锅贸易看"海洋全球化"——新课程形势下中学历史课堂转型初探[J].历史教学(上半月刊),2021(03):42-50.

2. 信息化

信息化、数字化与社会的发展存在相互促进相互影响的关系。信息化与数字化的发展催生了新的管理方式与管理制度的形成，而管理方式变革与进步也推动了信息科技手段的创新。从国家层面，不同产业都在国家战略的指导下进行信息化转变，2016年7月，中共中央办公厅、国务院办公厅印发了《国家信息化发展战略纲要》（以下简称《纲要》），指出"没有信息化就没有现代化"，并提出"需要将信息化贯穿我国现代化进程始终，加快释放信息化发展的巨大潜能。以信息化驱动现代化，建设网络强国，是落实'四个全面'战略布局的重要举措，是实现'两个一百年'奋斗目标和中华民族伟大复兴中国梦的必然选择。"根据《纲要》，我国需要大力提高信息化发展能力，着力提升经济社会信息化水平。2021年，《国民经济和社会发展第十四个五年规划和2035年远景目标纲要》（以下简称《"十四五"规划》）中进一步提出了"加快数字化发展，建设数字中国"的目标。根据《"十四五"规划》，我国需要大力提升数字化水平，以数字化转型整体驱动生产方式、生活方式和治理方式变革。对企业等组织来说，信息数字化要求各层次的管理者使用技术性手段和工具提高管理活动的效率和管理决策的有效性。云计算、大数据、区块链等数字化科技的出现促进了信息资源的共享，也为信息安全带来了隐患。

拓展阅读 2-1

表2-1　　十四五时期我国数字经济发展的重点产业[①]

重点产业	发展要求
云计算	加快云操作系统迭代升级，推动超大规模分布式存储、弹性计算、数据虚拟分离等技术创新，提高云安全水平。以混合云为重点，培育行业解决方案、系统集成、运维管理等云服务产业
大数据	推动大数据采集、清洗、存储、挖掘、分析、可视化算法等技术创新，培育数据采集、标注、存储、传输、管理、应用等全生命周期产业体系。完善大数据标准体系
物联网	推动传感器、网络切片、高精度定位等技术创新，协同发展云服务与边缘计算服务。培育车联网、医疗物联网、家居物联网产业
工业互联网	打造自主可控的标识解析体系、标准体系、安全管理体系，加强工业软件研发应用，培育形成具有国际影响力的工业互联网平台。推进"工业互联网+智能制造"产业生态建设
区块链	推动智能合约、共识算法、加密算法、分布式系统等区块链技术创新，以联盟链为重点发展区块链服务平台和金融科技、供应链管理、政务服务等领域应用方案，完善监管机制
人工智能	建设重点行业人工智能数据集，发展算法推理训练场景，推进智能医疗装备、智能运载工具、智能识别系统等智能产品设计与制造，推动通用化和行业性人工智能开放平台建设
虚拟现实和增强现实	推动三维图形生成、动态环境建模、实时动作捕捉、快速渲染处理等技术创新，发展虚拟现实整机、感知交互、内容采集制作等设备和开发工具软件、行业解决方案

---

① 中华人民共和国国民经济和社会发展第十四个五年规划和2035年远景目标纲要.北京：人民出版社，2021.

3. 多样化

多样化主要指劳动力的多样化。全球化的趋势为跨国籍、跨文化的合作提供了机会，越来越多的跨国企业面临着劳动力多样化的情况。科技的进步以及人们生活水平的提高延长了人们生存的寿命，但也带来了老龄化的问题。老龄化的社会现状可能会延长人们工作的时间，使劳动力呈现出年龄分布多样化的趋势。同时，社会意识的进步也改善了性别歧视等问题，很多工作开始打破性别壁垒呈现出性别多样化的趋势。在这样的趋势下，管理者往往需要管理一个多样化的团队。

本章小结

本章介绍了管理与管理学的基本概念，阐述了管理的本质与特点，也对管理产生的原因与重要性进行了阐述。作为人类生活中最常见、最普遍和最重要的活动，管理在人类社会的发展中扮演着极为重要的角色。基于以往的研究可以得知，管理是管理者为实现组织目标而采取的一种手段，其本质与核心是协调，通过协调，组织可以提高资源的利用效率，利用有限的资源更好地实现目标。管理学是一门系统地研究管理活动普遍规律、基本原理和一般方法的科学。不断发展的生产力推动了管理思想的丰富与进步，反之管理与管理学的进步也进一步推动了社会与生产力的发展。

请扫描二维码阅读案例

案例 2-1

第 3 章　管理学的活动主体

在上一章我们已经探讨了管理学的活动主体是管理者,这一章我们将进一步探讨管理者的主要职能与技能。

要解释管理者的概念,首先要回答两个问题:管理者是谁?管理者从事什么样的工作?

作为管理学的活动主体,管理者就是在组织中从事管理活动,领导和指挥组织成员完成任务职责的人。根据管理者所从事的管理活动的不同,管理者还可以被进一步赋予不同的角色,同一个管理者可以同时扮演不同的管理角色,不同的管理角色之间也存在相互影响的关系。

3.1　管理者的定义与职能

管理者最早在 20 世纪 50 年代被定义为"个人专业的贡献者",这一时期的定义强调了管理者的专业与责任。然而,人们渐渐发现这一定义并不能完全解释管理者的行为与活动,很多具有专业能力的个体在从事管理活动的过程中并没有很好的表现。随着管理活动的发展,人们对管理者这一概念的解释逐渐由强调"责任与奉献"转变为强调"权力与权威"。现在,我们把在组织中从事管理工作并负有领导和指挥下级去完成任务职责的组织成员称为管理者,管理者的主要职能也是管理的主要职能,包括:

1. 计划

在管理活动中,管理者需要首先制订计划,而计划的制订不仅包括设定目标,也包括确定达成目标所需要的行动。同时,为确保计划的有效性,管理者还需要与计划的执行者进行沟通。任何层级的管理者都需要从事计划活动,只是不同层级的管理者计划的内容有所差异。高层管理者计划的内容往往是组织战略与组织总体规划目标,不同层级的管理者都需要为其工作的组织层级制订计划。决策也是计划中重要的一部分,组织中管理者的大部分工作都是在做决策,决策也是每一名员工工作的一部分。

2. 组织

管理者需要对活动、决策与需求进行分析,明确工作范畴,并通过分工将一个大的工作分解成不同的具体工作,并根据组织中的成员特点将适合的人员安排在适当的岗位上,形成一个有机的组织结构,使整个组织协调运转。

3. 领导

在一些著作中,将领导的职能定义为沟通与激励。在完成计划与组织工作的基础上,领导者需要对影响组织成员活动及其表现的因素进行分析。由于个体的差异性，不同的组织成员在价值观、个人目标、需求与偏好等方面可能存在较大的不同，而这种差异性有可能导致组织成员在合作过程中产生误解与冲突。组织中的不同部门间也可能因为职责不同、缺乏沟通而使合作不畅，影响组织目标的实现，因此就需要管理者发挥领导职能，促进组织内部成员的沟通，维护组织人际关系，设计合理的制度与激励方式，激发和引导组织成员的积极行为。

4. 控制

组织目标实施的过程中存在很多不确定性，由于组织成员认知能力存在差异，组织成员的表现可能有所不同，一些组织成员的行为可能不能完全满足组织的要求，同时在执行计划的过程中各种不确定因素也可能导致计划的偏离，这就需要管理者实施控制职能，既要有预防计划偏离或者失效的措施，也要时刻掌握计划执行情况的信息，如果发现计划执行过程中存在问题，应采取及时有效的措施进行纠正。

5. 创新

时代的变革是人类社会最恒久的主题之一。近几十年来，科学技术不断发展，社会经济环境也在不断发生变化，管理创新的重要性愈发凸显。在变革的时代，组织面临着技术创新、人员创新、结构创新等需求，而管理者则需要努力创建良好的创新环境，通过协调组织资源，保证组织在变革的时代能够始终保持创新的活力。

总的来说，计划就是管理者为协调组织资源以及实现组织目标所制定的方向，而管理就是对组织结构进行规划，对组织活动进行分工，将合适的人员安排在合适的岗位上。为保证组织成员的目标一致，在组织活动中持续表现出积极的行为，管理者需要发挥领导职能，合理制定制度和使用沟通激励措施对组织成员活动加以规范和引导。同时，管理者需要发挥控制职能，对组织活动的成效进行及时追踪与检查。变革的时代背景要求管理者不断创新管理方法，对组织活动、组织结构、组织人员安排等管理内容与管理方式进行创新，从而更好地应对时代的需求与挑战。管理是一项由多个管理职能构成的复杂活动，不同职能之间存在相互包含的关系，而管理者需要做的就是通过发挥这些职能协调组织资源，为组织发展营造良好的环境，从而更好地实现组织的目标。

企业中的管理者根据在组织中所处的层级可以被分为高层管理人员、中层管理人员和基层管理人员，而不同层级的管理人员执行不同的管理职能所需要的时间有所不同，具体表现如图3-1所示。

基于以往的研究，可以发现管理者具有如下特点：
(1) 管理者的工作具有相似之处；
(2) 管理者的工作往往具有挑战性并且程序化；
(3) 管理者在具备某一学科专业知识的同时往往也需要掌握不同学科的知识；
(4) 管理者所获取的信息是管理者权威的来源；
(5) 管理者需要对收集的信息进行分析和处理；
(6) 管理者的工作是循环且复杂的。

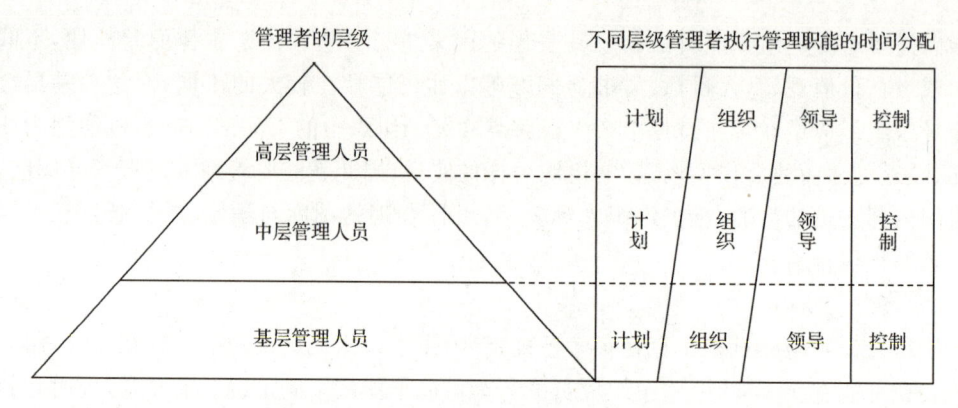

图 3-1　执行管理职能需要的时间①

3.2　管理者的分类

根据亨利·明茨伯格（Henry Mintzberg）的理论，管理者在管理活动中扮演三类角色：人际关系角色、信息传递角色、决策制定角色。根据这三类角色所从事的管理活动，管理者又可以被细分为十种角色，如图 3-2 所示。这些角色并不是孤立的，任何一种角色都不能被单独地剥离出来，不同角色之间也存在着相互影响的关系。

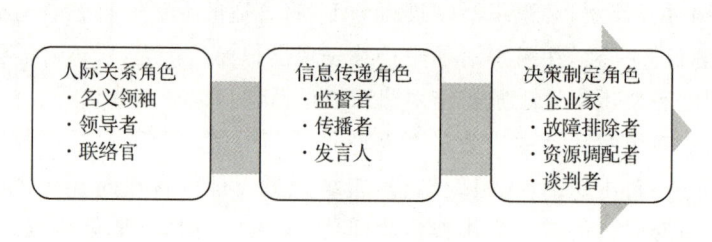

图 3-2　管理者的角色②

1. 人际关系

管理者的人际关系角色包括名义领袖角色、领导者角色、联络官角色。管理者扮演哪种人际关系角色取决于管理者的身份以及所处的职位。

名义领袖是一种与管理者决策活动无关，但因管理者的身份及地位而必须承担的一种角色，比如在法律中规定了管理者必须参与一些文件的签订，再比如虽然管理者并没有直接参与某项活动，但在人们的认知中管理者需要对这项活动负责等。

领导者角色是管理者领导职能的体现，是管理者所有角色中很重要的一种，也是管理者管理能力的重要体现。

---

① Thomas A. Mahoney, Thomas H. Jerdee, and Stephen J. Carroll. The Job(s) of Management. Industrial Relations (February 1965), pp:97-110.

② 亨利·明茨伯格.管理工作的本质[M].方海萍，等，译.北京：中国人民大学出版社，2007.

联络官是指管理者所扮演的与组织外部群体或个人进行沟通的角色。除了组织内部的沟通联系,管理者也需要发展横向人际关系,将组织与外部环境联合起来,从而使组织获得更多的帮助与信息,最终目的是谋求更多的组织利益。

2. 信息传递

信息传递角色是管理者的第二类角色。明茨伯格在其著作中指出,"对外部信息的独享权和对内部信息的总揽权"是管理者工作的两个特点。然而,管理者也需要将信息传递给组织中的其他成员,以保证其他成员能够获得足够的信息,从而顺利完成工作。

监督者是管理者扮演的信息传递角色之一。管理者必须持续关注组织内、外环境的变化,确保获取对组织有用的资源和信息,并对信息数据做出正确分析,以识别组织的潜在机会和威胁。

传播者是管理者扮演的第二个信息传递角色。管理者把获取的大量信息分配出去,传递给工作小组或员工,保证工作小组或员工获取必要的信息以有效地完成工作,实现管理活动预期的结果或者对管理过程的持续改进。值得注意的是,有时管理者也会向工作小组或员工隐藏特定的信息。

发言人是管理者扮演的第三个信息传递角色。管理者需把信息传递给组织或组织外的单位及个人,如发布产品质量报告、财务状况、战略方向、履行社会义务情况以及遵守法律情况。

3. 决策制定

管理者在扮演决策制定角色时,需要处理信息并得出结论。管理者负责做出组织的决策,让工作小组按照既定的路线行事,并分配资源以保证工作小组计划的实施。

企业家是管理者扮演的决策制定角色之一。管理者识别到组织内、外环境的变化带来的机会进而充分利用这种机会进行相应的投资活动,如开发新产品、提供新服务或采用新工艺等。

故障排除者是管理者扮演的第二个决策制定角色。如果在组织运行过程中遇到了冲突或出现问题,需要管理者处理或解决,如客户投诉、员工争端、合作商违约等。

资源调配者是管理者扮演的第三个决策制定角色。管理者需要决定组织资源用于哪些项目,这些资源一般包括人员、财力、设备、时间、信息等。

谈判者是管理者扮演的第四个决策制定角色。管理者可能在谈判上花费大量的时间,谈判对象包括员工、供应商、客户和其他工作小组,必要的谈判工作可以确保组织目标的实现。

3.3 成为良好管理者的途径

3.3.1 良好管理者应具备的技能

彼得·德鲁克在著作中提到,管理是一项特殊的工作,而这项特殊的工作需要掌握特定的技能,这些技能包括:

1. 制定有效的决策

管理者只有掌握系统的、标准的决策方法,才能更好地进行管理工作,实现组织的目标。事实上,管理者进行决策的重点不仅在于如何给出一个正确的决策方案,更在于如何正确定义决策问题。决策是一种判断,往往是在不同替代方案中进行选择,而不是在正确解法与错误解法之间进行选择。一个最优的选择很有可能介于"几乎正确"与"可能错误"之间。有效的决策制定者可以更好地解决组织中意见不一致的问题,并且为决策准备备选方案,以缓解决策失误带来的影响。

2. 沟通

沟通技能对于管理者来说尤为重要。信息是管理者实施管理活动非常重要的因素,而沟通则是管理者获取信息的重要途径。在沟通的过程中,管理者需要学会如何将零散的信息转化为有用的知识。在知识经济时代,沟通能力已经成为21世纪人才竞争的重要因素之一,对于管理者来说,沟通为管理者安排生产经营活动以及制定管理决策提供了重要依据,也为协调组织人际关系、增强组织凝聚力提供了途径。

3. 实施控制与衡量

控制是管理者的主要职能之一,为确保组织目标能够被实现,管理者需要依照事先制定好的标准对组织的活动以及成员的工作进行衡量,以确保组织的计划能够被合理、正确地执行,同时确保组织活动中的偏差能够被及时修正。控制需要满足经济的、有意义的、正确的、适合的、及时的、简单的、可行的等要求。

4. 制订项目计划

制订项目计划能够使管理者更好地分配资源,更好地平衡收入与支出,同时更好地确保组织活动能够被正确实施。管理者可以使用甘特图或者项目计划图来完成项目计划的制订。

5. 使用管理工具与管理方法

使用哪些管理工具与管理方法取决于管理者,管理者需要确保自己能够完全了解自己使用的管理工具与管理方法,并且正确地使用这些管理工具与管理方法。

一个管理者也许并不能完全掌握所有的这些技能,但是为了能够有效地管理组织,管理者必须了解这些技能的概念,明白自己什么时候会用到这些技能,以及清楚这些技能能够解决什么问题。

3.3.2 良好管理者应具备的其他素质

除了以上提到的五种技能以外,良好的管理者还应具备以下素质:

1. 丰富的知识和技能

管理者不仅需要掌握管理的知识,也需要具备一定的专业技能,还要拥有广泛的知识面,才能更好地进行管理活动。管理活动是一项涉及多方面因素的综合性实践活动,比如企业中首席信息官(CIO)的主要职责是将企业的信息技术与企业的业务通过战略紧密地联系在一起,这就需要首席信息官既要掌握一定的信息技术的知识,也要掌握一定的商务运营的知识。很多企业中的首席信息官往往同时具有商科和信息技术的复合背景。同时,由于管理者扮演着人际关系角色,在跨团队沟通的过程中需要面对不同专业背景的成员和角色,因此管理者需要不断丰富自己的知识,从而更好地实现组织内、外部的沟通。

管理者需要掌握的知识和技能包括且不限于：

(1) 政治法律知识

管理者需要具有正确的政治意识和法律法规知识，管理活动和组织的经营活动需要在法律允许的范围内进行，同时管理者也要懂得使用法律维护组织的正当利益。

(2) 信息技术知识

在信息化时代，管理者不可避免地需要运用信息技术手段来支持管理职能的运作，比如运用企业资源管理系统协调组织资源等。信息技术的发展提高了企业资源管理的效率，同时也对管理者使用信息技术的能力提出了更高的要求。

2. 良好的精神素质与优秀的品德

除了管理者所必需的技能素质外，管理者还需要具有良好的精神素质和优秀的品德。良好的精神素质包括良好的创新精神、自我管理意识、应对压力的能力、实干精神等。很多学者提出，管理可能是困难且吃力不讨好的工作。面对管理的压力，一个好的管理者需要具有良好的奉献精神和承受风险的能力，妥善处理管理过程中的不确定因素，做好应对挫折、失误、风险的准备，立足于团队，脚踏实地，勇挑重担。良好的管理者应当意识到失败是正常的，进而能够从失败中总结经验。同时，管理者也需要具有自我管理和自我控制的能力，对自己的情绪进行管理和控制，在与不同组织成员沟通的过程中，向组织成员展现出积极的影响。在复杂多变的环境中，管理者需要具有一定的冒险精神和开拓精神，勇于探索组织创新与管理创新。

3. 实践与创新能力

在全球化、信息化的时代背景下，管理者在实施管理职能的过程中可能会因为外部环境、时间、地点的变化而遇到各种各样的问题。实践可以使管理者积累管理经验，为管理者未来的管理活动提供建议和指导。管理者需要不断研究实践中的问题，将在实践中总结的经验系统化、科学化。同时，管理者也需要培养基于实践的创新能力，在以往经验的基础上，对新问题进行分析和判断，分析新问题、新情况中的内在规律与逻辑，并且形成将不同事物联系起来的综合思考能力，形成新概念、新思想，实现管理思维与管理活动的创新。

课程思政

古代中国企业家精神的变革与启示

我国很早就已经出现了企业家精神，中国企业家精神渗透于中国古代经济思想之中，为中国古代尤其是秦汉、唐宋、明清等历史变革之际的经济繁荣发展提供了动力。从某种意义上讲，孔子也是中国传统经济思想范式的创造者。清末民初思想家陈焕章于1912年在《孔门理财学》中即言，孔子的思想博大而庞杂，理财学是其中引出的一个分支，而实现大同又是理财的终极目的。孔子能够名满天下，使儒学成为显学，也与其经商弟子子贡有很大关联。

司马迁在《史记·货殖列传》中写道："夫使孔子名布于天下者，子贡先后之也。此所谓得势而益彰乎？"并在《史记·仲尼弟子列传》中提道："子贡好废举，与时转货赀……家累千金。"事实上，"货殖"一词最早即来自孔子。孔子本人对子贡的评价是"赐不受命而货殖焉,亿则屡中"(《论语·先进》)。

货殖家,可谓先秦时期的企业家,他们"与时转""不受命""臆屡中",实现了个人财富的累积。司马迁对于货殖家的评价较高,他在《史记·太史公自序》中指出,货殖家作为"布衣匹夫之人,不害于政,不妨百姓,取与以时而息财富,智者有采焉",从而专作《货殖列传》,为春秋末期至秦汉以来的大货殖家,如范蠡、子贡、白圭、猗顿、卓氏、程郑、孔氏、曹邴氏、任氏等立传。在介绍范蠡时,司马迁言道:"善治生者,能择人而任时。"对于白圭,司马迁评价其"乐观时变,故人弃我取,人取我与"。该篇最后,司马迁总结指出"夫纤啬筋力,治生之正道也,而富者必用奇胜"。也就是,精打细算、勤俭节约是发财致富的正道,但是如果要真正致富还要出奇制胜。选合适的人才,在合适的时机,做合适的交易,并善于出奇兵、用奇招。这些也反映出现代企业家应该具有的精神。

中国经济思想在宋代出现了一个反传统的潮流,尤其是士大夫阶层中一些有识之士对汉以后的重农抑商政策提出了诸多异议。例如,范仲淹曾在《四民诗》中反问道:"吾商则何罪,君子耻为邻。"欧阳修则指出"夺商贾之谋益深,则为国之利益损"(《通进司上书》)。浙东永嘉学派叶适在《习学记言序目》中亦曾言:"夫四民交致其用而后治化兴,抑末厚本,非正论也。"

春秋以前是"通商惠工",汉代改行"困辱商人之策",目的是让统治者"取天下百货而自居之",以"夺之以利"。此为聚敛,而非理财,真正的理财是"以天下之财与天下共理之"。因此,叶适主张"开阖、敛散、轻重之权不一出于上,而富人大贾分而有之"。这可谓让市场在资源配置中发挥作用的历史先声。

资料来源:[1]史家汇.古代中国企业家精神的变革与启示[J].中国中小企业,2021(11):64-68.

本章小结

本章学习了管理学的活动主体——管理者。
本章探讨了三个问题:
(1)管理者是谁?
(2)管理者的主要活动是什么?
(3)如何成为优秀的管理者?

在以往的管理学研究中,管理者一直作为重要的概念被反复强调和定义。管理者的工作基本相似,管理者不同的职能与角色之间存在包含与交叉的关系。管理者的工作可能是有压力的、零碎的、循环往复的,这就需要管理者在掌握丰富知识与技能的同时具有良好的抗压能力和奉献意识。

请扫描二维码阅读案例

案例 3-1

第 4 章 管理学的研究对象

管理学的主要研究对象既包括个体的活动,也包括人类群体的活动。对个体活动的管理内容包括个体在从事仅与自己有关的目标活动时的一系列行为与活动,包括目标管理、心态管理、时间管理、学习管理、健康管理等。而更多的时候,管理学探讨的是对人类有组织的群体活动的管理,历史上的管理学也是伴随着工厂与企业这些特殊组织的不断发展而逐渐丰富起来的。由此可以看出,管理学的主要研究对象是组织。

4.1 组织的定义

社会中存在着形形色色的组织,不同的组织存在着不同的管理需求,这使管理学被不断细分并衍生出不同的学科,如企业管理、工商管理、行政管理、科研管理等。

要研究组织,首先要思考两个问题:

什么是组织?

组织为何会形成?

"组织"既有动词的含义,也有名词的含义。当组织作为名词时,可以理解为为实现特定目标,由职责、权限和相互关系构成自身功能的一组人,如公司、集团、商行、企事业单位、行政机构等。在之前的章节中,我们探讨过人类社会发展的一个主要矛盾是资源有限性与人类不断增长需求之间的矛盾。人类在适应、征服和改造自然的实践中早已意识到集体活动可以缓解资源与需求之间的矛盾,因而人类的大多数活动都以某种方式有组织地集体进行。总的来说,组织就是指一群人为实现某个共同目标而结合起来协同行动的集合体,组织的功能就在于克服个人力量的局限性,实现靠个人力量无法实现或难以有效实现的目标。

组织通过分工协作的方式形成群体力量发挥作用,故而分工协作也是组织管理的重点。在组织中,个人需要认同群体理念,遵循群体规范,成为组织的一员,才能发挥更大的作用。

综上,可以看出组织具有如下特征:

(1)组织由两个或者两个以上的成员组成。

(2)组织具有一个明确的目的,组织的目的可以由一个或者多个目标来表示。

(3)组织具有系统化的结构,这个结构由规章制度、角色分工、职位职权体系等构成。

要成为优秀的组织成员,个人需要做到以下几点:

(1)具有良好的组织意识。

（2）具有良好的岗位意识，信守诺言，认真做好本职工作，并勇于承担相应的工作责任。

（3）具有成员意识，关心集体，主动配合，勇挑重担，持续改进本职工作。

（4）具有全局观念，能够从组织整体角度看待问题，正确对待荣誉，乐于分享结果。

企业是一种特殊的组织，企业的出现是为人类社会的经济活动所服务的。根据企业的特点，可以使用开放系统的概念来理解企业。开放系统就是指与外界环境存在物质、能量、信息交换的系统。企业可以被看作由多个子系统组成的大系统。作为一个开放系统，企业需要有环境输入（劳动力、资金、原材料、科技、信息等），也需要有环境输出（产品或服务），同时还需要有企业的战略与政策、工作流程等（图4-1）。为使企业能够有良好的表现，每一个子系统都需要进行管理。对于企业来说，最终的目标是留住消费者，提高消费者的忠诚度。因此企业管理者的主要工作就是处理好系统中每个模块内部以及各模块之间的关系，收集环境信息与消费者反馈，确保能够为消费者提供满意的产品。

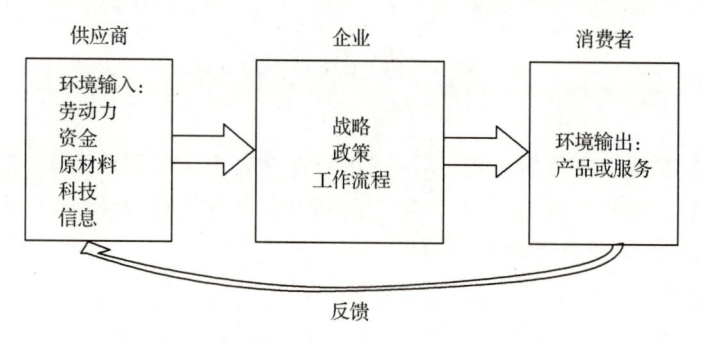

图4-1　企业作为"开放系统"①

4.2　组织环境影响因素

组织环境是指对组织建立和实现目标的方法有影响的内部和外部因素的总和。影响组织环境的因素分为内部环境因素与外部环境因素。内部环境因素包括组织文化与组织经营条件等，外部环境因素包括社会经济、市场、政策法规等。

拓展阅读4-1

利益相关者

组织的利益相关者，是指受到组织决策和行为影响的组织环境中的任何支持者，或者说与组织生产经营行为和后果具有利害关系的群体或个人。组织的利益相关者包括工

---

① Schermerhorn, J. R. Management (Sixth Asia-Pacific edition.). Wiley, 2017.

会、股东、员工、顾客、供应商、社会和政治活动团体、竞争者和行业协会、政府、媒体、社区等。对利益相关者的管理对于企业来说至关重要。

根据影响方式的不同,组织环境影响因素又可以分为一般环境因素与任务环境因素两类。

一般环境因素也称宏观环境因素,是指可能对组织的活动产生影响但其影响的相关性却不清楚的各种因素,包括政治、法律、经济、社会文化和科学技术等。一般环境因素的影响是全局的,不针对某一个具体的组织,但有可能对组织产生重大影响。

任务环境因素也称微观环境因素,是指对某一具体组织的目标实现有直接影响的特定外部环境因素,包括资源供应者、竞争者、服务对象(顾客)、政府管理部门及社会上的各种利益代表组织等。任务环境因素将直接影响组织的建立及目标的达成。

拓展阅读 4-2

组织环境状态

根据环境的变化程度和复杂程度,组织环境可以分为以下四种典型状态:相对稳定和简单的环境、动荡而简单的环境、相对稳定而复杂的环境、动荡和复杂的环境。

组织处于相对稳定和简单的环境,一般会表现出相对稳定的状态,组织内部可采用强有力的组织结构形式,通过计划、纪律、规章制度及标准化等来管理。

组织处于动荡而简单的环境,一般表现出相对缓和但不稳定的状态,可调整组织内部的管理以适应变化中的环境。纪律和规章制度仍占主要地位,但也可能在某些方面,如市场销售方面采取强有力的措施,以应对快速变化中的市场形势。

组织处于相对稳定而复杂的环境,大多采用分权的形式,强调根据不同的资源条件来组织各自的活动,以适应不同的环境。

组织处于动荡和复杂的环境,必须更强调内部各方面及时、有效的相互联络,并采用权力分散下放和各自相对独立决策的经营方式。

外部环境的管理是组织环境管理的一项重要任务,外部环境管理的流程如图 4-2 所示。

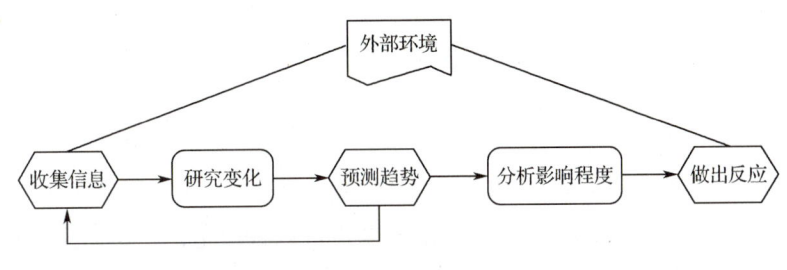

图 4-2 外部环境管理的流程

组织对于一般环境因素和任务环境因素,采用不同的管理方法。对于一般环境因素,主要是主动了解和适应;对任务环境因素,可以努力加以管理。

拓展阅读 4-3

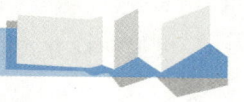

对外部环境进行管理的方式有很多,以下列举部分外部环境管理措施。

(1)广告。广告作为一种营销方式,是提高企业品牌知名度和培养顾客忠诚度的途径。在激烈的市场竞争环境中,企业通过广告向消费者传达产品的优势和卖点。好的广告可以使企业拥有一批稳定的客户,进而增强竞争实力。

(2)企业联合。企业联合是指一些拥有共同目标的企业通过合资、战略联盟等方式进行联合,从而实现共赢的一种策略。企业主要的联盟对象是供应商,通过与供应商联合获得稳定的原材料和物资供应,从而提高企业的核心竞争力。此外,相似企业的联合可以实现企业的规模效应,共同对抗更强大的竞争对手。

(3)舆论。舆论是企业用以对抗外部环境威胁风险的一种手段。

(4)制定战略。战略对于企业来说具有重要的意义。在市场需求瞬息万变的时代,合理的战略规划不仅能够使企业了解当下的发展需求,而且能清晰地掌握未来的发展目标。

4.3 组织文化

组织文化是指组织在一定的经济社会文化的影响下,在长期的发展过程中逐步形成和发展起来的稳定的、独特的价值观和文化理念,以及以此为核心形成的行为规范、道德准则、群体意识、风俗习惯等。组织文化是重要的组织内部影响因素,它可以被理解为组织的"人格",影响员工的行为和与别人互动的方式。组织文化可以使员工感受到被包容、被允许和被支持,但也可以有相反的效果。因为文化有很强大的力量,所以管理者关注组织文化是非常重要的。

组织文化有凝聚组织,引导和约束组织行为,激励组织成员发挥创造力的作用。

(1)组织文化影响着组织成员的思维方式,可以促进组织成员目标、行为、价值观的统一,增强组织的向心力与凝聚力。

(2)组织文化与组织战略相辅相成,组织文化的导向功能能够将组织成员的行为导向组织战略的规划方向,促使组织不断向目标方向发展。

(3)组织文化可以促使组织成员约束和反思自己的行为,按照组织价值观的指导进行自我管理。

(4)组织文化具有激励功能,可以激发组织成员的积极性,使组织成员不断创新。

组织文化是可以被创造的,同时组织文化也是可以被改造的。组织文化的创造与改造是组织文化管理的重要内容。

1. 组织文化的创造

组织文化对于组织的生存和发展有着重大影响,不良的组织文化会影响组织目标的实现,好的组织文化则会促进组织的凝聚。然而组织文化的建立往往是一个漫长的过程,通常在新成立的公司和企业合并两种情形下会需要组织文化的创造。

好的组织文化可以从三个维度来打造,具体见表4-1。

表 4-1　　　　　　　　　　　三个维度打造组织文化

维度	表现
一体化——组织整体	• 有清晰的组织目标; • 有共同的使命感; • 管理者具有统一、明确的管理方式,员工可以清楚地明白什么样的行为方式和价值取向是正确的
多样化——全体员工	• 员工有继续学习和自我发展的机会; • 员工能享受工作; • 员工能清楚地明白自己工作的价值
分片式——每名员工	• 每名员工都感到自己的才华和能力被充分利用; • 工作的效果能够获得及时的反馈; • 不管在什么位置都能够被信任和尊重

建立良好组织文化的步骤:

(1)考虑和评估文化兼容性。
(2)思考员工对组织文化的反应。
(3)预测未来的风险与挑战并为此做好准备。
(4)制订灵活全面的整合计划,对于整合组织来说,选择不如融合。
(5)鼓励沟通和信息共享。
(6)鼓励员工参与组织文化的建立。
(7)管理者以身作则,树立榜样。
(8)通过培训等方式向组织成员传递组织文化。
(9)关注不同组织成员在不同时间对组织文化的反应。

2. 组织文化的改造

组织文化的形成往往是一个漫长的过程,同样,组织文化的改造也需要很长时间。较强的组织文化由于员工的普遍认同往往改造起来较为困难。当现有的组织文化已经不符合组织当下的战略与目标需要的时候,组织文化就需要进行改造。一些特定的情形可能会促使组织文化发生改变。

拓展阅读 4-4

组织文化改造情形

(1)组织危机。组织危机包括市场份额的突然下降,重要客户的突然流失等,危机的发生会促使组织对过去的管理活动进行反思,进而推动组织文化的改造。

(2)管理者的变化。新的管理者可能会具有新的管理理念和价值观念,进而促使组织文化的改造。

(3)组织文化薄弱。在组织文化薄弱的情况下,组织文化渗透度不高,员工认可度不高,容易发生组织文化的改造。同时对于新成立的组织,由于组织文化根基不稳,组织管理者也容易与员工进行沟通以建立新的价值观念,发生组织文化的改造。

然而需要注意的是,组织文化的改造往往需要较长的时间才能实现,因此短期内组织文化通常是稳定的,并且有时即使上述情形发生了,组织文化也不一定被改造。

改造组织文化要注意以下几点:

一是建立清晰的商业战略和组织价值观念,并且确保能够正确地将这些价值观念传递给每一名组织成员。

二是确保管理者的行为与组织价值观念相符。

三是不要急于求成,激烈的改造可能会导致员工的流失和重要知识、经验、技能的泄露,因此最好针对不同的部门以及不同的业务流程进行分块改造。

拓展阅读 4-5

埃森哲商业道德规范

埃森哲是全球最大的管理咨询、信息技术和业务流程外包的跨国公司之一。埃森哲商业道德规范的六项基本行为包括:

(1)员工对自己的行为负责,包括允许举报不适当行为并且不容忍报复行为,鼓励相互尊重,遵守职业行为规范,遵循任人唯贤以及禁止歧视,确保个人利益不会与企业利益产生冲突。

(2)遵守法律。

(3)为客户创造价值,以主人翁的精神为客户的最佳利益提供服务。

(4)保护员工、信息以及业务安全,维护品牌形象,履行保护信息和知识产权的承诺,保护和发展员工。

(5)负责任地经营业务。

(6)做良好的企业公民,支持和尊重人权,鼓励员工参与志愿者工作,为个人、社区、社会发展做贡献。

4.4 组织表现的衡量

管理是一门科学,也是一门艺术。管理的技能与知识具有科学性,而管理的实践则表现出艺术性的特点;通过艺术地运用管理科学与管理手段,管理者可以提高管理活动的有效性,从而更好地实现组织目标。

从组织的角度,衡量管理效果需要考虑两方面问题,一是管理目标的实现程度,二是组织资源的使用效率。衡量组织表现的方法如图 4-3 所示。

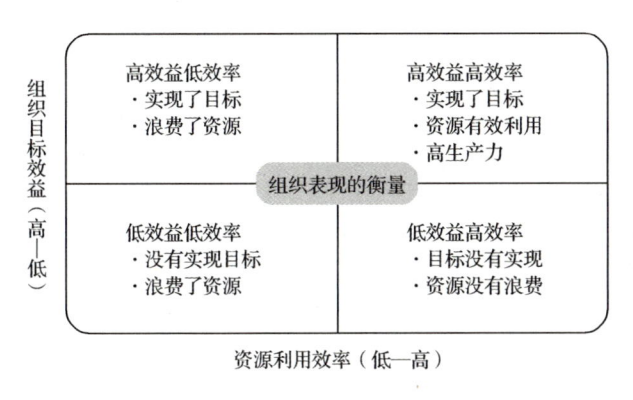

	资源利用效率(低)	资源利用效率(高)
组织目标效益(高)	高效益低效率 ·实现了目标 ·浪费了资源	高效益高效率 ·实现了目标 ·资源有效利用 ·高生产力
组织目标效益(低)	低效益低效率 ·没有实现目标 ·浪费了资源	低效益高效率 ·目标没有实现 ·资源没有浪费

图 4-3 组织表现的衡量

效率是指投入与产出之比,在管理学中通常反映为资源的消耗与组织目标实现之间的比值。衡量效率的方法有很多,比如衡量劳动力、设备、资金的使用等。对于生产制造的流水线来说,高效率就是用最少的资源创造出最大的生产力。效益是指组织目标的实现程度。对于组织来说,组织的效益就是指组织是否能够持续地为消费者提供满意的产品,并且完成生产计划。

除了组织的"效率"与"效益"以外,管理者还需要考虑组织的社会影响与社会责任。每个人都是社会中的个体,不能独立于社会存在,组织也是如此。社会中存在着各式各样的组织,医院、学校、政府、企业等,尽管这些组织的职能各不相同,但它们都肩负着重要的社会责任,比如向社会提供就业机会,促进经济的发展,向社会传递积极的意识与思想等。因此,衡量管理活动是否有效应当不仅关注组织自身目标是否实现,也应当关注管理活动是否向社会传递了积极的信号,组织是否承担了相应的社会责任。

本章小结

本章从组织的形成原因入手,探讨了组织的定义、影响组织的主要环境因素、组织文化以及组织表现的衡量。当作为名词解释时,组织是指由两个或者两个以上成员组成的、具有明确的目的的团体,它具有系统化的结构,这个结构由规章制度、角色分工、职位职权

体系等构成。对组织的管理就是对组织内外部环境的管理,为此,需要对组织内外部环境及其影响因素进行辨析,为确定管理的效果,还需要对组织的表现进行衡量。

请扫描二维码阅读案例

案例 4-1   案例 4-2

第 5 章 管理思想理论形成与演化

博古通今，方能行稳志远。历史是人类最好的教科书，学习管理就应该从学习管理思想理论的形成与演化开始，领略各派管理理论学说，体会其蕴含的管理思想特点，取其精华，反思其不足。以史为鉴，继往开来，站在管理学前人的"肩膀"上，看清管理学发展的方向，将管理学继续向前推进。

管理学发展至今经历了漫长的演化过程，其由许多种不同的管理理论及学说组成，不同的管理理论、学说蕴含着不同的管理思想，它们从各自独特的角度出发对管理做出了一定的解释，丰富着管理理论，指导人们的管理实践活动。管理思想是人们对管理过程中发生的各种关系的认识总和，是由一系列观念或观点所构成的知识体系，是指导管理人员从事各项管理活动的路标和蓝图。秉持什么样的管理思想，决定了管理者采取什么样的管理行为，管理活动取得何种程度的效率或效益。在学习本章的过程中，需要体会各派管理理论学说的管理思想，融会贯通，提高管理的有效性。

管理理论的形成与演化过程也反映了在一定历史条件、民族文化背景之下社会经济发展对管理活动的要求，正是因为社会生产力不断发展，组织规模、组织形式等不断变化，管理活动的重要性才愈发凸显，新的管理问题才层出不穷，这些都迫使人们提出新的学说，不断完善管理理论。因此，在学习各派管理理论学说时，也需要关注管理理论提出的社会背景及所希望解决的管理问题，了解管理理论的发展路径。

5.1 中国管理思想理论形成与演化

5.1.1 中国古代管理思想理论

尽管如今主流的、系统的管理理论大多源于 18 世纪以后西方对管理实践的探索与思考，但实际上管理的实践和理论与各民族的文明史和各国家的社会背景息息相关，各国家和各民族对管理学的发展都有各自的贡献和价值。中国是世界上历史最悠久的古国之一，有着丰富的管理实践经验。早在五千年前中国就有了人类社会最古老的组织——部落和王国，从而也有了管理活动；约公元前 17 世纪的商、周时代，中国已形成了组织严密的奴隶制和封建制的国家组织，出现了从中央到地方高度集权、等级森严的金字塔形的权力结构。中国历史上有许多伟大的工程，如万里长城的修建、都江堰水利工程的建设，这些建设活动都离不开管理活动的紧密协调。除此之外，中国历史上的数次大规模战争等活动，无不闪烁着管理实践的光辉。

多种多样的管理实践活动中孕育了丰富的管理思想,翻开浩瀚史卷,中国古代关于管理的论述比比皆是,表 5-1 列举了一部分代表人物/书目的论述与主张。

总览中国古代管理思想,可将其分为宏观管理的治国学和微观管理的治生学。治国

表 5-1　　　　　　中国古代关于管理思想的人物/书目的论述与主张

管理思想	代表人物/书目	论述与主张
经济管理思想	孔子	主张重义轻利,要"知命""安贫"
	老子、庄子	主张寡欲,对财富要有知足感
	孟子	强调劳动分工的重要性:"且一人之身,而百工之所为备,如必自为而后用之,是率天下而路也"(《孟子·滕文公上》)。一个人什么事都自己去做,就会疲惫不堪。而通过"通工易事",以自己之有余换不足,则大家都受益。进一步地,孟子把劳动分工加以引申,得出"劳心者治人,劳力者治于人"的结论
	荀子	认为人的需求是无止境的,需要用礼来调节;人类生产要满足群体的欲望,就必须分工;富国必须富民,"下贫则上贫,下富则上富"(《荀子·富国》)
运筹与决策思想	《孙子兵法》	强调运筹与决策的作用,认为运筹和决策:一要有预见性,"知己知彼";二要有系统性,要考虑到各方面的因素,上下左右要协调;三要有严密性,建制科学,纪律严明;四要有权威性,令行禁止,军令如山;五要有灵活性,随机应变,用兵如神;六要有科学性,要知天文、识地理、懂民情
	孙膑	把运筹方法作为处理问题的手段用于我国古代军事、建筑、商业诸领域,如"田忌赛马"
	《礼记·中庸》	重视决策问题,强调"凡事预则立,不预则废",主张"三思而行"
	诸葛亮	《隆中对》是善于分析形势和未来、制订总体战略规划的决策典范
关于人性、心理与行为的思想	荀子	对于人性,认为"人之性恶,其善者伪也"(《荀子·性恶》)。认为人的本性是恶的,即使有善的行为,那也是人为的
	孟子	对于人性,认为"人性之善也,犹水之就下也。人无有不善,水无有不下。今夫水,搏而跃之,可使过颡;激而行之,可使在山。是岂水之性哉,其势则然也。人之可使为不善,其性亦犹是也"(《孟子·告子上》)。认为人的本性是善良的,就像水向下流一样;人之所以会做坏事,并非出于人的本性,而是由于环境的影响,就像击水能使水跃起、堵水能使它倒流一样
	诸葛亮	对于人的个性,认为"夫人之性,莫难察焉。美恶既殊,情貌不一,有温良而为诈者,有外恭而内欺者,有外勇而内怯者,有尽力而不尽忠者。然知人之道有七焉:一曰,问之以是非而观其志;二曰,穷之以辞辩而观其变;三曰,咨之以计谋而观其识;四曰,告之以祸难而观其勇;五曰,醉之以酒而观其性;六曰,临之以利而观其廉;七曰,期之以事而观其信。"认为人的个性复杂不一,对了解人的个性提出了七种方法
	管仲	对于人的需求,指出"仓廪实则知礼节,衣食足则知荣辱"(《管子·牧民》)。关于奖惩,认为"赏不可以不厚,禁不可以不重""赏薄则民不利,禁轻则邪人不畏"(《管子·正世》),主张重赏重罚
	韩非子	对于奖赏,认为"赏莫如厚,使民利之;誉莫如美,使民荣之;诛莫如重,使民畏之;毁莫如恶,使民耻之"(《韩非子·八经篇》)

(续表)

管理思想	代表人物/书目	论述与主张
关于领导艺术	《孙子兵法》	"将能而君不御者胜"(《孙子·谋攻篇》)。如果将军是有领导才能之人,那么其上级对这个将军的领兵作战不要多加干预就可以取胜;为保证指挥系统的令行禁止,要"令之以文,齐之以武"(《孙子·行军篇》),用规章制度和必要的纪律统一步伐等
	孟子	认为"天时不如地利,地利不如人和"(《孟子·公孙丑下》),把"人和"看成办好一切事情的关键
	管子	重视"信誉",认为"不行不可复","言而不可复者,君不言也;行而不可再者,君不行也。凡言而不可复,行而不可再者,有国者之大禁也"(《管子·形势》),把守"信"看作人们之间建立稳定关系的基础,国家兴旺和事业成功的保证

学适应中央集权的封建国家的需要,包括财政赋税管理、人口田制管理、市场管理、货币管理、漕运驿递管理、国家行政管理等方面。治生学则是在生产发展和经济运行的基础上通过官、民的实践逐步积累起来的,包括农副业、手工业、运输、建筑工程、市场经营等方面的内容。这两方面的学问极其浩瀚,作为中国传统管理的指导思想和主要原则,参考南京大学蔡一教授多年研究的成果①,可以概括为九个要点:顺"道",重人,求和,守信,利器,求实,对策,节俭,法治。可见,我国古代管理思想已十分丰富,涵盖广泛的社会工作领域,对于管理的探讨涉及方方面面。遗憾的是,我国古代管理思想与实践缺少系统的整理与提高,最终没有形成系统的管理理论。

5.1.2 中国近现代管理思想理论

我国近现代管理思想理论是在继承战争年代形成的优良传统与学习苏联经济管理理论的基础上发展起来的,按照时间顺序,其发展历程大致可分为战争时期、学习苏联时期、总结经验时期、"文化大革命"时期和改革开放时期五个阶段。在管理思想与理论发展的过程中,我国不断结合自身国情,在成功与失败之间探寻适合我国发展道路的管理理论,这个过程呈现出明显的曲折性和复杂性。我国近现代不同阶段管理思想理论产生的社会背景、内容与特点见表5-2。

表5-2　　　　　　　我国近现代不同阶段的管理思想理论

时间阶段	社会背景	管理思想理论的内容与特点
战争时期	国内革命战争时期,中国共产党就在江西苏区办有工业。到抗战时期,革命根据地的工业有了较大发展。当时的企业,主要是从事军需品和日用必需品的手工业生产,并分散在战争环境的农村中	1.生产的目的是满足革命战争的需要,指导思想十分明确 2.实行供给制,企业不独立核算,一切统收统支 3.受小农经济思想的影响,自给自足"小而全"的小生产经营管理方式极为普遍 4.具有优良的革命传统:坚持党的领导,重视思想政治工作;自力更生、艰苦奋斗的精神突出;由军队中官兵一致的作风形成了政治、技术经济和管理上的"三大民主"制度等

---

① 蔡一.华夏管理文化精粹[M].北京:高等教育出版社,1996.

(续表)

时间阶段	社会背景	管理思想理论的内容与特点
学习苏联时期	新中国成立后,通过没收官僚资本主义企业而掌握了现代工业。由于刚掌握现代大工业,缺乏管理现代工业企业的经验。在国民经济第一个五年计划时期,我国基本上是全面地引进和学习苏联的管理理论和方法	1. 建立了以统一计划、集中管理为特征的经济管理体制,生产实行指令性计划,财政统收统支 2. 合理的方面:强调计划管理,推行生产作业计划,建立了生产责任制度;重视技术管理,推行工艺规程、技术检查制度,制定了技术标准、劳动定额等;注重经济管理,建立了厂内经济核算、经济活动分析制度;重视人才培养,开展了劳动竞赛,实行各尽所能、按劳分配制度等。这些做法有效地克服了当时管理上的混乱状态,我国企业基本走上了科学管理的轨道 3. 不合理的方面:片面认为苏联的管理制度和方法是完美无缺的,不加分析地照搬照抄;单纯强调行政命令,忽视了民主管理;把物质鼓励和思想教育对立起来。这些不利于调动各方面的积极性,影响了社会主义优越性的发挥
总结经验时期	1956年,毛泽东同志在党中央政治局扩大会议上做了《论十大关系》的报告,论述了调动一切积极因素的方针,批评了盲目的学习态度,对当时管理中的不良倾向开展了批判。据此,党中央相继颁发了一系列改善和加强管理的重要文件,开始着手建立我国自己的管理理论和管理思想体系。从1956年到1966年,经过认真总结正反两方面的经验教训,提出了许多新的管理思想	1. 1958年制定的"鼓足干劲,力争上游,多快好省地建设社会主义"的总路线,集中阐述了我国当时管理的核心内涵,为管理实践指明了正确的努力方向 2. 注重人的研究,把激发人的积极性与提高生产效率结合起来。"鞍钢宪法"和《国营工业企业工作条例》,对我国前一时期的管理实践进行了科学总结,把党的优良传统、领导作风与现代化大生产有机结合起来,形成了系统地做人的思想工作、激发人的积极性和创造性以提高劳动生产率的一系列管理原则 3. 重申实事求是我国管理思想的根本出发点
"文化大革命"时期	1966年,"文化大革命"爆发,已形成一定系统的中国管理理论和管理思想被"口诛笔伐"、荡涤殆尽,取而代之的是一切"以阶级斗争为纲"。这一"管理思想"不仅给我国的社会主义经济建设造成了巨大的损失,也把广大管理人员的思想搞得十分混乱,给以后恢复管理秩序、进行经济体制改革造成了极大的思想障碍	1. 传统的经济管理思想和体制始终左右着我国的管理思想的发展。在企业管理方面,没有把企业作为独立的经济实体,而视之为行政机关的附属物,国家对企业管得过多过死 2. 在企业内部管理方面,小生产管理方式、家长式的领导作风、不讲经济效益的经营思想仍有相当影响 3. 在分配方面,平均主义思想严重。企业和劳动者的进取心和责任感受到了较大的影响,也削弱了改善管理实践的动力 4. 在组织结构方面,国家实行以"条条"与"块块"为主的管理体制,削弱和切断了企业之间的横向经济联系,使企业无法根据分工协作原则合理使用资源
改革开放时期	党的十一届三中全会决定把党的工作重点转移到社会主义建设上来,并对一些国民经济中的重大比例进行了调整,开始进行经济管理体制改革和扩大企业自主权的试点,开展了企业的全面整顿,走上了探索具有中国特色社会主义管理体系的道路	1. 改变了以往片面追求产值和速度,不重视经营和质量的落后状况,树立了"转轨变型""转型升级"思想 2. 注重国有企业管理体制的改革。促使国有企业履行社会责任或讲求经济效益,形成了一些新的组织形式和运行模式,极大地推动了国有企业的发展 3. 改变了以往只见物不见人的不合理状况,树立了人才第一的思想 4. 改变了以往办事不讲效率、不重视时间和信息的落后观念,树立了时间、信息、知识产权是重要资源的思想 5. 改变了以往因循守旧、按经验办事的陈旧观念,树立了开拓创新的思想

课程思政

中国传统文化孕育了管理思想的雏形。在古代战争史中,兵家重视管理中谋略和环境的正确运用,如《孙子兵法》这一军事理论著作,蕴涵了目标管理、战略管理、行政管理、经济管理、信息管理和人才管理等管理思想。中国共产党在艰难曲折的百年奋斗史中,历经了革命、建设、改革等多个不同时期,在多年的实践摸索中,制定了一系列正确的路线方针政策,逐步形成具有鲜明特色的红色管理理论,体现了计划、组织、领导和控制等各环节的管理思想。在对中国特色社会主义事业建设的曲折探索中,中国共产党领导全国各族人民,结合中国的时势国情,不断进行自我修正、自我革新,开拓创新出能够指导中国管理实践活动的管理思想。从毛泽东思想、邓小平理论,到"三个代表"重要思想、科学发展观,再到习近平新时代中国特色社会主义思想,党的指导思想里凝聚着宝贵的近现代中国管理思想的经验结晶。

经过以上五个阶段对管理思想理论的探索与发展,我国社会的总体管理水平不断提升,管理思想的变革也促进了经济效益的提高。但总体而言,我国企业整体的管理理念和水平还比较落后,特别是在科学管理思想的普及、系统管理思想的确立、定量管理思想的运用、权变管理思想的掌握等方面还有待于进一步加强。目前,我国基本上还处于同步引进西方国家先进的管理理论、着手发掘古代中国管理思想、开始总结管理实践中的成功经验、探索创立中国特色的管理思想和方法阶段。我国管理理论研究还远远落后于管理实践,许多在实践中发展起来的管理思想、管理方法,还没能进行系统的整理和科学的总结,要建立系统的具有中国特色的现代化管理理论,还有很长的一段路要走。

5.2 西方管理思想理论形成与演化

5.2.1 西方早期管理思想理论

在西方,管理实践活动同样历史悠久。远在奴隶制时代,古巴比伦、古埃及、古罗马人就在指挥军队作战、治国施政和教会管理中形成了比较有效的管理方法。然而,在工业革命发生以前,很少有正式、系统地研究管理实践活动的理论体系出现,各种组织往往依靠神赐君权、教会教义、军事纪律、血缘关系等维系管理。直到18世纪下半叶,英国的工业革命导致了工厂制度的产生。专业化协作的发展、生产组织的变革,带来了一系列新的管理问题,如工人的组织和相互间的配合问题,在机器生产条件下人与机、机与机的协调问题,劳动力的招募、训练与激励问题,纪律的维持问题等。这些问题完全不同于传统组织遇到的管理问题,需要人们通过研究予以解决。在这种情况下,一些学者从各自原有的学科出发,对管理展开早期理论研究。以下对三位代表人物——罗伯特·欧文、亚当·斯密和查尔斯·巴贝奇的管理思想进行简述。

罗伯特·欧文(Robert Owen,1771—1858)是一名成功的企业家,同时也是一名空想社会主义者,他最早注意到企业人力资源的重要性,为改善工业革命造成的苛刻的劳动条件,欧文提出了缩短劳动时间、禁止招收童工、设置工人教育设施和住宅、改善工人生产条件和生活条件等社会改良政策,并在自己的工厂里付诸实践。他是企业人道主义实践方面的开拓者,其管理思想与后来的行为管理思想非常接近。

亚当·斯密(Adam Smith),古典政治经济学家,其在1776年发表的《国富论》中,有不少关于管理方面的论述,其中对后来管理理论发展有重大影响的是他的分工理论和"经济人"观点。他认为劳动分工是提高劳动生产率的因素之一,并通过实例充分论证了劳动分工的优越性。另外,他的"经济人"观点认为人们在经济活动中追求的是个人利益,社会利益是由个人利益之间的相互牵制产生的。亚当·斯密的分工理论和"经济人"观点后来成了西方科学管理理论的重要依据之一。

查尔斯·巴贝奇(Charles Babbage,1792—1871)是剑桥大学著名的数学家,曾到英、法等国的工厂了解和研究管理问题。他设计出世界上第一台计算机,还利用计算机来计算工人的工作数量和原材料的利用程度。此外,他进一步发展了亚当·斯密关于劳动分工的思想,分析了分工能够提高劳动生产率的原因。他是科学管理思想和定量管理思想的先驱。

尽管各位先驱对管理理论进行了早期探索,但他们的研究仍然只是侧重于具体的管理方法或是管理的某个方面,没有形成系统的管理理论体系。在工业革命开展初期,由于缺少系统的管理理论的指导,管理思想主要呈现出三方面特点:

(1)管理的重点是解决分工与协作问题,以保证生产过程的顺利进行,提高生产效率,获取更高利润。管理内容局限于生产管理、工资管理、成本管理。

(2)管理方法主要来自个人经验。在工业化初期,既没有普遍适用的有关如何进行管理的知识体系,也没有共同的管理行为准则,管理工作的成效主要取决于管理者个人的经验、个性特点和工作作风。正是由于该特点,此阶段人们秉持的管理思想有时也被称为"经验管理思想"。

(3)企业经营权和所有权合并。由于劳动三要素是由资本聚集起来的,拥有资本的工厂主当然就成了管理者。他们既享有企业的所有权,又对企业的日常经营活动亲自进行管理。

虽然在理论研究上受到了时代的局限,但这几种管理思想适应了当时工厂制度发展的需要,对于促进生产、提高生产效率以及后来科学管理理论的产生都起到了积极作用。

5.2.2 西方古典管理思想理论

早期西方管理思想实际上是管理理论的萌芽,对管理展开正式的理论研究与建立系统化的管理理论是在十九世纪末二十世纪初。这个阶段形成的管理理论被称为古典管理理论,其蕴含的思想特点是强调理性在管理活动中的重要性,着眼于寻找科学地管理劳动和组织的各种方法,使得组织和工人尽可能提高效率,因此其管理思想又被称为科学管理思想。西方古典管理思想理论主要包含三大学说:科学管理理论、一般管理理论和官僚组织理论。科学管理理论的重要贡献者是弗雷德里克·泰勒(Frederick W. Taylor),一般管理理论的重要贡献者是亨利·法约尔(Henri Fayol),官僚组织理论的重要贡献者是马克斯·韦伯(Max Weber)。

1. 科学管理理论

随着工业革命从英国转向欧洲大陆和美洲,19世纪下半叶,工业得到了前所未有的发展,发明热使工厂制度日益普及,生产规模不断扩大,随之而来的是同类产品竞争加剧、价格下跌,此时单凭经验进行生产和管理已经不能适应激烈的竞争局面,人们开始研究如何通过科学合理的管理方式来提高劳动生产率,从而使企业在竞争中脱颖而出。在这种背景之下,科学管理理论应运而生。

1911年,弗雷德里克·泰勒的著作《科学管理原理》(*Principles of Scientific Management*)出版,提出了通过科学研究工作方法来提高工人的劳动效率,阐述了科学管理——用科学的做法确定完成一项工作的最佳方式。该书提出的理论奠定了科学管理的理论基础,标志着科学管理思想的正式形成。

拓展阅读 5-1

泰勒出生在美国费城一个富裕的律师家庭,从小醉心于科学实验。18岁时,他进入钢铁厂当工人,22岁时到米德维尔钢铁公司当学徒,在技术水平、管理能力上得到了锻炼,后来被提拔为工头、中层管理人员和总工程师。泰勒的经历使他对生产现场很熟悉,对生产基层很了解。他认为单凭经验进行管理的方法是不科学的,必须加以改变。但是,当时工厂生产中守旧势力很强大,工人自己决定制造方法,工厂主自己决定管理方法,个人所掌握的技艺和积累的经验对别人都严格保密。虽然处在这样僵化和守旧的环境中,泰勒还是利用自己取得的地位,开始了管理方面的革新活动。

泰勒是从"工人为什么磨洋工"这一现象出发来研究管理问题的,长期的切身观察使泰勒认识到,工人"磨洋工"主要是因为"落后的管理"。泰勒相信,通过科学管理可以避免"磨洋工"现象。通过20多年对车间里各项生产活动最佳工作方法的研究,泰勒最终确定了一整套科学管理的原则方法,钢铁厂的产量提高了200%并获得了持续改善。他的思想在美国和其他国家流传,并鼓舞了其他人研究和发展科学管理方法。鉴于泰勒将科学原理用于劳动生产的开创性研究,因此他被称为"科学管理之父"。[①]

泰勒认为,造成企业劳动生产率普遍低下的原因主要有三方面:第一,劳动力使用不当,包括工作分配不合理和劳动方法不正确;第二,工人不愿干或不愿多干,这里面既有工人本身的因素,又有报酬上的因素;第三,企业生产组织与管理方面的原因。因此,要提高劳动生产率,增加企业盈利,必须从这三个方面做文章,于是泰勒对管理制度做了如下改进:

(1)改进工作方法,并根据工作的要求挑选和培训工人。第一,改进操作方法,以提高工作效率、合理利用工时。泰勒认为,要让每一名工人都用正确的方法作业。为此,应把

---

① 弗雷德里克·泰勒.科学管理原理[M].马风才,译.北京:机械工业出版社,2007:27.3.

生产过程中每个环节的每项操作分解成许多动作,继而把动作细分为动素,然后研究每项动素的必要性和合理性,据此决定去掉那些不必要的动素,对保留下来的必要动素根据经济合理的原则加以改进和组合,以形成标准的作业方法并制定标准作业时间。第二,作业环境与作业条件的标准化。为使工人能够在标准时间内完成标准的操作,还必须根据作业方法的要求,使工人的作业环境和作业条件(工具、设备、材料等)标准化。第三,根据工作要求,挑选和培训工人。泰勒认为人有不同的禀赋才能,只要工作合适,都可以成为一流的工人。提高工人的劳动生产率,首先要根据工人的特长来分配工作。正确地选择工人担任适当的工作后,还要根据标准的作业方法来培训工人。通过标准的作业方法而非"师傅带徒弟"等传统培训方式进行集中成批培训,不仅可以保证受训者掌握的是科学的操作方法,而且可以提高培训速度和效率。

(2)改进分配方法,实行差别计件工资制。泰勒认为,工人不愿提供更多劳动的一个重要原因是分配制度不合理,因此,要刺激工人创造更大的产量,需要制定稳定的工资标准,且工资随着产量的增加而提高,实行差别计件工资制。即在计算工资时,采取不同的工资率,未完成定额的按低工资率给付,完成并超过定额的按高工资率给付。由于完成并超过定额能以较高的标准得到报酬,工人愿意提供更多的劳动。

(3)改进生产组织,加强企业管理。第一,在企业中设置计划部门,将计划职能与执行职能分开。泰勒认为,提高劳动生产率,就要改进工人的作业方法。工人虽然拥有丰富的操作经验,却没时间进行系统的研究和分析,这项工作应该由企业主或企业委托的专门人员进行。因此,他主张在企业中设立专职的计划部门,把计划(管理)职能同执行(作业)职能相分离。计划部门通过调查研究,确定作业方法、工时定额、工资标准,制订计划并对实际执行情况进行控制。执行部门的任务是根据计划部门制定的标准和定额,进行监督和生产作业。第二,实行职能工长制。泰勒对管理工作进行了细分,使每个管理者只承担其中一两项工作。他将当时通常由车间主任完成的工作分给八个职能工长承担,每个职能工长只负责某一方面的工作,在其职能范围内可以向工人发布命令。这样对管理人员的培养只需花费较少的时间,因为他们只需掌握某一个方面的技能,从事专门的职能管理,可以提高管理劳动的效率,降低企业的生产费用。第三,进行例外管理。例外管理是指企业的上级主管把一般的日常事务授权给下级管理人员去处理,而自己保留对例外事项或重要问题的决策权与监督权。这个原理实际上为后来的分权化管理和事业部制准备了理论依据。

泰勒以自己在工厂的管理实践和理论探索,打破了工业革命以来沿袭的传统经验管理方法,将科学与理性思想引进管理领域,并创立了一套具体管理方法,为形成管理理论系统奠定了基础。同时,在管理实践方面,其采用的科学作业程序和管理方法推动了生产的发展,使企业生产效率提高了2~3倍。正因如此,泰勒的科学管理方法在20世纪初的美国和西欧受到了普遍欢迎。除了泰勒,同时代的科学管理理论学派的著名学者还有甘特、吉尔布雷斯夫妇等。

2.一般管理理论

以泰勒为代表的科学管理理论学派对管理的研究主要侧重于车间管理,他们更加关心的是科学管理方法在生产作业方面的应用问题。在科学管理理论学派进行研究工作的同时,欧洲出现了对组织管理的研究,其中具有代表性的是以亨利·法约尔为代表的一般管理理论学派。相较于科学管理理论学派,法约尔等人关注的是整个组织,他们研究的是管理者干什么以及怎样干才能干好等更一般的管理问题,即侧重于管理者协调组织内部各项活动的基本原则的研究。1916年,法约尔发表了著作《工业管理和一般管理》,提出了适用于一切组织管理的五大要素和有效管理的14条原则。法约尔将工业企业中的全部活动和职能划分成六类:技术的、商业的、财务的、安全的、会计的和管理的,主要研究管理要素(管理职能)和管理原则。

(1)管理要素(管理职能)

①计划:包括预测未来和对未来的行动予以安排。预测是计划的基础,行动计划的制订是计划工作的主要内容,它指出了组织所需达到的结果、应该遵循的行动路线、所要经过的阶段以及所要使用的手段,是人们对组织未来前景的预先安排。

②组织:从广义上来说,管理的组织工作包括物的组织和人的组织(或称社会组织)。法约尔主要讨论了人的组织。他指出,在配备了必要的物质资源以后,管理者的任务就是把本单位的人员合理地组织起来,以完成企业的六个基本职能。组织工作包括选择组织形式,规定各部门的相互关系,选聘、评价和培训工人等。

③指挥:指挥的任务是让已经建立的企业发挥作用。法约尔认为,指挥是一门艺术,领导者的指挥艺术取决于自身的素质和对管理原则的理解两个方面。

④协调:法约尔认为协调是一项单独的管理要素,是指"企业的一切工作都要和谐地配合,以便企业经营的顺利进行,并且有利于企业取得成功"。协调就是平衡各种关系,使企业活动和物质资源保持一定的比例;使组织的各个职能部门都意识到自己的工作对其他职能部门可能产生的影响;使收入与支出、生产与销售、材料供应与生产消耗等保持正确比例。

⑤控制:控制是保证计划目标得以实现的重要手段,是要"证实各项工作是否与计划相符合,是否与下达的指标及既定原则相符合。控制的目的在于指出工作中的不足,以便加以纠正并避免再犯"。

(2)管理原则

由于任何组织的活动都存在共同的管理问题,因此人们在管理实践中必然要遵循一系列一致的原则(表5-3)。法约尔根据自己的经验总结了14条管理原则。他指出,原则虽然"可以适应一切需要",但它们是"灵活的"。"在管理方面,没有什么死板的和绝对的东西,这里全都是尺度问题。"原则的应用"是一门很难掌握的艺术,它要求智慧、经验、判断和注意尺度。由经验和智慧合成的掌握尺度的能力是管理者的主要才能之一"。

表 5-3　　　　　　　　　　法约尔的14条管理原则

原则	含义
劳动分工	通过专业化分工提高效率,降低成本,但分工要有一定的限度
权责相当	管理者必须拥有权力发布命令,但权力必须与责任相当
纪律严明	员工必须遵守组织纪律和规章制度,管理者要通过以身作则、奖惩来保证纪律的有效性

(续表)

原则	含义
统一指挥	组织中的每个人应该只接受一位上级的命令并向该上级汇报工作
统一方向	组织应该只有一个行动计划,作为统一全体管理者和员工的行动方向
个人服从整体	任何员工的利益不能凌驾于组织整体利益之上
报酬	必须给工作和服务以公平合理的报酬,尽量使企业及员工都满意
集权	反映下属参与决策的程度。集权程度要根据组织的具体情况而定
等级制度	从高层到基层应建立关系明确的等级链,信息的传递应按等级链进行,但如果顺着这条等级链传递会造成延误,那么应允许越级报告和交叉通告,以保证重要信息传递的畅通无阻
秩序	人员、物品在正确的时间要处在正确的位置
公平	管理者应公平、友善地对待所有下属
人员稳定	人员任期和替补应有明晰的规定,对高级雇员不应随意变动其工作
主动性	鼓励员工发表意见和主动工作,发挥主动性和创造性
团队精神	树立团队精神,创造组织内部的和谐与团结氛围

法约尔从理论上概括出了一般管理的理论、要素和原则,在学术上将科学管理思想提升到了一个新的高度,为日后的管理理论发展奠定了基础。他的一般管理理论系统性强,逻辑严密,对管理工作普遍性的认识使得这一理论得到了广泛认可。现代社会的许多管理实践和思想都可追溯到一般管理理论学派的思想,现代管理学中的许多概念、术语和原理也继承于此,因此法约尔也被称为"现代经营管理之父""现代管理理论的真正创始人"。

3. 官僚组织理论

官僚组织理论也是科学管理思想的一个重要组成部分,它强调组织的运转要以合理的方式进行而不是依据业主或管理者的判断。这一理论学派的代表人物是社会学家马克斯·韦伯。官僚组织,有时亦称官僚政治、科层组织,指的是一种通过公职或职位,而不是通过世袭或个人魅力来进行管理的组织制度。韦伯反对当时盛行的靠传统的自觉(封建制)和裙带关系(世袭制)来管理的思想,认为这不仅是不公正的,而且还造成了人力资源的巨大浪费。为此,他着重研究了组织的权力类型,将被社会所接受的合法权力分为传统型权力、个人魅力型权力、法理型权力三类,并借助法理型权力设计出官僚组织这一理想组织模式作为组织设计的参考模式。由于官僚组织模式具有明确的劳动分工、清晰的等级关系、详尽的规章制度和非人格化的相互关系,其强调规则而不是个人,强调能力而不是偏爱,因此有助于组织提高工作效率,有利于杜绝任人唯亲、组织涣散、人浮于事等现象,至今仍是许多大型组织的组织模式设计样板。

韦伯设计的官僚组织理论主要有六方面特征:
(1)劳动分工:工作被分解为简单的、程序化的、界定清晰的任务;
(2)权力等级:将各个职位按等级组织,拥有清晰的指挥链;
(3)正式选拔:根据技术资格选择适合工作的人员;

(4)规章制度:制定成文的规章和标准运营程序;
(5)非人格化:规章制度需要组织成员普遍遵守,不能因人而异;
(6)职业导向:组织中的管理者是专业的公职人员,而非该组织的所有者。

官僚组织理论与科学管理理论在理念上有很大的相似之处,它们都强调理性、可预见性、非人格性、技术能力以及权力主义。虽然韦伯的想法不如泰勒的想法实际,但是他的"理想类型"仍然描述了很多当代组织。即使在如今,谷歌、三星、通用电气等许多大型组织中,官僚组织模式对确保高效使用资源仍然必要,这个事实证明了官僚组织理论的合理性与重要性。

4. 古典管理学理论蕴含的管理思想

以科学管理理论、一般管理理论、官僚组织理论等为代表的古典管理理论蕴含着科学管理的思想。与传统经验管理思想相比,科学管理思想表现出了以下新的特征:

(1)管理研究重点是提高效率

由于当时工业革命的社会环境迫切要求企业提高劳动生产率,因此决定了管理理论研究的重点方向。泰勒等人注重实验和调研,运用科学方法提高工人的劳动效率和管理人员的工作效率;法约尔和韦伯则着眼于组织整体,期望探讨提高管理工作效率的一般性办法。

(2)用科学管理代替经验管理

组织的管理活动不再单单依靠管理者的经验与个人判断,而是向标准化、科学化发展,形成了一系列新的管理方法、管理原则与管理原理。

(3)主张管理专业化和职业化

泰勒主张管理者和操作者有分离,法约尔阐述了开展专门的管理教育的必要性和重要性,韦伯则主张在官僚组织结构中实行管理者的职业化。到二十世纪初,管理者作为独立的一个阶层为西方社会所承认,为管理学科的进一步发展奠定了牢不可破的基础。

5.2.3 西方近现代管理思想理论

1. 行为管理理论

工业革命后期,随着科学管理思想的普及、劳动生产率的不断提高和生产技术的日趋复杂,生产专业化程度日益提高。但与此同时,劳资矛盾也随之恶化。科学管理思想通常把人看作生产的机器,如泰勒的科学管理理论认为人是"机器的附件""经济人",因此他们的主要工作是寻找有效运用"机器"、提高"机器"使用效率的方法。科学管理思想片面强调对工人进行严格的控制和动作的规范化,忽视了工人的社会需求和情感需求,因而引起了工人的不满和社会的责难。如何协调劳资矛盾,进一步调动员工的积极性以提高劳动生产率逐渐成为人们关注的重点。在此背景下,伴随着著名的霍桑实验,行为管理理论逐渐正式形成。与科学管理思想不同,行为管理理论将人看作生产活动的主体,注重分析影响组织中个人行为的因素,强调管理的重点是理解人的行为。在行为管理理论中,人是"社会人"而非"经济人",管理学家试图通过研究人们的行为规律,找出对待工人、职员的新方法和提高工作效率的新途径。

(1) 霍桑实验与人群关系论

对行为管理理论形成做出早期贡献的有心理学家雨果·芒斯特伯格（Hugo Munsterberg）、社会工作者玛丽·福莱特（Mary P. Follett）等人，但对行为管理理论发展起到主要推动作用的是乔治·埃尔顿·梅奥（George Elton Mayo）和他的助手们于20世纪20年代在芝加哥附近的西方电气公司的霍桑电话机工厂进行的一系列实验，即霍桑实验。

霍桑实验开始于1924年，当时是根据科学管理理论中关于好的工作环境可以提高工人的劳动生产率的假设，进行"照明的质量与数量同工作中效率的关系"的研究，试图通过照明强弱的变化与产量变化之间的关系来分析工作条件与劳动生产率之间的关系。结果发现，工作条件和环境与劳动生产率没有必然的联系，却与人的因素有密切的关系。为证实这一结果，梅奥他们在1927—1936年断断续续进行了为时9年的两阶段实验研究，结果表明：生产率不仅同物质实体条件有关，而且同工人的心理、态度、动机，同群体中的人际关系以及领导者与被领导者的关系密切相关。梅奥在1933年发表的《工业文明中的人的问题》一书中，对霍桑实验的结果进行了总结，提出了人群关系论，其主要结论如下：

①企业职工是"社会人"，是复杂的社会系统的成员。人不是孤立存在的，而是属于某一工作集体并受这一集体影响的。他们不只单纯地追求金钱收入，还追求人与人之间的友情、安全感、归属感等社会和心理欲望的满足。管理者若能设身处地地关心下属，注意进行情感上的沟通，那么工人的劳动生产率将会有较大的提高。

②满足工人的社会欲望，提高工人的满意度，是提高劳动生产率的关键。在决定劳动生产率的诸多因素中，位于首位的因素是工人的满意度，其次是生产条件和工资报酬。员工的满意度越高，其士气就越高，从而生产效率就越高。高满意度来源于工人个人需求的有效满足，个人需求不仅包括物质需求，还包括精神需求。

③按组织的不同形成方式，可将组织分为"正式组织"和"非正式组织"。所谓"正式组织"，是指为了有效实现组织目标，明确规定组织成员之间职责范围和相互关系的一种机构，其组织制度和规范对成员具有正式的约束力。这种组织对个人有强制性，这是古典组织论者所强调和研究的。人群关系论者认为，企业职工在共同工作、共同生产中，必然产生相互之间的人群关系，产生共同的情感，自然形成一种行为准则或惯例，要求个人服从，这就构成了"非正式组织"。这种"非正式组织"有自己的核心人物和领袖，有大家共同遵循的观念、价值标准、行为准则和道德规范等，对工人行为的影响很大，是影响生产效率的重要因素。

(2) 行为管理理论：人际关系学说

霍桑实验提出了员工的满意度是提高工作效率的关键，这要求管理者与工人建立良好的协作关系，并需要了解如何才能使员工达到工作满意。对此，人们从各方面开展了对人的需要、动机、行为、激励以及人性的研究，形成了人际关系研究热潮。人际关系学说的主要理论家有亚伯拉罕·马斯洛（Abraham H. Maslow）、弗雷德里克·赫茨伯格（Frederick Herzberg）和道格拉斯·麦克雷戈（Douglas McGregor）等人。

马斯洛是著名的心理学家和行为科学家，他于1943年在《人的动机理论》中提出了需求层次理论，对人际关系学说的发展做出了重大贡献。他认为人有各种各样的需求，管理者可以据此激励员工的行为。马斯洛的需求层次理论有两个基本论点,一是人的需求取决于他已经得到了什么,尚缺少什么,只有尚未满足的需求才能够影响行为。换言之,已得到满足的需求不能起激励作用。二是人的需求都有轻重层次,某一个需求得到满足后,另一个需求才出现。马斯洛将人的需求分为五级:生理需求、安全需求、社会需求、尊重需求、自我实现需求(图 5-1)。在他的基础上,人们又提出了各种各样的激励理论。

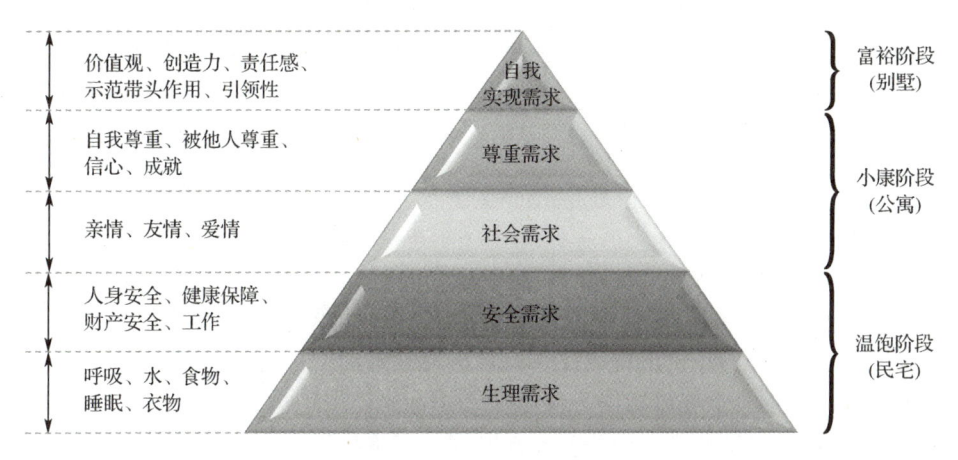

图 5-1 马斯洛需求层次理论

心理学家赫茨伯格于 1959 年出版了《工作与激励》一书,针对员工激励问题提出双因素理论。通过对匹兹堡地区 200 名工程师、会计师进行深入的访问调查,赫茨伯格发现使员工感到满意的因素都是工作性质和内容方面的,使他们感到不满意的因素都是工作环境或者工作关系方面的。赫茨伯格把前者称作激励因素,后者称作保健因素。赫茨伯格认为激励因素具备时,可以起到明显的激励作用;当这类因素不具备时,也不会造成员工的极大不满;而保健因素具备时,员工不会感到不满,但保健因素的缺乏会导致员工感到不满。即将"是否满意"与激励因素是否具备相对应,"是否不满意"与保健因素是否具备相对应。

麦克雷戈曾在哈佛大学和麻省理工学院长期从事心理学教学工作,其于 1957 年发表了《企业的人性面》,提出了著名的"X-Y 理论"。他认为管理者对员工有两种不同的看法,相应地他们也会采用两种不同的管理办法。X 理论认为人的本性是坏的,一般人都有好逸恶劳、尽可能逃避工作的特性。因此,对大多数人来说,仅用奖赏的办法不足以战胜其厌恶工作的倾向,必须进行强制、监督、指挥以及惩罚,才能使他们付出足够的努力去完成给定的工作。与之相反,Y 理论认为人并不懒惰,他们对工作的喜欢和憎恶取决于这份工作对他们是一种满足还是一种惩罚;在正常情况下,人们愿意承担责任,且热衷于发挥自己的才能和创造性。因此,持有 Y 理论观点的管理者就要创造一个能多方面满足员工需要的环境,使员工的智慧、能力得以充分发挥,以更好地实现组织目标和个人目标。

(3) 行为管理理论的管理思想

行为管理理论的思想改变了人们对管理的思考方法。相较于古典管理学理论,行为管理理论将人看作宝贵的资源,强调从人的作用、需求、动机、相互关系和社会环境等方面研究其对管理活动及其结果的影响,研究如何处理好人与人之间的关系、协调人的目标、激励人的主动性和积极性,以提高工作效率。

但是,行为管理理论也有局限之处。由于个人行为的复杂性,对行为进行准确的分析和预测非常困难,因此,行为管理理论在管理实践中的应用并不广泛,还有待于进一步完善方法与发展理论。

2. 管理科学理论

在第二次世界大战中,英国军队和美国军队为了解决战争中的一些资源配置问题,建立了由各种专家组成的运筹研究小组,并取得了巨大的成功。例如,英国通过数学家建立的最优分配模型,有效解决了如何以有限的皇家空军力量来抵抗强大的德国空军的问题。在战争结束以后,资本主义生产力和生产关系发展迅速,企业规模迅速扩大,产生了管理精细化的要求。而第二次世界大战中总结出来的资源分配运筹方法,正好为解决管理精细化问题奠定了基础,在这种背景下,管理科学理论迅速发展起来。

管理科学有时也被称为运筹学,它的目的是通过应用具体的数学模型和统计模型来提高决策的有效性。例如,可以用线性规划方法对有限的资源进行合理的分配,以取得最大的经济效益。管理科学理论有以下特点:

(1)生产和经营管理各个领域的各项活动都以经济效果作为评价标准,即要求行动方案能以总体的最小消耗获得总体的最大经济利益。

(2)使衡量各项活动效果的标准定量化,并借助数学模型找出最优的实施方案,描述事物的现状以及发展规律。

(3)随着信息技术的发展,其与电子计算机技术紧密结合进行管理,大大提高了解决复杂管理决策问题的能力。

(4)特别强调使用先进的科学理论和管理方法,如系统论、信息论、控制论、概率论等。

管理科学理论应对的是组织精细化管理的要求,体现的是定量管理的思想。与其说这种理论是探讨管理的科学,不如说是努力将科学技术应用于管理,从这一点来讲,管理科学理论的定量管理思想与泰勒的科学管理理论的管理思想极为相似。但管理科学理论又不是泰勒的科学管理理论的简单延续,因为其使用了先进的数学方法与管理手段,形成了许多新的管理技术,使管理工作的科学性达到了新高度。在今天,伴随着移动互联网的迅速发展和神经科学、智能技术、云技术、大数据分析技术的广泛运用,管理科学理论正不断焕发出新的生机与活力,将会在解放生产力、提高企业经济效益方面发挥更大的作用。

3. 系统管理理论

系统理论最初是物理科学中的基础理论。第二次世界大战之后,企业组织规模日益扩大,企业内部的组织结构也更加复杂,从而提出了一个重要的管理课题:如何从企业整体要求出发,处理好企业内部各个单位或部门之间的相互关系,保证组织整体的有效运转。为解决该课题,管理学研究者们开始细致地研究系统理论与组织的联系,系统管理理论逐渐发展起来。

实际上,早在1938年,切斯特·巴纳德(Chester I. Barnard)就在其著作《经理人员的职能》(*The Functions of an Executive*)中写道:"组织像一个合作系统一样运作。"他从社会组织系统的角度分析了经理人员的职责和任务,探讨了组织形成的原因、正式组织与非正式组织之间的关系,并认为管理的职能就在于保持组织同外部环境之间的平衡。巴纳德被认为是现代组织理论的创始人。1963年,理查德·约翰逊(Richard Johnson)、詹姆斯·罗森茨韦克(James E. Rosenzweig)、弗里蒙特·卡斯特(Fremont E. Kast)合著的《系统理论与管理》一书,比较全面地阐述了系统管理的观点,成为创立系统管理理论的奠基之作。20世纪60年代中期到70年代中期,以系统角度对组织进行分析的理论得到了迅速发展。

系统(System)是指由一套相互联系、相互依赖的部分以特定方式组合起来的一个整体,根据是否与环境发生互动作用,可以分为封闭系统和开放系统两种基本类型。企业可以被视作一个开放系统,研究企业管理的任何个别事物,都要从系统的整体出发,既要研究此事物与系统内各组成部分之间的关系,又要研究此事物同系统外部环境的相互联系。一个企业可能存在计划、采购、生产、质量、人事、销售、财务等多个部门,在对单个部门的工作进行优化改进时,必须要将企业整体目标作为根本目标,要考虑到各部门之间的促进和制约关系,并将企业内部环境因素与外部环境因素结合起来考虑,以求整个企业获得最佳优化效果。例如,从系统管理理论来看,不论企业的生产部门效率如何,生产部门都必须与营销部门、产品开发部门合作,结合对顾客偏好的调研,创造出顾客更喜欢的产品,从而提高组织的整体绩效;而生产部门同时也需要与采购部门积极沟通生产计划,帮助采购部门购置正确的原材料数量,提供质量信息,保证生产过程顺利进行。

企业作为一个系统,具体来说可以细分为人、物资、设备、财务、任务、信息六个要素,虽然不同企业的具体组织形式多种多样,但可以按照系统管理理论将上述六要素进一步划分为多个子系统,如技术子系统、财务子系统、情报子系统、生产子系统等。由于企业系统总是处于不断变化当中,所以在研究系统管理时,不仅要考虑系统的静态结构,更要研究系统的动态变化。系统管理离不开数学方法、模型理论和计算机手段以及行为科学,所以也可以说系统管理理论是对现代管理科学的综合。

4. 权变管理理论

20世纪70年代"石油危机"的爆发,标志着人们所处的环境从稳定走向动荡,而经营的全球化,则要求组织管理能够适应不同文化背景、不同社会制度,外部环境成为人们关注的因素之一。如何适应环境变化,在多变的环境中脱颖而出成为管理研究的重点,与此相适应,认为一切应随环境变化而变化的权变管理理论成为管理思想的主流。1970年,权变管理理论的重要代表人物——管理学家弗里蒙特·卡斯特与詹姆斯·罗森茨韦克一起发表了《组织管理:系统方法和权变方法》一书,他们应用一般系统理论的范畴、原理,全面分析与研究了企业与其他组织的管理活动和管理过程。

此前的各种管理理论总是希望寻找能够普遍适用的管理原则或管理方法,但研究者们逐渐发现了各种例外,如古典管理理论认为劳动分工是普遍适用的管理原则,但是后来发现分工过度专门化也会降低劳动生产率。而权变管理理论认为,组织管理要根据内、外部条件随机应变。权变理论学派希望通过观察和分析大量的管理事例,寻找管理思想、技术和方法与各种环境因素间的关系,把纷繁复杂的管理实践归纳为几个基本类型,并为每个类型找出一种模式。因此,根据权变理论学派的观点,管理技术与方法同环境因素之间存在一种函数关系,企业管理要随环境的变化而变化。一种很好的对权变方法的描述是"如果……那么……"。例如,如果在市场疲软的背景下,企业产品供过于求,那么就要采用集权的组织结构,而在经济繁荣、产品供不应求的情况下,企业则应采用分权的经营方式;又如,在企业领导方式上,如果现行的社会价值趋于自由主义,员工是具有高度科学知识的专业人员,那么就要采用参与式、开放式的领导方法,而非严格的专权型领导方式。

权变管理理论告诫管理者,世界上没有一成不变的、普遍适用的"最佳的"管理理论和方法。它将环境因素纳入考虑范围内,鼓励研究者们寻找、归纳各种影响管理方法作用效果的权变因素,探索不同情境对管理方法发挥作用的影响,拓宽了管理者在管理实践时的思考维度。

5. 管理过程理论

管理过程理论是一种以管理过程与管理职能为研究对象的管理理论。这种理论认为,管理就是在组织中通过别人或同别人一起完成工作的过程。管理过程与管理职能是分不开的,因而应该对管理职能进行分析,从理性上加以概括,把管理实践中运用的概念、原则、理论和方法结合起来,形成一门管理学科。管理过程理论是在法约尔的一般管理理论的基础上发展起来的,该学派的代表人物是哈罗德·孔茨和西里尔·奥唐奈,两人合著了《管理学》。

管理过程理论的研究方法一般是首先将管理人员的工作划分为若干职能,再对管理职能进行逐一分析,如孔茨将管理职能分为以下五项:

(1) 计划——选择目标及其实现手段;
(2) 组织——设计出一个有一定目标的权责机构,并派人承担这些职责;
(3) 用人——选拔、考核和培训人员,以便有效地承担权责;
(4) 领导——激励下属为实现组织目标努力,并使其意识到这是符合他们自身利益的;
(5) 控制——对人们的活动进行估计,及时纠正偏差,以保证计划的实现。

管理过程理论提供了一个分析研究管理思想的框架,其内涵既广泛又易于理解,因此这一学派被人们广泛接受。

6. 决策理论

自第二次世界大战以后,许多运筹学家、统计学家、计算机专家和行为科学家都力图在管理领域寻找一套科学的决策方法,以便对复杂的多方案问题进行明确的、合理的、迅速地选择,决策理论得到迅速发展。决策理论是将系统理论、运筹学、计算机科学等综合运用于管理决策问题,形成的一门有关决策过程、准则、类型及方法的较完整的理论体系。该学派的代表人物是诺贝尔经济学奖得主赫伯特·西蒙(Herbert Simon)。

拓展阅读5-2

赫伯特·西蒙,心理学家、经济学家、决策管理大师,于1978年获得诺贝尔经济学奖,主要著作有《管理行为》《组织》《经济学和行为科学中的决策理论》《管理决策的新科学》等。西蒙学识广博,拥有九个博士学位,是现今很多重要学术领域的创始人之一,如人工智能、信息处理、决策制定、注意力经济、组织行为学、复杂系统等。①

决策理论学派的主要观点如下:

(1)管理就是决策。西蒙等人认为,管理活动的全部过程都是决策的过程。确定目标、制订计划、选择方案是经营目标及计划决策;机构设计、生产单位组织、权限分配是组织决策;计划执行、情况检查、在制品控制及控制手段的选择是控制决策。决策贯穿于整个管理过程,所以管理就是决策。

(2)决策分为程序性决策和非程序性决策。程序性决策是按既定的程序进行的决策,主要针对日常业务中需要处理的重复出现的问题,对于这类决策问题可制定例行程序,提高工作效率。非程序性决策针对的是新发生的、非结构性的、无先例可循的决策问题,这类问题需要进行特殊处理,如企业是否开发新产品、是否开辟新市场的决策。

(3)决策并非是一些不同的、间断的瞬间行动,而是一个由一系列相互联系的工作构成的过程。这个过程包括情报活动、设计活动、抉择活动、审查活动四个阶段的工作。

(4)决策者以寻找"满意解"而非"最优解"作为决策准则。决策的核心是选择,需要利用合理的标准对各种可行方案进行评价。西蒙认为,在决策时,人们习惯运用"最优"或"绝对的理性"作为决策的准则。但实际上,由于决策者在认识能力上和时间、经费及情报来源上的局限,不可能做出"完全合理"或"最优"的决策,只能做出"令人满意的决策"。

7. 西方近现代管理理论思想演变

古典管理理论将人看作"经济人",其核心思想是通过科学、技术层面的研究提高劳动生产率。在古典管理学理论之后,行为管理理论认为组织中的人是"社会人",将重点放在分析影响组织中人的行为的各种因素上,强调管理的重点是研究人的行为,并对人的需求、动机等方面进行了探讨。

系统管理理论、权变管理理论、过程管理理论均蕴含着权变思想。系统管理理论将企业看作一个系统,强调部门优化要以企业整体目标的优化为准则,注重考虑部门之间的相互作用以及企业内部与外部要素的相互作用,不能孤立地看待管理中的局部问题。权变管理理论则特别强调了环境因素,即情境不同对管理理论实施效果的影响,告诫管理者不存在普遍适用的最佳管理理论,而要视情境灵活处理管理问题。管理过程理论在一般管理理论的基础上,进一步对管理过程概念进行界定,完善了管理职能研究框架,为详细探讨、剖析各个管理职能奠定了基础。

决策理论将管理与决策的概念进行了等同,认为管理就是决策,并着重探讨了决策类型、决策过程、决策准则等,为研究管理提供了新的视角与先进的管理方法。

---

① 资料来源:[1] 胥伟岚,夏南强.赫伯特·西蒙的情报学研究[J].情报科学,2016,34(11):18-21.
[2] 刘佳.赫伯特·西蒙:如何做出有效决策[J].经营与管理,2015(12):10-11.

5.3 当代管理思想理论

5.3.1 企业再造理论

20世纪80年代,信息技术不断发展,并被广泛应用到企业管理中,二十世纪三四十年代形成的企业组织已不能适应日益激烈的竞争环境的要求。一些管理学者提出了要在企业管理的制度、流程、组织、文化等方面进行创新。美国企业从20世纪80年代起率先发起了大规模的"企业重组革命",企业管理经历了前所未有的变革。业务流程再造就是在这样的背景下产生的。

业务流程再造(Business Process Re-engineering,BPR),也被称为业务流程重组和企业经营过程再造,其针对企业业务流程的基本问题进行反思,并对它彻底进行了重新设计,以在成本、质量、服务和速度等当前衡量企业业绩的重要方面取得显著进展。该理论是由哈默和钱皮提出的,并将其引入西方企业管理领域。1994年,哈默和钱皮合作出版了《企业再造》,发表了"企业革命的宣言"。他们通过对企业的考察发现,在许多公司从事的具体工作中,"有许多是与满足客户需要——生产的产品质地要优良、供应的价格要公道、提供的服务要优质——风马牛不相及的。他们的许多工作纯粹只是为了满足公司内部的需要。"他们还察觉到一套新的程序正在一些企业中形成,他们把这套程序称为"企业再造"。

企业再造理论的中心思想是:"企业已不再需要、也不再适宜根据亚当·斯密的劳动分工原理去组织自己的工作,在当前的'三C'(即顾客、竞争和变化)世界中,以任务为导向安排工作岗位的做法已经过时。取而代之的是,企业应以流程为中心去安排工作。"也就是企业的组织结构要从职能型向流程型转变。具体实施过程主要包括以下工作:

(1)对原有流程进行全面的功能和效率分析,以发现原有流程中各活动单元及其组合方式上存在的问题;

(2)改进相关单元的活动方式或单元间关系组合方式,设计流程改进的方案;

(3)制订与流程改进方案相配套的组织结构、人力资源配置和业务规范等改进计划,形成系统的企业再造方案;

(4)实施组织流程改进方案,并在实施过程中根据经营背景的变化组织企业流程的持续改善。企业活动及其环境是动态变化的,因此,企业再造或流程重组将是一个持续不断的过程。

企业再造理论的提出使得管理实践者们兴奋不已,并为管理的理论研究注入了活力。然而,从本质来看,企业再造理论实际上是管理实践与管理理论研究对基础管理的回归。

从管理实践来看,20世纪70年代以后,"目标管理""多样化""零基预算""价值分析"等概念层出不穷,但在许多企业的实践中却收效甚微,这不得不引起管理实践者们的反思。反思中,人们认识到,目标的达成不仅在于构建,更取决于组织成员的日常执行;绩效的提高不仅要求规划的框架合理或产品设计的结构合理,更要求组织成员在规划执行或产品生产过程中重视细节的完美,执行力或细节决定着成败。因此,管理必须回归基础,从具体活动、活动单元及其组合的合理性分析开始。

从管理理论研究来看,"流程分析""流程及其相应的组织与人事改进方案设计""改进方案的组织实施与持续改进"及企业再造理论提出的再造程序等内容,实际上从泰勒于1911年出版的《科学管理原理》中可找到相似甚至相同的词语。《科学管理原理》的主要内容是对生产过程组织的合理化和生产作业方法的标准化的研究。泰勒的科学管理理论的推广使得企业能在作业研究的基础上确定标准的作业方法,然后设计合理的生产过程,并组合这些以标准方法完成的作业。流程再造的基本逻辑早已隐含于泰勒的《科学管理原理》之中。

5.3.2 学习型组织理论

1990年,彼得·圣吉(Peter M. Senge)出版了《第五项修炼——学习型组织的艺术与实务》一书,为创立学习型组织理论奠定了基础。这一理论立即引起了管理界的轰动。

学习型组织是指通过培养弥漫于整个组织的学习气氛、充分发挥员工的创造性思维能力而建立起来的一种有机的、高度柔性的、扁平的、符合人性的、能持续发展的组织。这正是知识型组织的理想状态,也是知识型组织的实践目标,这种组织具有持续学习的能力,具有高于个人绩效总和的综合绩效的效应。彼得·圣吉以全新的视角来考察人类群体危机最根本的症结所在,认为人们片段和局部的思考方式及其所产生的行动,造成了当时切割而破碎的世界,为此需要突破线性思考的方式,排除个人及群体的学习障碍,重新就管理的价值观念、管理的方式方法进行革新。在全球的竞争风潮下,人们日益发觉21世纪的成功关键与19世纪和20世纪的成功关键有很大不同。在过去,低廉的天然资源是一个国家经济发展的关键,而传统的管理系统也是被设计用来开发这些资源的。然而,这样的时代正离我们而去,现在发挥人们的创造力已经成为管理努力的重心。

围绕学习型组织理论,彼得·圣吉提出了组织修炼的五项要素:

(1)建立愿景:愿景可以凝聚组织上下的意志力,通过组织共识,大家努力的方向一致,个人也乐于奉献,为组织目标奋斗。

(2)团队学习:团队智慧应大于个人智慧的平均值,以做出正确的组织决策,通过集体思考和分析,找出个人弱点,强化团队向心力。

(3)改变心智:组织的障碍多来自个人的旧思维,如固执己见、本位主义,唯有通过团队学习以及标杆学习,才能改变心智模式,有所创新。

(4)自我超越:个人有意愿投入工作,学习专精工作技巧的专业,个人能力与愿景之间有种"创造性的张力",这正是自我超越的来源。

(5)系统思考:应通过搜集资讯,了解事件的全貌,培养纵观全局的思考能力,看清楚问题的本质,有助于清楚了解因果关系。

将学习型组织理论引入组织创新中具有非凡意义。第一,学习型组织理论解决了传统组织的缺陷。传统组织的主要问题是分工、竞争、冲突、独立,削弱了组织整体的力量,更为重要的是传统组织仅关注眼前细枝末节的问题,而忽视了长远的、根本的、结构性的问题,这使得组织的生命力在急剧变化的世界面前显得十分脆弱。学习型组织理论分析了传统组织的这些缺陷,并开出了医治的"良方"——"五项修炼"。第二,学习型组织理论为组织创新提供了一种操作性比较强的技术手段。学习型组织提供的每一项修炼都由许多具体方法组成,这些方法简单易学。第三,学习型组织理论解决了组织生命活力问题。它实际上还涉及组织中人的活力问题,在学习型组织中,人们能够充分发挥潜能,创造出超乎寻常的成果,追求心灵的成长与自我实现。第四,学习型组织理论提升了组织的核心竞争力。过去讲的组织竞争力是指人才的竞争,学习型组织理论讲的组织竞争力是指组织的学习力。在知识经济时代,获取知识和运用知识的能力将成为竞争能力的关键。一个组织只有通过不断学习,拓展与外界信息交流的深度和广度,才能立于不败之地。

尽管学习型组织理论的前景十分诱人,但如果把它视为一剂万能药则是危险的。事实上,学习型组织的缔造不应是最终目的,重要的是通过迈向学习型组织的种种努力,引导一种不断创新、不断进步的新观念,从而使组织日新月异,不断创造未来。

5.3.3　当代管理理论发展的新趋势

21世纪,竞争的不断加剧、科学技术的突飞猛进和人们生活水平的不断提高,使管理的理论与实践也发生了重大变化,当代管理理论发展呈现出以下新趋势。

1. 信息化、数字化趋势

信息技术的发展正在彻底改变着人类的生产经营方式和管理方式。信息技术的发展,使组织中以及组织之间的信息处理方式发生了翻天覆地的变化。在工业化时代,企业得以繁荣发展是因为它们能得到并开发利用原材料、拥有标准化产品和服务及大批量生产能力。而在信息化时代,信息进入企业的重要资源行列,丰富而准确的信息是正确而迅速做出决策的前提,一个企业能否在激烈的竞争中得以生存和发展,它的产品和服务能否跟上时代的要求,在于该企业能否及时掌握必要的和准确的信息,能否正确地加工和处理信息,能否迅速地在员工之间传递和分享信息,特别是能否把信息融入产品和生产服务过程之中,融入企业的整个经营与管理工作之中。各级管理者在这个瞬息万变的时代,越来越重视信息的作用,把如何获取有效的信息作为自己的首要任务。企业管理者发挥各种职能作用,都要以掌握大量真实、准确、及时的信息为前提。在这种情况下,传统的企业管理方式已经不能适应现代信息处理要求,也不能满足企业经营管理对信息存储的要求,企业管理面临着信息化的挑战,信息管理成为企业竞争制胜的法宝。

随着现代信息技术在企业管理中应用的逐步深入,信息技术与管理变革的协同作用促进了新的管理模式——数字化管理模式——的产生。作为信息时代的企业管理模式,数字化管理将极大地改变企业管理现状,有力地促进企业管理效率和效益的提高。数字化管理是指利用计算机、通信、网络、人工智能等技术,量化管理对象与管理行为,实现计划、组织、协调、服务、创新等职能的管理活动和管理方法的总称,具有两层基本含义:一是企业管理活动的实现是基于网络的,即企业的知识资源、信息资源和财富可数字化;二是运用量化管理技术来解决企业的管理问题,即管理的可计算性。如今,企业的生产经营必须以市场为导向、以顾客为中心,企业之间的竞争逐渐发展为供应链之间的竞争。企业在最短的时间内生产或者组装出满足顾客需求的产品或服务,按照规定的数量和质量,在规定的时间内通过供应链系统送到顾客要求的地方,并且对顾客的使用体验进行跟踪调查,为产品研发提供参考意见与反馈建议。企业的生产经营管理,必须适应电子商务和供应链管理的要求,优化生产和业务流程,进行流程设计和重组,以及相应的组织重组。

互联网的迅猛发展,深刻改变着舆论生成的方式和传播方式,给不同文化和价值观念的交流交融交锋带来了前所未有的影响。互联网既是形态交锋的最前沿,也是舆论的放大器。网络是一把双刃剑,用好了可以造福人民,用不好可能会带来难以预见的危害。过好互联网这一关,必须壮大主流舆论阵地,加强网络空间治理。网络空间是亿万网民共同的精神家园。网络空间是虚拟的,但网络空间的主体是现实的,网络空间不是"法外之地",要推动依法管网、依法办网、依法上网,提高网络综合治理能力,形成党委领导、政府管理、企业履责、社会监督、网民自律等多主体参与,经济、法律、技术等多种手段相结合的综合治网格局。

纵观世界文明史,人类先后经历了农业革命、工业革命,当前正在经历信息革命。每一次产业技术革命,都给人类生活带来了巨大而深刻的影响。互联网极大地提高了人们认识世界、改造世界的能力,为中华民族的伟大复兴带来了广阔的空间和机遇。新时期,我们要因势而谋、应势而动、顺势而为,加强自主创新,推动网络强国建设,为确保党和国家长治久安、实现中华民族伟大复兴提供强大支撑。

2. 知识管理趋势

未来我们将从工业经济时代走向创意经济时代,社会中最基本的经济资源不再是资本、自然资源和劳动力,而是知识和创意。机器人将取代部分体力劳动者,智能技术的发展也将取代部分程式化工作,企业的发展将更多地依赖于在知识基础上形成的与众不同的创意。与创意经济相对应,将出现一个全新的管理领域——知识管理。

知识管理的核心是运用集体的智慧提高应变和创新能力。在知识型企业中,难免会出现某些员工为了自己的工作成效而隐瞒知识和信息,使知识和信息不能被共享的情况。这种"信息利己主义者"是对知识型企业管理的挑战。知识管理就是要重新调整企业的管理重心,把它建成知识型企业,并营造有利于员工彼此合作的环境,提高员工的知识创新能力。企业未来的生存空间就是创意的空间,有效的知识管理要求企业的领导层把集体知识共享和创新视为赢得竞争优势的支柱。在传统企业中,员工是作为机器的补充而参与生产的,每一个人就像一台机器中可替换的零件,企业关心的是员工做了多少重复的动作,整个企业就像一台重复操作的机器,管理者的任务只是为它的运作建立秩序;知识型企业将更加注重人的核心作用,员工作为知识的创造者和载体,成为企业的主体,机器只是他们的工具,企业关心的是员工能为企业创造什么,他们的智慧才是企业最看重的,企业就像一个知识库,企业的价值也主要取决于知识库的价值,企业的任务就是管理好知识库。

3. 组织网络化趋势

21世纪以来,企业的经营环境发生了巨大变化,未来企业的管理模式也必然会随之发生变化。根据詹姆斯·吕佩等人的总结,未来的企业将不再是传统的金字塔形,而是各种适应性网络型组织形式。在信息社会中,企业不再仅仅追求单纯的庞大和复杂,而是必须极其高效地运作。今后的企业必然以大量的信息交流为基础,管理也必然是富有创造力和综合性的、灵活而迅速的。在网络型组织中,除了一些常规性的工作由常设的职能部门完成外,大部分的工作将主要由一些具有不同专业知识的员工组成的跨职能工作组完成,并由一些临时性的应急小组负责解决一些特殊问题和满足顾客的临时需要;决策将尽可能由基层做出,依靠技术手段,丰富的信息足以使智慧型员工完全不必等上层管理者的指示就可做出自己的判断;按照客户的具体要求提供个性化定制生产或服务,即时生产技术取代以前的批量流水线作业,生产过程将变成企业、合作伙伴与顾客之间同时互动的过程;非正式组织将在网络组织中发挥主导作用,权威的建立在更大程度上取决于管理者个人的品质、专长和创造性而不是职位。这种结构的最大特点在于它能充分发挥个人的能力,同时赋予组织以快速反应的能力。

在新型组织中,强调的将不再是指挥,而是每一名员工的自我管理。管理者和操作者之间的区别会进一步消失,管理的作用不再是传统意义上的计划和预算、组织和人事、控制和解困,而是超出传统领导工作的范畴。21世纪组织中的管理者必须增加三项新职责:确立组织定位,指明组织前进的方向;调动员工的能动性,使组织充满创造力;力争诚实正直,并以此作为组织管理的基础。

本章小结

本章分别对中西方管理思想理论的形成与演化进行了概述,对各种管理理论蕴含的管理思想进行剖析,重点是对西方各个主要管理理论学派建立的时代背景、代表人物、基本观点等进行介绍。

管理思想理论发展的历程表明,环境的变化是永恒不变的真理,只要环境在变,管理创新就不会也不应该停止。随着环境变化的加剧,创新将成为管理的主旋律。面对未来环境的急剧变化,唯有致力于持续创新,才能使管理理论和实践与不断变化着的环境相适应,才能使管理这一工具在人类追求不断发展的过程中显示出勃勃生机。

请扫描二维码阅读案例

案例 5-1   案例 5-2   案例 5-3

第二篇

管理学实践

第6章 目标与计划

计划、组织、协调、控制是管理的四大职能,其中计划是一切管理活动的前提。"计划"一词具有两种词性,作为动词时,计划是指为了分析、制定、调整及实现组织目标而进行的一系列方案设计和策划的活动;作为名词时,计划就是策划活动的结果,它为组织成员如何实现预期目标提供了指导,使组织成员能够清楚地了解工作的目标及实现目标的方法,是连接现实情况与预期目标的桥梁。目标和方案是计划的两个主要内容。目标在计划中扮演着重要的角色,为企业管理活动提供了依据和衡量标准,而计划是企业管理活动的起点和终点。

6.1 确定目标

6.1.1 目标的定义与特点

目标和方案是计划的两个主要内容:目标是指组织希望通过努力最终达到的结果或状态,方案则是概述如何实现目标的文件。确定目标是制订计划的第一步。

目标具有五个特点:

一是层次性。组织具有整体目标,同时由于组织结构具有层次性,因此组织中不同层级的成员也具有不同层次的目标。为使不同层级和岗位的组织成员都能够清楚了解自己需要做什么,需要将组织的共同目标进行分解和细化,使组织的共同目标呈现出一定的层次性,从而更好地实现多层级、多部门组织目标的综合协调。目标的层次体系与组织层级从最高层的企业宗旨到最底层的个人目标的关系如图6-1所示。在企业目标的层次体系中,企业目标从抽象变得明确、具体。

在组织中,除了组织成员共同的组织目标之外,每个组织成员也有不同的个人目标。组织本质上是一个利益共同体,组织就是在组织成员共同努力实现组织目标的基础上建立的。组织目标与个人目标在一般情况下是一致的,但是也会出现个人利益与组织利益不一致,或个人目标与组织目标不一致的情况,这会给组织共同目标的实现带来困难。因此,管理者的主要任务也包括确保组织成员的目标与组织的共同目标相契合,将组织成员个人目标的实现与组织目标的实现挂钩,使组织成员能够明确地感受到个人利益与组织利益紧密相连。

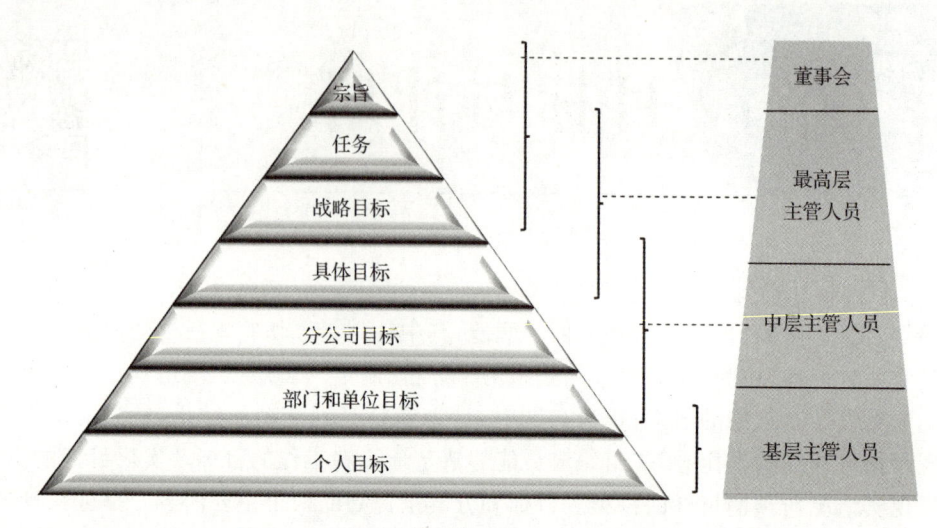

图 6-1 目标的层次体系与组织层级体系之间的关系①

二是差异性。不同类型的组织具有不同的组织目标,同时,同一类型的组织在不同的组织内外部环境的影响下也会有差异。例如,企业型组织的组织目标表现为营利性指标,而事业型组织的组织目标则表现为其他非营利性指标;在不同市场环境下企业会制定不同的盈利目标。

三是多样性。同一组织可能会具有多个组织目标,包括长期目标与短期目标、主要目标与次要目标、明确目标与模糊目标等。然而,目标并非越多越好,因为目标过多可能会导致管理者无法分清目标的主次,进而影响目标实现的效果。同时,组织目标的多样性还体现在组织中既有明确目标也有模糊目标,明确的目标有利于被组织成员发现,但是当无法确定具体目标时应提出模糊目标。

四是网络性。组织目标之间存在相互关联的关系,不同层次、类别的目标往往不是相互孤立的,组织成员在实现目标时应当不仅关注本部门的目标,也应该考虑组织的整体目标。同时,组织目标很少是直线型的,即并不是一个目标实现之后接着去实现另一个目标。目标与计划之间是以网络的形式相互连接的,要使一个网络具有效果,就必须使各个目标彼此协调、支持和连接,执行计划要协调,并且完成计划的时间也要协调。

五是时效性。组织目标是指在特定时间内组织需要达到的状态与结果,在组织发展的不同阶段,组织目标可能是不同的,这就是组织目标的时效性。按照组织目标时效性的不同,可以将组织目标分为长期目标、中期目标与短期目标。在一个组织中,管理层级越低,制定的组织目标的时间跨度越短,目标内容越具体;管理层级越高,制定的目标内容越抽象和笼统。

根据目标的性质,可以将目标分为定量目标与定性目标。制定定量目标的一个重要条件就是确保制定的目标是可以被衡量和考核的,比如企业进行一项活动希望获得的具体收益。有时,定性目标与定量目标存在相互转换的途径,比如"信息系统升级"是一个难

---

① 哈罗德·孔茨,海因茨·韦里克.管理学[M].郝国华,金慰祖,葛昌权,等,译.北京:经济科学出版社,1995.

以具体衡量的定性目标,但是如果将目标设定为"在一个月内完成三个信息系统模块的更新,实现不少于 500 条新旧系统数据整合",那么这个目标就是一个可以被衡量的定量目标。关于可衡量的目标与不可衡量的目标的具体对比见表 6-1。

表 6-1　　　　　　　　　　可衡量的目标与不可衡量的目标对比

不可衡量的目标	可衡量的目标
获得合理的利润	实现投资收益率 10%
加强部门沟通	是否使用企业信息资源管理系统
提供企业员工发展途径	每周组织不少于 10 小时的员工培训课程
信息系统升级	在一个月内完成三个信息系统模块的更新

6.1.2　目标制定

1. 目标制定的流程

制定目标有一套系统完整的流程,主要流程如图 6-2 所示。

组织环境分析 ⇒ 确定组织总体目标 ⇒ 目标展开 ⇒ 目标优化

图 6-2　目标制定的过程

(1)组织环境分析

在确定组织目标前,需要对组织的内外部环境进行分析。全面收集、调查、分析、掌握内外部环境的有关资料,在大量调研的基础上,分析组织内、外部环境的现状、发展趋势及其对组织的影响。这一步是组织目标确定的基础和依据。

拓展阅读 6-1

在扫描组织环境的过程中,重点需要分析的因素包括:
①组织成员的需求与愿景,包括组织内部各层级的组织成员的期望和活动偏好,明确组织成员的目的、价值观和追求。
②明确组织现有的资源状况与实力。
③明确外部环境因素对组织的影响以及影响程度,明确组织未来可能面临的外部环境所带来的机遇与挑战。

(2)确定组织总体目标

组织总体目标,也是组织最高层目标,它的确立应该建立在组织环境分析的基础上,根据企业可利用的机会和所面临的威胁以及企业自身的优势和劣势,通过上级管理者与员工的沟通,对目标进行反复商讨、评价、修改,从而取得统一意见,形成总体目标。

(3) 目标展开

组织目标具有层次性，在实现第二步之后，要对组织目标进行分解和细化。一是要根据组织总体目标制定相应的战略目标和行动目标，即进一步明确为实现总体目标必须做什么、怎么做，以及做到何种程度等。二是要根据不同的部门和岗位，对组织总体目标进行分解，确认各级组织成员在实现组织总体目标的过程中应承担的责任和拥有的权利，并明确相应的检查、考核评价与奖罚制度，使各级组织成员了解他们应当做什么才能有助于组织总体目标的实现。组织总体目标需要自上而下层层展开，自下而上层层保证，上下级目标之间是一种"目标-手段"的关系。某一级的目标需要一定的手段来实现，而这些手段又成为下一级的次目标，如此形成企业的目标连锁体系。

(4) 目标优化

组织目标的优化即实现组织不同部门之间目标的协调，目标优化的主要任务包括：

①同一层级部门不同目标的协调，以利用有限资源实现尽可能多或高的目标。

②不同层级部门目标之间的协调，不同层级部门之间目标需要具有一致性，上一层级部门的抽象目标要分解细化为下一层级部门的具体目标，而下一层级部门的具体目标需要能够保证上一层级部门目标的实现。

③明确组织中各目标的优先顺序与重要程度，避免因小失大。

2. 目标制定的原则和标准

制定组织目标需要遵循一定的标准和原则，包括：

(1) 简化原则

目标为管理者提供了发挥管理职能的方向，表明了组织未来希望达到的程度。为使目标方向明确，就要使目标尽量简化，以利于表达和理解。

(2) 定量化原则

目标的定量化有利于管理者发挥控制职能，及时掌握目标实现的程度，通过目标实现的程度对组织成员的工作绩效进行评价和考量。由于光凭管理者的主观印象可能无法公平、科学、客观地对目标的实现程度进行考量，因此最方便的方式就是使目标定量化。

(3) 可行性与挑战性原则

目标既要可以实现，又要具有挑战性。目标对组织成员具有激励作用，明确的目标可以使组织成员明确工作的方向，尽力发挥潜能，目标的达成可以使组织成员产生成就感和满足感。

哈罗德·孔茨提供了针对管理者的组织目标评价标准，见表 6-2。

表 6-2　　　　　　　　组织目标评价标准

标准	衡量
1. 目标是否包括工作的主要特征？	是/否
2. 目标的数目是否太多？目标是否可以合并？	是/否
3. 目标是否可考核？是否能知道期末目标可以实现？	是/否

(续表)

标准	衡量
4.目标的主要内容是否包括： (1)数量 (2)质量 (3)时间 (4)成本	是/否
5.目标是否具有挑战性？是否合理？	是/否
6.目标的优先顺序是否确定？	是/否
7.目标是否包括： (1)改进工作的目标 (2)个人发展目标	是/否
8.这些目标是否同其他管理者和组织的目标协调？	是/否
9.目标是否已经明确地传达给所有需要掌握这一信息的人？	是/否
10.短期目标与长期目标是否一致？	是/否
11.目标的依据是否清楚？	是/否
12.目标是否已表达清楚并用文字写出？	是/否
13.这些目标是否能随时提供反馈，从而采取必要的纠正措施？	是/否
14.所掌握的资源与实力是否足以实现目标？	是/否
15.是否考虑给予那些想实现目标的个人一些机会提出他们的目标？	是/否
16.分派给下属的责任是否都能控制？	是/否

6.1.3 目标管理

目标管理(Management By Objectives,MBO)是彼得·德鲁克在《管理的实践》一书中提出的，目前已成为西方许多国家普遍采用的制定目标并进行管理的有效方法。目标管理是一种鼓励组织成员积极参加工作目标的制定，并在工作中实行自我控制、自觉完成工作任务的管理方法或管理制度。目标管理假设所有下属能够积极参加目标的制定，在实施中能够进行自我控制，其重点是让组织中的各层管理人员都与下属围绕工作目标和如何完成目标进行充分沟通。我国企业于20世纪80年代初开始引进目标管理，并取得较好成效。

彼得·德鲁克提出任何企业都必须建立一个真正的团队，并将个人的努力融入共同的努力中，企业成员的行动需要紧密配合，为实现企业共同目标而努力。

目标管理是在特定的时代背景下产生的，其产生的主要原因有两点：一是随着组织分工越来越细致，各类工作专业性越来越强，组织内部不同部门之间壁垒加深，出现各部门各行其是、协调性不佳的问题；二是由于20世纪40年代占主导地位的科学管理思想强调理性而忽视人性，管理者大部分实行的是"命令式管理"，下属只是单纯地"奉命行事"，因而在工作中找不到乐趣，同时这样的管理形式也容易造成上下级之间的对立，滋生"有人管干一阵，无人管歇一阵"的"磨洋工"问题。

在这样的背景下，德鲁克提出了目标管理与自我管理，基本思想和特点如下：

1. 实行参与管理

目标管理强调明确目标是有效管理的首要前提。组织中的每个部门都有目标，所有层级的部门和个人都要参与目标管理。在目标制定与分解的过程中，组织中各级部门动员其下属积极参加目标的制定和分解工作，充分发表各自的见解，积极讨论组织目标及个人目标。这一过程不再是下属被动地服从命令，而是上下级充分沟通的过程。通过参加这一活动，组织成员更全面地加深对环境、目标的认识，从而协调组织目标与个人目标之间的关系。明确的目标使整个组织有了协同行动的准则，可使每个成员的思想、意志、行动得到统一，以最经济有效的方式去实现目标。各分目标都必须以总目标为依据，分目标是总目标的有机组成部分，而计划的制订就以目标为导向，并且以目标的实现作为计划执行的衡量与考核标准。

2. 重视成果而非行为

目标管理要求组织以目标为标准考核成员的工作成果，它和其他管理方法的根本区别在于，目标管理并不要求或强硬规定下属如何做，只是用目标的实现程度来评价下属的工作成绩。组织管理者必须通过目标对下属进行领导，以此来保证组织总目标的实现。下属可以在保持既定目标的情况下，选择适合自己的方式、方法发现目标和实现目标。组织管理者对组织成员的行动方式不做出统一的要求，不必监督成员的行为细节，从而避免管理者与组织成员在完成目标的方法细节上产生不必要的争执。目标管理把重点放在目标的实现上，而不是行动本身，这克服了以往只注重过程而忽略目标的弊端，有助于克服管理的盲目性、随意性，达到事半功倍的效果。

3. 重视自我管理

目标管理以下属的自我管理为中心。下属可以根据明确的目标、责任和奖罚标准，自己评价工作的成果及进度，根据具体情况，自己安排工作进度计划，采取应急措施提高工作效率。虽然管理者的监督工作量少了，但工作目标实现过程中的控制并没有受到影响，因为下属可以进行自我控制。目标管理是一种参与式的、民主的、自我控制的管理方法，也是一种把个人需求与组织目标结合起来的管理方法。目标管理强调由管理者和下属共同确定目标和建立目标体系，下属不再只是执行命令，他们本身就是目标的制定者，因此各级成员在实现目标时的积极性和创造性能够更好地被激发出来，组织成员也更能发现工作的兴趣和价值，并且享受工作带来的满足感和成就感。在这种制度下，上下级之间的关系是平等、尊重、信赖和支持的，下级在承诺目标和被授权后是自觉、自主和自治的。

4. 目标管理是一种程序

目标管理是一个系统的过程，它要求组织中的各级管理人员共同制定组织的目标，确定彼此的工作成果和责任，并以此作为指导业务和衡量各自贡献的准则。目标管理通过发动群众自下而上、自上而下地制定各岗位、各部门的目标，将组织的最高层目标与基层目标、个人目标层层联系起来，形成整体目标与局部目标、组织目标与个人目标的系统整合,使组织目标在内部层层展开,最终形成相互联系的目标体系。任何组织都会有不同层次、不同性质的多个目标,如果各目标相互之间不协调一致,那么当组织规模越大、人员越多时,发生冲突和浪费的可能性就越大;同时,组织总目标的实现有赖于组织各分目标的实现,总目标与分目标之间以及分目标与分目标之间是相互关联的。目标管理强调目标的分解,要求总目标和各分目标之间,以及分目标与分目标之间要相互支持、相互保证,形成相互支援的目标网络体系,这样目标的整体性和一致性才能够得到保证。

总的来说,目标管理要求组织目标由不同层级部门、成员共同商定,而不是上级对下级提出指令和指标,组织根据目标决策中每个部门和个人应承担的任务和责任,并以总目标和分目标作为组织部门和个人活动的依据,以目标实现情况对个人和部门的工作进行考核和奖惩。

目标管理的程序包括三个重要部分,如图 6-3 所示。

目标制定 → 目标实施 → 目标评价

图 6-3 目标管理的程序

目标管理要求组织最高层管理者先制定目标,之后再确定每个目标的责任人和责任部门。组织需要重新审议现有的组织结构,通过上下级共同协商,形成下级目标支持上级目标、分目标支持总目标、上下衔接、切实可行的系统目标体系。最后上下级就实现各个目标所需要的条件及实现目标后的奖惩事宜达成协议,由上下级签署书面的目标责任书。组织汇总所有资料,绘制出目标图。

目标管理在目标实施阶段强调组织成员的自我管理,但这并不等于达成协议后管理者就可以放手不管,相反,管理者要利用双方经常接触的机会和正常的信息反馈渠道对工作情况进行检查。同时要加强对下级的指导和帮助,做好基础管理工作,完善必要的规章制度,形成日常工作靠规章制度、业务工作靠目标管理的工作模式。

到预定的期限后,由下级提交书面总结报告,上下级再一起对目标完成情况进行评价,并根据考核结果按协议进行奖惩。目标管理以目标制定为起点,以目标评价为终结。目标管理考核的对象是成果,成果是评价工作的唯一标准,考核的标准、过程、结果应当公开,从而达到鼓励先进,帮助落后的目的。下属对考核结果如有意见,应允许申诉,并认真加以处理。

目标管理也存在一些局限性。首先,在实施目标管理的过程中,具体环节的操作比较困难,往往需要大量、重复的工作,才能达到预期效果。同时可考核的目标往往是很难确定的,在之前的章节中已经探讨过目标的特点是具有时效性,有些目标会随年度不同而变化,同时有些目标难以量化,从而增加了目标考核的难度。目标还需要上级和下级共同协商来确定,但是让上级和下级最终都能接受目标却并不容易。其次,目标管理容易导致管理者强调短期目标而忽视长期目标。在实行目标管理的许多组织中,管理者为便于明确目标,往往愿意设置短期目标,这就导致了员工看重眼前利益,甚至会产生急功近利的倾向,不利于组织实现长期目标。最后,存在目标停滞的危险。在实施目标管理的过程中,目标的改变非常困难。因为改变目标易打乱目标体系,管理者只有重新征求有关部门和员工的意见后才可考虑改变目标。但目标的高低又与奖惩挂钩,涉及部门、下属的切身利益。所以此时调整目标,困难往往比较大。为避免不必要的麻烦,尽量不做目标调整,以求目标稳定和员工情绪稳定。

6.2 制订计划

6.2.1 计划及其作用

计划是为实现组织目标而制订的,与其他管理职能相比,计划工作具有特殊的地位,因为计划涉及整个组织需要努力完成的必要目标,因此要使其他所有管理职能发挥效用,必须先做好计划。计划是一切管理活动的前提,一切管理活动都是为了支持和保障计划目标的实现而展开的,因此计划具有首要性和领先性。同时,计划也具有普遍性。一切有组织的活动都需要有计划,并且组织中的各级管理者不论层级高低、管理范围大小都要承担一定的计划工作的职责和任务。因此,计划是管理者参与最普遍的工作之一。计划的主要作用包括:

(1)计划为组织管理者和其他组织成员提供了指导。计划可以让组织成员清楚地知道组织的共同目标,员工只有真正了解组织目标之后,才能更好地协调自身工作并且彼此合作。

(2)计划可以降低组织活动的不确定性。组织管理者在预测组织未来可能遇到的困难以及风险后,可以通过制订计划的方式更好地应对不确定性因素。

(3)计划可以促进资源的有效利用。计划可以帮助减少资源的浪费与冗余,提高组织活动的效率。

(4)计划与控制之间有密切的联系,计划为控制提供了目标和标准。

1. 计划的表现形式

当计划作为名词解释时,有多种表现形式,见表6-3。

表6-3　　　　　　　　　　计划的表现形式及解释

计划的表现形式	解释
目标	目标是描述在未来一定时间内希望通过努力而达成的一种状态或成果,目标是具体化的宗旨
战略	战略一词具有丰富的内涵,它可以是一系列为实现某种优势而制订的计划,可以是为战胜竞争者而采取的策略,可以是一种状态,也可以是一种融入组织成员观念中的偏好与意识。总的来说,战略可以为实组织目标提供具体的方向与规划
政策	为落实战略而制定相应规定。政策是人们进行决策时思考和行动的指南,因而也是一种计划
程序	程序是制订处理未来活动的一种必需方法的计划。程序需详细地将组织必须完成的某类活动罗列出来,同时按照时间顺序对必要的活动进行排列

(续表)

计划的表现形式	解释
规章制度	为落实政策，必须制定一些强制性的行为准则。规章制度规定了过去、现在和将来必须遵守的各种规则和程序
预算	预算是指用数字来表示活动投入与产出的数量、时间、方向等，是一种数字化的计划。在许多组织中，预算是主要的计划表现形式
规划	规划是指为达到目标所制定的包括目标、战略、政策、步骤、资源预算在内的综合性蓝图，在规划的基础上可以制订具体的进度计划

哈罗德·孔茨按照计划从抽象到具体的特点提出了计划的层次体系[①]，如图 6-4 所示。

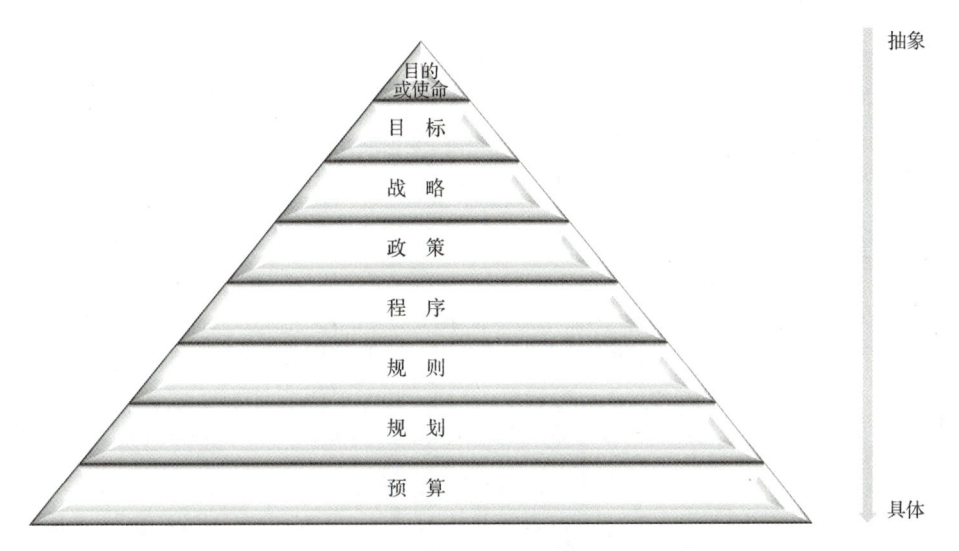

图 6-4　计划的层次体系

2. 计划的分类

（1）长期计划、中期计划、短期计划

按照计划时间的长短，计划可以被分为长期计划、中期计划和短期计划三类。长期计划主要是长远的方向性计划，主要目的是解决组织在长远发展过程中的大政方针问题，通常以工作纲领的形式出现。对于企业来说，5 年以上的计划被称为长期计划。

中期计划通常是在长期计划的基础上制订的，比长期计划更详细，是考虑了组织内外部条件与环境因素影响后制订的可行性方案。中期计划的计划期通常为 1 到 5 年。

短期计划是更加详细具体的计划，是对中期计划的分解与落实，企业通常将 1 年以内的计划称为短期计划。

---

① 哈罗德·孔茨，海因茨·韦里克.管理学[M].郝国华，金慰祖，葛昌权，等，译.北京:经济科学出版社，1995.

课程思政

我国历次五年规划(计划)的典型成就

表 6-4　　我国历次五年规划(计划)的典型成就

五年计划	成就
一五计划 (1953—1957)	长春第一汽车制造厂生产出第一辆汽车;沈阳飞机制造厂试制成功第一架喷气式飞机;第一个制造机床的工厂沈阳第一机床厂建成投产;1957年,武汉长江大桥建成
二五计划 (1958—1962)	1958年,武汉钢铁公司建成投产;1959年,包头钢铁公司建成投产
三五计划 (1966—1970)	1963年,大庆油田第一口油井试喷成功;1964年,我国第一颗原子弹爆炸成功;1967年,我国第一颗氢弹爆炸成功;1968年,南京长江大桥全线通车
四五计划 (1971—1975)	建成一大批骨干企业、重点项目和基础设施,国家经济总量比以往有较多增加
五五计划 (1976—1980)	1978年12月,中共十一届三中全会做出了把工作重点转移到社会主义现代化建设上来的战略决策,从指导思想上实现了拨乱反正
六五计划 (1981—1985)	农村改革迅速推进,家庭联产承包责任制确立。1982年1月1日,中央发出第一个关于"三农"问题的"一号文件"
七五计划 (1986—1990)	经济体制改革步伐加快,通过改革,我国经济体制的格局和国民经济运行机制都发生了重大变化,为以后的进一步深化改革奠定了基础;1990年12月,上海证券交易所正式营业
八五计划 (1991—1995)	1991年11月,中国以主权国家身份正式加入亚太经合组织;1992年初,邓小平发表南方谈话;1992年10月,中国共产党第十四次代表大会召开,确立了建立社会主义市场经济体制的改革目标
九五计划 (1996—2000)	受到亚洲金融危机的影响,中国出口、利用外资和经济增长受到了极大的挑战。政府通过一系列宏观调控政策,国民经济顺利实现了"软着陆"
十五计划 (2001—2005)	2000年,西部大开发战略正式实施;2001年11月10日,中国加入世界贸易组织(WTO);2003年10月15日,中国首次发射载人航天器"神舟五号"
十一五计划 (2006—2010)	2006年1月1日,全面取消农业税;2006年7月1日,青藏铁路正式通车运营;2008年8月,举办北京奥运会;2010年,举办上海世博会
十二五计划 (2011—2015)	2012年11月,党的十八大把生态文明建设纳入中国特色社会主义"五位一体"总布局;2013年11月,党的十八届三中全会做出了全面深化改革的重大决定;2014年12月,中央经济工作会议提出,实施"一带一路"、京津冀协同发展、长江经济带建设"三大战略"
十三五计划 (2016—2020)	科技创新取得一系列重大原创成果,嫦娥四号首登月球、北斗导航全球组网、C919首飞成功,悟空、墨子等系列科学实验卫星成功发射;人民生活水平显著提高,高等教育进入普及化阶段,城镇新增就业超过六千万人,建成世界上规模最大的社会保障体系,基本医疗保险覆盖超过十三亿人,基本养老保险覆盖近十亿人

资料来源:根据中国历次五年计划整理

(2) 战略计划、战术计划、作业计划

战略计划是由高层管理者负责制订的具有长远性、全局性的指导性计划,具有时间跨度长、覆盖范围广、内容抽象的特点。战略计划不要求具有直接的可操作性,并且方案通常是一次性的,其前提条件和执行结果往往具有高度的不确定性。战略计划描述了组织在未来一段时间内总的战略构想和总的发展目标以及实施途径,决定了在相当长的时间内组织资源的运动方向,涉及组织的方方面面,并将在较长时间内发挥其指导作用。

战术计划与战略计划相反,时间跨度短,覆盖范围小,内容具体明确,并且通常要求具有可操作性。战术计划需要解决的是组织的具体部门在未来各个较短时期内的行动方案。战术计划是以战略计划为依据制订的,是对战略计划的落实。

作业计划则是给定部门或个人的具体行动计划。作业计划通常具有个体性、可重复性和较大的刚性,一般情况下是必须执行的命令性计划。

(3) 具体性计划、指导性计划

根据计划内容的明确性标准,可以将计划分为具体性计划和指导性计划。具有明确目标的计划是具体性计划。企业中具有明确目标的日程进度表、预算方案、程序表都是具体性计划。指导性计划是指只给出行动方针与原则,没有具体规定行动目标和行动方案的计划。相对于指导性计划而言,具体性计划更利于计划的执行、考核和控制,然而由于外部环境影响因素的不确定性,具体性计划的明确性和可预见性往往难以得到满足。相比之下,指导性计划虽然在如何执行计划方面没有明确的要求,但是由于指导性计划具有更强的灵活性,执行者具有较大的自主决定空间,因此在变化的环境中具有更强的可控性。

(4) 综合计划、部门计划、项目计划

根据计划的对象,可将计划分为综合计划、部门计划和项目计划。综合计划具有多方面的内容,部门计划是指针对特定部门的计划,而项目计划是指针对特定项目的计划。在企业中,综合计划通常是指企业年度生产经营计划,部门计划是在综合计划的基础上制订的,它的内容比较专一,局限于某一特定的部门或职能,一般是综合计划的子计划,是为达成组织的分目标而制订的。企业中可能存在多个项目,因而需要制订针对不同项目的项目计划,如信息系统升级计划、软件开发计划、基础设施改造计划等。

(5) 业务计划、财务计划、人事计划

根据计划的职能空间,可将计划分为业务计划、财务计划和人事计划。业务计划是针对组织主要业务活动的计划,包括组织业务调整、发展计划等。财务计划与人事计划是为业务计划服务的,也是围绕业务计划展开的。财务计划研究如何从资本的提供和利用角度促进业务活动的有效进行。例如,从长远的角度,企业需要制订合理的融资计划,从而满足长期业务规模发展的需要,同时财务计划也包括如何合理利用企业资本的计划。人事计划则是从人力资源的角度,研究如何通过合理分配、利用、发展人力资源,保证组织的稳健发展。

6.2.2 计划的制订

制订计划一般需要七个流程,如图 6-5 所示。

确定目标 → 明确影响因素 → 制订方案 → 分配任务 → 设计进度 → 分配资源 → 制定应变措施

图 6-5　计划制订的流程

1. 确定目标

目标的确定是计划制订的基础,在之前的章节中已经详细介绍过目标的作用与制定目标的方法,这里不再重复介绍,但要注意如果在一个计划中出现了多个目标,一定要对目标的重要性进行分析,从而使资源在实现不同目标的过程中得到合理分配与利用。

2. 明确影响因素

计划的制订与执行会受到组织内外部因素的多种影响,因此在明确计划目标后要积极与各方面沟通,收集各方面的信息,明确计划的前提或针对该计划的各种限制条件和影像因素,在计划制订的过程中充分考虑各种因素的影响,从而合理安排组织活动以及合理分配组织资源。

3. 制订方案

在明确了目标与计划的影响因素的基础上分解组织目标,从而确定组织实现目标需要完成的关键活动与关键任务,并确定这些活动与任务的先后次序及相互影响关系,从而制订合理的计划进度方案。

4. 分配任务

在明确各项工作后,需要具体落实每项工作的责任人和执行者,也需要明确工作任务由谁协调、由谁检查。在分配任务的过程中要明确规定工作的监督、考核标准,从而制定相应的奖惩措施。分配任务的目的就是将计划中的每一项工作落实到部门和个人,并有清楚的标准和切实的保障措施来保证任务的实施和控制。

5. 设计进度

在落实了任务的责任人和执行者后要设计任务进度,确定各项工作所需要的时间。工作执行的进度取决于该项活动所需的客观持续时间,即正常情况下完成工作的最少时间。同时,工作完成的速度和时间还受到资源供应以及资金情况的影响,资源获得的便利程度影响着资源获得的时间,进而会影响任务和工作完成的总时间。另外,同样一项工作,如不计成本,则可通过采用先进的技术、增加人力等方式缩短工作时间;如果资金不足,工作的进展也可能因此放缓。所以,在一定条件下,计划时间与工作成本成反比。由于各项工作之间可能存在关联性和相互递进的关系,因此在综合考虑各方面因素后,需要对各项工作完成的时间和进度进行设计,保证计划的顺利实施。

6. 分配资源

分配资源主要涉及需要哪些资源、各需要多少以及何时需要等问题。一项计划所需要的资源及需要多少可根据该项计划所涉及的工作要求确定,不同的工作需要性质不同和数量不等的资源。根据各项工作对资源的需求、各项工作的轻重缓急和组织可用资源的多少,确定资源分配给哪些工作、各分配多少。每一项工作所需资源何时投入、各投入多少,则取决于该项工作的行动路线和进度表。在配置资源时,计划工作人员要注意不能留有缺口,但要留有一定的余地,即必须保证为各项工作配备所需的资源,并且要视环境的不确定程度留有一定的余量,以保证计划的顺利实施。

7. 制定应变措施

要制定相应的应变措施,以应对计划执行过程中的各种不确定因素和突发状况。制订计划时,最好事先备妥替代方案或制订多个计划。一方面,计划必须经过各方面的审议才能获得批准,制订多个计划有助于早日获得各方面的认可;另一方面,制订多个计划有利于更好地应对未来的不确定情况,从而保证在任何突发情况发生的时候计划的执行都不会失控。需要说明的是,应急措施可以是一个完整的应对最可能发生的最坏情况的计划,也可以只是简单地说明一旦出现最坏情况时该如何做。

以上计划制订流程的每一环节对于制订完备的计划来说都是必不可少的,只是计划制订的实际过程中不同环节的顺序可能会根据实际需要和环境发生改变。

6.2.3 制订计划的方法

1. 滚动计划法

滚动计划法是一种动态编制计划的方法,它将短期计划、中期计划和长期计划有机地结合起来,根据近期计划的执行情况和环境变化情况,定期修订未来计划并逐期向前推移。由于在计划工作中很难准确地预测未来发展中各种影响因素的变化,而且计划期越长,这种不确定性就越大,因此,若硬性地按几年前制订的计划执行,可能会导致不良的后果。滚动计划法可以有效地应对和解决这种问题,从而避免或缓和未来不确定情况导致的风险。

滚动计划法的具体做法是:在制订计划时,同时制订未来若干期的计划,但计划内容采用"近细远粗"的办法,即近期计划尽可能详尽,远期计划较粗糙;在计划期的第一阶段结束时,根据该阶段计划执行情况和内外部环境变化情况,对原计划进行修订,并将整个计划向前滚动一个阶段;以后根据同样的原则逐期滚动。例如,1996 年,党中央提出了《中华人民共和国国民经济和社会发展"九五"计划和 2010 年远景目标纲要》(以下简称《纲要》),时间横跨三个五年计划,即"九五""十五""十一五",在《纲要》中对 2010 年只提出了发展的方向和要求,对"九五"计划时期却提出了具体的要求和计划,到了一个五年计划的末期才会具体制订下一个五年计划。

滚动计划示意图如图 6-6、图 6-7 所示。

2. 网络计划技术

工程项目是由许多顺序连接的工序(也可叫作业或活动)构成的,这些工序都完成了就意味着该工程项目的完成。工序和工序之间有其内在的关系,有的要先做,有的要后做,不能颠倒。网络计划技术就是制订计划和组织实施过程中采用的一种科学方法,它利用网络图对计划任务的进度、费用及其组成部分之间的相互关系进行计划、检查和控制,以使系统协调运转。

网络计划技术适用于各行各业,特别是包含较多项作业、需要多家单位配合完成的大型工程项目。网络计划技术具有系统性、动态性、可控性、易掌握的特点,可以有效提高管理效率,规避任务风险,实现系统整体效益的最优化。

网络计划技术的一般程序见表 6-5。

图 6-6 滚动计划示意图(1)[1]

本期五年计划(1999—2003年)				
1999	2000	2001	2002	2003
很细致	较细致	一般	较粗糙	很粗糙

↓

1999年实际完成情况

→ 计划与实际完成情况之间的差距 →

导致实际与计划差异的主要原因		
计划本身	各种环境变动程度	组织措施变化

↓ 修订计划 ↓

新五年计划的产生(2000—2004年)				
2000	2001	2002	2003	2004
很细致	较细致	一般	较粗糙	很粗糙

图 6-6 滚动计划示意图(1)[1]

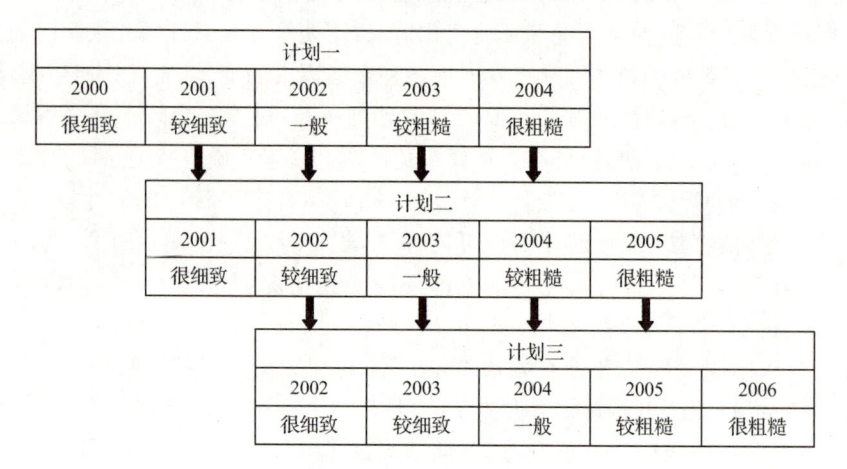

计划一				
2000	2001	2002	2003	2004
很细致	较细致	一般	较粗糙	很粗糙

计划二				
2001	2002	2003	2004	2005
很细致	较细致	一般	较粗糙	很粗糙

计划三				
2002	2003	2004	2005	2006
很细致	较细致	一般	较粗糙	很粗糙

图 6-7 滚动计划示意图(2)[2]

表 6-5　　网络计划技术的一般程序

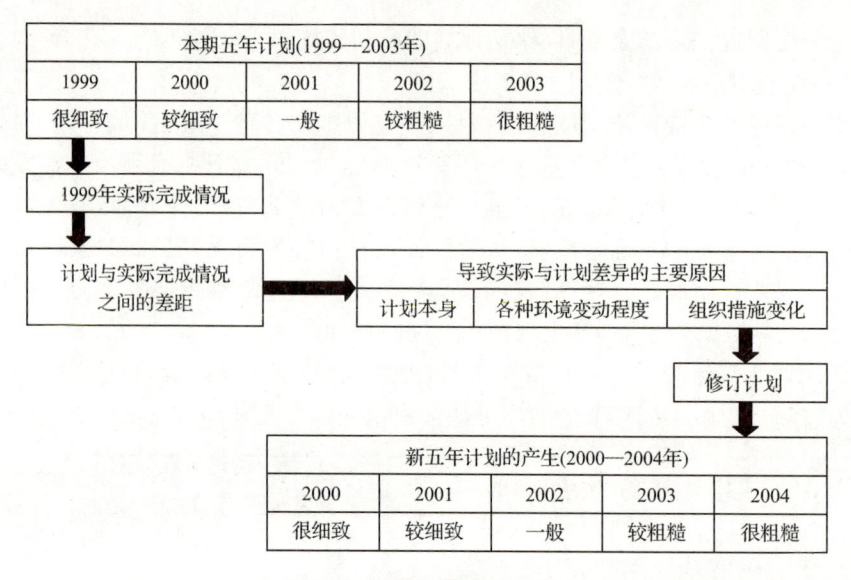

阶段	步骤
准备阶段	确定网络计划目标 调查研究 设计工作方案
绘制网络图	项目分解 分析逻辑关系 绘制网络图

---

[1] 汪克夷,齐丽云,刘荣.管理学[M].2版.北京:清华大学出版社,2010.
[2] 汪克夷,齐丽云,刘荣.管理学[M].2版.北京:清华大学出版社,2010.

(续表)

阶段	步骤
计算时间参数与确定关键路线	计算工作持续时间 计算其他时间参数 确定关键线路
编制可行的网络计划	检查与调整 编制可行的网络计划
优化并确定正式网络计划	优化 编制正式网络计划
实施、调整与控制	网络计划的贯彻检查 数据采集调整、控制
结束阶段	总结分析

网络计划技术有很多,下面介绍三种网络计划技术。

(1)甘特图法

甘特图法是"科学管理之父"泰勒的学生、美国弗兰克兵工厂顾问甘特于20世纪40年代开发的一种计划与管理技术。甘特图法的思想就是以图示方式,通过活动列表和时间刻度形象地表示出任何特定项目的活动顺序与持续时间。甘特图以时间为横轴,工序为纵轴,线条表示在整个期间计划和活动的实际完成情况,以线条的长度代表作业的时间长度。因此甘特图也被称为横道图、条形图。它可以直观地表明任务计划在什么时候进行及实际进展与计划要求的对比。甘特图还可用于检查工作完成进度,它表明哪件工作如期完成,哪件工作提前完成或延期完成。管理者可以由此清晰地知道一项活动还有哪些工作需要完成,进而更有效率地评估工作的进度。甘特图法是最早尝试基于作业排序的目的,将活动与时间联系起来的方法之一,如图6-8所示。

工作安排	负责人	备注	开始时间	结束时间	持续时间	1	2	3	4	5	6	7	8	9	10	11	12
任务一	张三	计划	2020/01	2020/04	4个月												
		实际	2020/01	2020/03	3个月												
任务二	李四	计划	2020/05	2020/07	3个月												
		实际	2020/04	2020/06	3个月												
任务三	王五	计划	2020/07	2020/09	3个月												
		实际	2020/07	2020/10	4个月												
任务四	赵六	计划	2020/10	2020/12	3个月												
		实际	2020/11	2020/12	2个月												

图6-8 甘特图示例

(2) 关键路径法

关键线路法是美国杜邦公司为计划建造新工厂提出的,其在1968年建厂的工作中发挥了很大的作用,使工期提前了两个月,初步显示出了其优越性。这种方法以网络图的形式表示各工序之间在时间和空间上的相互关系以及各工序的工期,通过计算时间参数,确定关键线路和总工期,从而制订系统计划并指出系统管理的关键所在。1959年,凯丽和沃克尔共同发表了《关键路径规划与调度》,在这篇论文中,凯丽和沃克尔不仅阐述了关键路径法的基本原理,还提出了资源分配与平衡、费用计划的方法。

(3) 计划评审技术

计划评审技术,也称计划协调技术,是由美国海军特种计划局和洛克希德公司、汉密尔顿公司于1958年1月联合开发的一种计划管理方法。计划评审技术和关键路径法既有联系也有区别,两者在网络图的使用和计算方式上基本相同,但区别是计划评审技术的每项工作的工期是不确定的,而是包括了悲观值、乐观值和最有可能值三个值,两者的研究对象和研究目的有所不同。从研究对象来看,计划评审技术主要侧重研究新开发系统,关键路径法主要应用于已经开发过有一定经验的系统。计划评审技术主要用于研究系统各项工作安排情况的评价和审查,关键路径法主要研究完成任务的工期和关键工作。在关键路径法中,各工序的执行时间可以根据定额确定,但当没有开发性工程经验时,各工序的执行时间因受各种不确定因素的影响会产生不确定性。从计算方法来看,如果将计划评审技术网络中各工序具有随机性的工期转化为确定的工期,计划评审技术网络就可以变成关键路径法网络。可以说,关键路径法网络是计划评审技术网络在工期不受随机影响下的一个特例。

拓展阅读 6-2

网络图的画法

网络图又称统筹图,是进行计划、管理和计算的基础,网络图的绘制就是在对任务进行分解和分析的基础上,将任务用图表示出来的过程。在关键路径法和计划评审技术中一般使用双代号网络图法(Activity-On-Arrow,AOA)。双代号网络图主要的组成元素包括工作、节点和线路三部分。工作就是项目中的子项目或具体活动,节点是指工作开始或完成的时间标志,线路就是连接节点的路径。在一张网络图中绘有多条线路,一条线路上所有工作的持续时间之和称为线路的长度,在各条线路中,所有工作的持续时间之和最长的线路称为关键线路,除关键线路以外的其他线路称为非关键线路。位于关键线路上的工作称为关键工作,除关键工作以外的其他工作称为非关键工作。

双代号网络图的绘制必须遵循以下规则:
- 正确表达工作之间的逻辑顺序;
- 严禁出现循环回路;
- 严禁出现双向箭头和无箭头连线;
- 严禁出现没有箭头节点的箭线或没有箭尾的箭线;

- 允许多条箭线经过一条共用母线引出或引入节点；
- 应尽量避免箭线交叉；
- 只能有一个起点节点，在不分期完成任务的网络图中应只有一个终点节点；
- 任意两个节点之间只能有一条唯一的箭线；
- 节点编号不能重复；
- 箭尾节点号码应小于箭头节点号码。

【例题 6-1】 已知项目的主要活动顺序及持续时间（表6-6），要求绘制双代号网络图。

表 6-6　　　　　　　　　　　主要工作顺序与持续时间

工作	A	B	C	D	E	F	G	H
紧前工作	—	—	A	A	B,C	B,C	D,E	D,E,F
工作持续时间	2	3	4	2	6	3	5	5

基于以上信息，可以绘制双代号网络图，如图6-9所示。

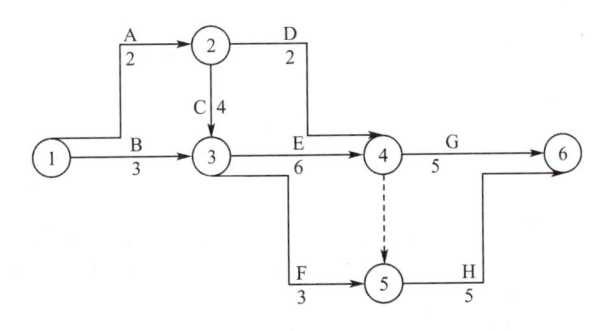

图 6-9　双代号网络图

3. 情景计划法

情景计划法也是在动荡的环境中管理者最常用的计划方法之一。情景计划又称权变计划，指管理者对未来的情况进行多重预测并分析如何有效应对各种可能出现的情况，从而得到的一系列应对不同情形的行动方案。计划的目的是能够对未来可能出现的机遇和威胁早做准备。然而，未来的不确定性是客观存在的，那么，管理者进行有效计划的合理方法就是首先要对未来可能出现的情况进行各种假设，并在此基础上形成一组"多样未来"情景（如未来石油价格可能出现的情景：石油被其他能源取代，长期高于30美元，低于100美元，在30～100美元波动），然后针对各种情景制订相应的计划，详细描述一旦假设的任何一种未来情景果真出现时，企业应该怎么做。情景计划法的优点不仅在于能够形成有用的计划，还在于能够促使各级管理者清醒地认识到组织所处的环境的动态特征和复杂性，以及可供组织采用的战略的多样性。也就是说，情景计划法不仅能够对充满不确定性的未来可能出现的挑战进行预测，还能够激励管理者从战略的角度对未来进行思考。情景计划法的缺点是难以确定应该对哪几种未来情景制订计划。

4. 投入产出法

投入产出法是由哈佛大学的瓦西里·列昂节夫教授创立的。投入产出法的核心就是使用根据调查和统计结果编制的投入产出表(图 6-10)进行计划。

投入产出表的横向反映了各部门产品按经济用途的消耗情况。各部门生产的总产品分为中间产品和最终产品两部分。中间产品指本时期内在生产领域尚需进一步加工的产品，如炼钢用的生铁等。最终产品指本时期内在生产领域已经最终加工完毕可供社会消费和使用的产品，包括四个部分：①供社会集体消费和居民个人消费的消费品；②新增固定资产，又分为生产性与非生产性两类；③用于增加库存和国家储备的产品；④净出口产品。

投入产出表各部分关系表示如下：

部门 1 的总产品：$X_1 = \sum_{j=1}^{n} x_{1j} + Y_1$

部门 2 的总产值：$X_1 = \sum_{j=1}^{n} x_{i1} + D_1 + V_1 + M_1$

根据社会总产值等于社会总产品，总产品中的 X_1 和总产值中的 X_1 是相等的，这是投入产出法最基本的关系式。根据投入产出表的各部分关系，只要规划出期末的最终产品数量、构成和分配比例，也就是确定最终产品 Y，就可以将计划期内各部门的总产品、总产值数量预测出来。最终产品的预测是计划的前提，对各部门总产值的预测是计划的结果也是各部门制订计划的前提。

投入\产出		中间产品				最终产品					总产品
		部门1	部门2	……	部门n	固定资产更新大修	消费	积累	出口	合计	
物质消耗	部门1	X_{11}	X_{12}	……	X_{1n}					Y_1	X_1
	部门2	X_{21}	X_{22}	……	X_{2n}					Y_2	X_2
	……	……	……	……	……					……	……
	部门n	X_{n1}	X_{n2}	……	X_{nn}					Y_n	X_2
新创价值	折旧	D_1	D_2	……	D_n						
	劳动报酬	V_1	V_2	……	V_n						
	社会纯收入	M_1	M_2	……	M_n						
总产值		X_1	X_2	……	X_n						

图 6-10 投入产出表

6.3 预 测

预测就是根据过去和现在的已知因素，运用已有的经验、知识、科学手段对未来可能发生的情况进行评估和判断，并推测结果的一种科学方法。预测是计划的前提和基础，没有科学的预测就没有成功的计划,预测步骤如图 6-11 所示。

确定预测目标 → 收集和整理预测资料 → 建立预测模型 → 计算、分析评价 → 修正预测结果

图 6-11 预测步骤

预测的方法可以分为定性预测法和定量预测法。

定性预测法也称直观预测法,是根据已有的历史资料和现时资料,依靠个人的主观经验和综合分析能力,对预测对象的未来发展趋势进行判断。定性预测法主要包括典型分析法、专家预测法、类比法和相关图法等。

定量预测法是指使用数学模型进行预测的方法,主要有时间序列外推法和回归分析法。

1. 时间序列外推法

时间序列外推法是将预测目标的历史数据按照时间的顺序排列成时间序列,运用一定的数学方法推测其在今后一系列时间内的发展趋势,外推预测目标未来值的方法。使用这种方法的基本前提是:预测对象过去随时间变化的趋势与其在未来随时间变化的趋势相同。

移动平均法是时间序列外推法的主要方法之一,这种方法的思想是:假定预测对象的未来状况与邻近几期的数据有关,而与较远的数据无关,因此,只选近期几个数据加以算术平均,作为下期的预测值,随着时期向前推移,邻近几期的数据也向前推移,因此称为移动平均法。

假设被预测的对象共有 t 个时期的数据,本期为第 t 期,那么包括第 t 期在内的最近 N 个时期的数据的算术平均值就是 t 期的移动平均数,记为 M_t,作为第 $(t+1)$ 期的预测值,记为 X_{t+1},其计算公式为

$$X_{t+1}=M_t=\frac{x_t+x_{t-1}+x_{t-2}+\cdots+x_{t-N+1}}{N}=\frac{1}{N}\sum_{i=t-N+1}^{t}x_i$$

上个式子中,X_{t+1} 是第 $(t+1)$ 期的简单移动平均法预测值;N 是移动平均法选定的数据个数;x_i 是第 i 期的实际发生值。

从上面的式子可以看出,移动平均法的关键是选择几期的数据求平均值作为预测值。如果 N 取得较大,那么就可以更好地修正随机因素的影响。但是如果 N 取得过大,对突变事物的敏感性就会减弱,影响预测的准确性。因此,在计算移动平均数之前,应该先分析时间序列数值的变化情况,根据变化的平缓程度来确定 N 的取值,变化越平缓,N 就可取得越大。

移动平均法是一种计算简便的预测方法,然而它却没有考虑时间因素对预测值的影响。加权移动平均法和趋势修正移动平均法可以修正这个问题。加权移动平均法是指在计算平均值的时候,给近期数据更大的权重,这样近期数据就会对移动平均值的计算结果产生更大的影响。趋势修正移动平均法就是在移动平均法的基础上,求出相邻两个移动平均值之差,即变动趋势值,再对变动趋势值进行移动平均,求出几期变动趋势的平均值,

用变动趋势的平均值修正移动平均值。

2. 回归分析法

回归分析法是反映实物变化中一个因变量与一个或多个自变量关系的方法,常用的回归分析法包括一元线性回归和多元线性回归。

一元线性回归的表达式为

$$y = a + bx$$

其中,y 为因变量,x 为自变量,a、b 为回归系数。

回归系数 a、b 的计算公式为

$$a = \overline{y} - b\overline{x}$$

$$b = \frac{\sum_{i=1}^{n} x_i y_i - n\overline{x}\overline{y}}{\sum_{i=1}^{n} x^2 - n\overline{x}^2}$$

其中,x_i、y_i 为实际观测值,$\overline{x}$ 为 x_i 的平均值,$\overline{y}$ 为 y_i 的平均值,n 为观测值的个数。

在确定回归方程前,还需要对样本进行相关性检验,只有当 y 与 x 确实线性相关时,回归方程才有意义。

x 与 y 之间的线性相关程度用相关系数 r 表示,计算公式为

$$r = \frac{\sum_{i=1}^{n}(x_i - \overline{x})(y_i - \overline{y})}{\sqrt{(x_i - \overline{x})^2 (y_i - \overline{y})^2}}$$

如果 $r=0$,那么 x 与 y 之间没有线性关系;如果 $r=\pm 1$,那么 x 与 y 之间具有准确的线性关系;如果 $r \in (0,1)$ 或 $r \in (-1,0)$,那么 x 与 y 之间具有一定程度的线性关系。

6.4 决 策

6.4.1 决策的定义与分类

1. 决策的定义

决策是人们确定未来行动的目标,拟定评价实现目标的各种可行方案并从中选择一个合理方案的分析判断过程,是人们日常生活和工作中普遍存在的一种活动。管理者在从事组织管理工作时可能会遇到各种各样的问题,这些问题的解决需要管理者做出决策。决策是否正确合理,小则关系到决策者日常某项选择能否达到预期目标,大则关系到一个企业的盈亏,关系到一个部门、地区甚至整个国家国民经济的兴衰,因此决策具有非常重要的作用。如同著名管理学家赫伯特·西蒙(Herbert Simon)所说的那样:管理就是决策。作为企业中做任何事情的第一步,决策是企业中最费神,同时也是最具风险性的核心管理工作。

不同学者对决策提出了不同的定义。科学决策理论认为,决策是为了达到某一特定

的目的而从若干个可行方案中选择一个满意方案的分析判断过程,这一定义表明决策需要有明确的目标,同时决策的条件是有若干可行方案可供选择,决策的重点就在于方案的分析与比较。我国学者周三多将决策定义为"管理者识别并解决问题以及利用机会的过程",这一定义表明了组织中的决策主体是管理者,而决策也不仅是一个解决问题的过程,同时也是利用机会的过程。

2. 决策的分类

从决策环境来看,可将决策分为确定型决策、风险型决策和不确定型决策;按照决策的层次,可将决策分为战略决策、管理决策、业务决策;从决策的主体来看,可将决策分为集体决策与个人决策;从决策问题来看,可将决策分为程序化决策与非程序化决策。

(1)确定型决策、风险型决策、不确定型决策

确定型决策是指决策环境完全确定,做出的决策结果也确定的决策。例如,不同银行的贷款利率为7%、8%、9%,在其他条件相同的情况下会选择向贷款利率为7%的银行贷款。

风险型决策是指决策的环境不是完全确定的,在决策中存在一种或两种以上不确定的状态,但状态发生的概率是已知的。股票投资决策就属此类决策,此类决策一般通过比较各方案的损益期望值做出。

不确定型决策是指决策者对将发生结果的概率一无所知,各备选方案可能出现的后果是未知的,只能凭决策者的主观倾向做出。比如企业发布一款新产品,但是并不了解市场接受度,对于产品发布后的销量如何并不清楚,只能依靠决策者的经验进行决策。

(2)战略决策、管理决策、业务决策

战略决策,是指直接关系到组织生存发展的全局性、长远性问题的决策,是对组织最重要的决策,通常涉及组织目标、方针的确定,组织机构的调整,企业产品的更新换代,企业技术改造等重大决策。这些决策具有长期性和方向性的特点,涉及的时间长、范围广,一般依赖管理者的经验,由高层管理者做出。

管理决策,是指执行战略决策过程中的基本战术决策。如企业日常生产、销售计划、物资储备计划等。生产计划和销售计划的确定、新产品设计方案的选择、新产品的定价等,均属此类决策。与战略决策相比,管理决策比较具体,有局部性且灵活性较大的特点。涉及的问题大多可以定量化,可以进行系统分析。当组织处于动态环境中时,由于预测困难,有时做出的决策也较多地依赖于管理者的经验判断。这类决策大多由中层管理者做出。

业务决策,是指在日常业务活动中为提高效率所做的决策,这类决策所要解决的问题常常是明确的,决策者知道要求达到的目标、可以利用的资源,知道有哪些途径,也知道可能的结果,可以利用分析工具来帮助决策。这类决策由基层管理者做出。

(3)集体决策、个人决策

集体决策是指多个组织成员共同做出的决策,如"董事会制"做的决策。

个人决策是指单人做出的决策,如"厂长负责制"做的决策。

相对于个人决策,集体决策有一些优点,比如能更大范围地汇总信息,能拟订更多的备选方案,能得到更多的认同,能更好地沟通,能做出更好的决策等。但集体决策也有一

些缺点,如花费较多的时间、责任不明等。

(4) 程序化决策、非程序化决策

程序化决策,也叫常规性决策,是指决策者对有法可依、有章可循、有先例可参考的重复性的日常事务所进行的决策。程序化决策的特点是按部就班。例如,在汽车保养的过程中,工作人员会按照规定对汽车进行检测维修,并及时告知车主车况,以便对故障部分进行维修,并收取维修费用,这个过程通常是按照固定流程进行的,车主作为决策者会在流程的引导下沿着特定的方向思考,进而做出决策。基于程序化决策的特点,这一类决策可以根据既定的信息建立数学模型,把决策目标和约束条件统一起来,实现决策的优化,比如工厂选址、采购运输等。在这种程序化决策中,决策所需要的信息都可以通过计量和统计调查得到,它的约束条件也是明确而具体的,并且都是能够量化的。

非程序化决策与程序化决策相反,往往没有先例可循,更多地需要依赖个人的知识、经验、直觉、判断能力和解决问题的创造力。非程序化决策一般多由高层管理者做出,是针对那些不常发生的或例外的非结构化问题而进行的决策。随着管理者地位的提高,面临的不确定性增大,决策的难度加大,所面临的非程序化决策的数量和重要性在逐步提高,进行非程序化决策的能力也变得越来越重要。非程序化决策往往无法通过建立数学模型来为决策人提供优化方案,在这种决策中,人的意志是重要的影响因素。这一类决策的例子有:新产品、新市场的开发,重要的人事任免以及重大政策的制定等问题。

除上述决策类型,决策还可以按照涉及时间的长短还分为长期决策、中期决策和短期决策,按照决策层次的高低分为高层决策、中层决策和基层决策等。

6.4.2 决策的过程

决策是一项复杂的活动,有其自身规律性,需要遵循一定的科学程序,了解和掌握科学的决策过程是管理者提高决策正确率的一个重要方面。

决策的主要过程如图 6-12 所示。

1. 明确问题

明确问题是决策过程的开始,以后各个阶段的活动都将围绕所明确的问题展开。如果明确问题不当,所做出的决策将无助于解决真正的问题,直接影响决策效果,因此明确问题是决策过程中最为重要也是最为困难的环节。明确问题就是要找出现状与预期结果的差距。

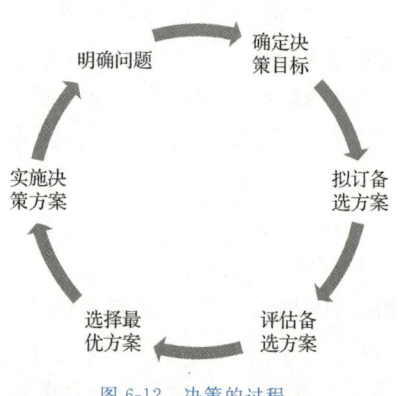

图 6-12 决策的过程

管理者所面临的问题是多方面的,有危机型问题(需要立即采取行动的重大问题)、非危机型问题(需要解决但没有危机型问题那么重要和紧迫)、机会型问题(如果适时采取行动能为组织提供获利机会的问题)。明确问题的精确程度有赖于管理者收集的信息的精确程度。为提高问题判断与机会分析的精确性,管理者要尽力获取精确的、可信赖的信息。即使收集到的信息是高质量的,在解释的过程中,也可能发生扭曲,因此在实际工作中不能正确地判断问题,或者触及不到问题实质的情况时有发生。为解决这一问题,管理者需要坚持获取高质量的信息并仔细解释它,以提高做出正确决策的可能性。

这一环节主要需要解决以下问题:
- 确定是否存在问题,问题是否需要解决;
- 明确问题产生的原因;
- 明确问题是否能够解决;
- 明确问题由谁来解决。

2. 确定决策目标

根据决策问题的提出,决策者应搜集、整理和分析有关资料,明确问题的背景、特征、性质、原因、范围和条件等情况,找出问题的症结,针对症结所在,准确、可靠地确定要达到的目标。目标的确定十分重要,同样的问题,由于目标不同,可采用的决策方案也会大不相同。

3. 拟订备选方案

决策目标确定后,需要拟订多种可能的行动方案,并对每个行动方案的潜在结果进行预测。在多数情况下,要求决策者在一定的时间和成本约束下,对相关的组织内外部环境进行调查,利用多种信息来源,对行动方案等有关信息进行分析。同时,决策者应当注意避免因主观偏好接受第一个可行方案而中止该阶段的继续进行。在这一阶段中,创新因素的运用是最重要的,应注意与创新方法的适度结合。此外,要对各入选方案做深入分析和精心设计,对各方案的资源、时间、组织和措施进行思考和计算。

4. 评估备选方案

决策过程的第四步是对备选方案进行评估。为此,首先要建立一套有助于指导和检验判断正确性的决策准则。决策准则表明了决策者主要关心哪些方面,一般包括目标达成度、成本(代价)、可行性等。其次,根据决策准则衡量每一个方案,并据此列出各方案满足决策准则的程度和限制因素,即确定每一个方案对于解决问题或实现目标所能达到的程度和所要付出的代价,及采用这些方案后可能带来的后果。再次,分析每一个方案的利弊,比较各方案的优劣,对各方案做到"心中有数"。最后,根据决策者对各决策目标的重视程度和对各种代价的可承受程度进行综合评价,结合分析比较结果,提出推荐方案。在这一过程中可以使用信息技术手段对方案进行分析比较。

5. 选择最优方案

决策者通常可以从以下三个主要方面评价和选择方案。首先,行动方案的可行性。即组织是否拥有实施这一方案所要求的资金和其他资源,是否同组织的战略和内部政策保持一致,能否使员工全身心地投入决策的实施中去,等等。其次,行动方案的有效性和满意程度。即行动方案能够在多大程度上满足决策目标,是否同组织文化和风险偏好一致,等等。需要指出的是,在实际工作中,某一方案在实现预期目标时很可能对其他目标产生积极或消极影响。因此,目标的多样性又在一定程度上增加了实际决策的难度,决策者必须分清不同决策目标的相对重要程度。最后,行动方案在组织中产生的结果。即方案本身的可能结果及其对组织其他部门或竞争对手现在和未来可能造成的影响。采用统一客观的量化标准进行衡量,有助于提高评估和选择过程的科学性。

6. 实施决策方案

实施决策方案是至关重要的一步,决策工作不仅要制订并选择最满意的方案,而且必须将其转化为实际行动,并制定出能够衡量其进展状况的监测指标。在方案选定以后,管理者就要制定实施方案的具体措施和步骤,保证方案的正确实施。在这一过程中要确保与方案有关的各种指令能被所有相关人员充分接受和彻底了解,可以应用目标管理方法层层分解决策目标,落实到每一个执行单位和个人。决策者必须对与决策实施有关的人员进行恰当的激励和培训。因为即使是一项科学的决策,如果得不到员工的理解和支持,也将成为无效决策。决策者还要对决策的实施情况进行监督,可以建立工作报告制度,以便及时了解方案进展情况,及时进行调整。如果实际结果没有达到计划水平,或者决策环境发生了变化,就必须在实施阶段加以修正,或者在目标不可达到时修正原始目标,从而全部或部分重复执行以上决策过程。

6.4.3 决策的方法

决策可以分为定性决策法、定量决策法、定性与定量相结合的决策方法。

1. 定性决策法

定性决策法又称主观决策法,是指在决策中依靠决策者或有关专家的智慧来进行决策的方法,这类决策通常需要决策者在运用管理学规律的基础上,发挥个人经验和判断能力,从而对决策目标、决策方案进行判断和拟定。以下是四种定性决策方法。

(1)名义群体法

在集体决策中,如果对问题的性质不完全了解且意见分歧严重,可以采用名义群体法。名义群体法要求群体成员全部参加,但成员之间互不通气,也不在一起讨论、协商,因而群体只是名义上的。这种名义上的群体可以有效地激发个人的创造力和想象力。

采用名义群体法,管理者要召集群体成员,把要解决的问题的关键内容告诉他们,并让他们独立思考,要求每个人尽可能地把自己的备选方案和意见写下来,然后按次序让他们一个接一个地陈述自己的方案和意见。再由每位成员对提出的全部备选方案进行投票,根据投票结果,赞成人数最多的备选方案就为所要的方案。当然,管理者最后仍有权决定接受还是拒绝这一方案。

(2)德尔菲法

德尔菲法类似名义群体法,是美国著名的兰德公司首创并用于预测和决策的方法。20世纪50年代,美国兰德公司与道格拉斯公司合作研究通过有控制的反馈这一方法更可靠地收集专家意见,最后用"德尔菲"命名这种方法。德尔菲法依靠专家背靠背地发表意见,各抒己见,管理小组对专家们的意见进行统计处理和信息反馈,经过几轮循环,使分散的意见逐步统一,最后达到较高的预测精度。该方法的不足之处是时间较长,费用较高。

(3)电子会议法

电子会议法是将名义群体法与计算机技术相结合的决策方法,它的实现方式和原理与名义群体法类似,主要优点是匿名、真实、快速。在电子会议法中决策参与者是利用计算机来表达意见和进行评论的,所有人都能看到决策参与者不透露姓名地利用计算机打出的自己想要表达的意见和信息。这种方法使决策参与者可以充分表达自己的想法而不会受到惩罚,消除了闲聊和讨论偏题的问题。然而,电子会议法也存在一定的弊端,比如人们表达意见和想法的能力受到打字速度的影响,同时在决策过程中决策参与者之间存在沟通不足的问题。

(4)头脑风暴法

头脑风暴法的创始人是心理学家奥斯本,具体做法是将决策参与者聚集在一起,对预测对象的未来发展趋势及状况做出判断。决策参与者面对面的信息交流,可以引起思维共振和组合效应,在较短的时间内创造一种畅所欲言、自由思考的氛围,从而激发决策参与者的创造活力,诱发更多创造性思维和想法。头脑风暴法也有不足之处,比如决策过程受到决策人数和决策参与者个人语言表达能力的限制,在决策过程中也容易因为群体思维而产生随大流、为权威所左右等问题。所以,决策参与者的人选和对会议的精心组织对采用头脑风暴法的效果至关重要。一般来说,决策参与者的规模以 10~15 人为宜,会议时间以 40~60 分钟为佳。此外,奥斯本对头脑风暴法提出了四项原则:

① 对别人的建议不做任何评价,将相互讨论限制在最低限度内;

② 建议越多越好,在这个阶段,决策参与者不要考虑自己建议的质量,想到什么都应该说出来;

③ 鼓励每个人独立思考,广开思路,想法越新颖、奇异越好;

④ 可以补充和完善已有的建议以使它更具有说服力。

2. 定量决策法

定量决策法常用于数量化决策,主要的原理是把握与决策有关的变量之间以及变量与决策目标之间的关系,建立反映各种因素及其关系的数学模型,并通过对这种数学模型的计算和求解,选择最佳的决策方案,以此供决策者决策参考。对决策问题进行定量分析,可以提高常规决策的时效性和决策的准确性,同时便于采用计算机进行辅助计算。运用定量决策法进行决策也是决策方法科学化的重要标志。

(1)线性规划法

线性规划法是在一些线性等式或不等式的约束条件下,求解线性目标函数最大值或最小值的方法。决策变量、目标函数、限制条件是线性规划模型的三大主要要素。运用线性规划建立数学模型解决决策问题的过程如下:

① 确定影响目标的变量,列出目标函数方程;

② 找出实现目标的约束条件;

③ 找出使目标函数达到最优的可行解,即该线性规划的最优解;

④ 参考最优解进行决策。

线性规划法适用于企业在有限资源条件下,以最大利润和最小成本为目标制订生产计划或资源分配计划。线性规划法也被广泛地应用在物资调运、任务分配、经济规划等问题中。

【例题 6-2】 运用线性规划求解最大利润问题

某电子产品厂商计划生产两种电子产品:(1)游戏机;(2)智能手机。已知两种产品的生产都需要经过电子工序和装配工序。生产一台游戏机需要3个工时的电子工序和2个工时的装配工序,生产一台智能手机需要3个工时的电子工序和1个工时的装配工序。目前的生产计划中共有240个工时可用于电子工序以及100个工时可用于装配工序。每销售一台游戏机可获利70元,每销售一台智能手机可获利50元。该厂商应如何制订游戏机与智能手机的生产计划以获得最高利润?

解题思路及求解过程如下:

步骤1 充分理解决策问题,见表6-7。

表6-7 主要工序所需工时与销售利润

主要工序	生产该种产品需要的工时		可用工时
	游戏机	智能手机	
电子工序	3	3	240
装配工序	2	1	100
销售利润(元/台)	70	50	

步骤2 定义决策变量。

$$x_1 = 游戏机生产量$$
$$x_2 = 智能手机生产量$$

步骤3 确定目标函数。

$$\max z = 70x_1 + 50x_2$$

步骤4 确定限制条件。

(1)电子工序限制条件:$3x_1 + 3x_2 \leqslant 240$

(2)装配工序限制条件:$2x_1 + x_2 \leqslant 100$

(3)非负限制条件:$x_1 \geqslant 0, x_2 \geqslant 0$

步骤5 建立数学模型。

$$\max z = 70x_1 + 50x_2$$
$$\text{s.t.} \begin{cases} 3x_1 + 3x_2 \leqslant 240 \\ 2x_1 + x_2 \leqslant 100 \\ x_1 \geqslant 0, x_2 \geqslant 0 \end{cases}$$

步骤6 求解最优解。

单纯形法是求解线性规划问题的基本方法,此外还可以使用图解法等方法求解线性规划问题。Excel,Matlab,Lingo等软件都可以用于线性规划求解,下面进行详细介绍。[①]

(1)使用Excel求解线性规划问题

在数据表中输入决策变量、目标函数、限制条件等数据,在数据工具栏中打开规划求解工具(图6-13),输入数据及限制条件(图6-14、图6-15),即可利用Excel求解器找到线

---

① 司守奎,孙兆亮.数学建模算法与应用[M].2版.北京:国防工业出版社,2015.

性规化问题的最优解(图 6-16)。

图 6-13 Excel 数据栏界面

图 6-14 输入数据

图 6-15 输入限制条件

	A	B	C	D
1	阳光电子厂			
2				
3	需要工时	游戏机	智能手机	
4	电子工序	3	3	
5	装配工序	2	1	
6	每单位利润	70	50	
7				
8				
9	最优解			
10				
11	决策变量	游戏机	智能手机	
12	生产量	20	60	
13				
14	目标函数			
15	利润	4400		
16				
17	限制条件	最小值（LHS）	不等式关系（Inequality）	最大值（RHS）
18	电子工序限制	240	≤	240
19	装配工序限制	100	≤	100
20				

图 6-16　计算结果

根据规划求解结果可知，最优解为 $x_1=20$，$x_2=60$，最大利润为 4 400 元。

(2)使用 Matlab 求解线性规划问题

用线性规划的目标函数可以求最大值，也可以求最小值，约束条件的不等号可以是小于等于号也可以是大于等于号，Matlab 中规定了线性规划的标准形式：

$$\min_{x} f^{\mathrm{T}}x$$

$$\text{s.t.}\begin{cases}A\cdot x\leqslant b\\ Aeq\cdot x=beq\\ lb\leqslant x\leqslant ub\end{cases}$$

其中，$\boldsymbol{f}$，$\boldsymbol{x}$，$\boldsymbol{b}$，$\boldsymbol{beq}$，$\boldsymbol{lb}$，$\boldsymbol{ub}$ 为列向量；$\boldsymbol{f}$ 为价值向量；$\boldsymbol{b}$ 为资源向量；$\boldsymbol{A}$，$\boldsymbol{Aeq}$ 为矩阵。

Matlab 中求解线性规划的命令为

```
[x,fval]=linprog(f,A,b)
[x,fval]=linprog(f,A,b,Aeq,beq)
[x,fval]=linprog(f,A,b,Aeq,beq,lb,ub)
```

其中，x 返回决策向量的取值；fval 返回目标函数的最优值；f 为价值向量；A 和 b 对应线性不等式约束；Aeq 和 beq 对应线性等式约束；lb 和 ub 分别对应决策向量的下界向量和上界向量。如果使用 Matlab 求解例题 6-1，需要将原模型转化为标准形式：

$$\min z=-70x_1-50x_2$$

$$\text{s.t.}=\begin{cases}3x_1+3x_2\leqslant 240\\ 2x_1+x_2\leqslant 100\\ x_1\geqslant 0,x_2\geqslant 0\end{cases}$$

Matlab 求解程序如下：

```
clc,clear
f=[-70;-50];
a=[3,3;2,1];
b=[240;100];
```

lb=[0,0];
ub=[inf,inf];
[x,y]=linprog(f,a,b,[ ],[ ],lb,ub)
x,y=-y

(3)使用 Lingo 求解线性规划问题

利用 Lingo 软件求解程序如下：

```
model:
sets:
row/1..2/:b;
col/1..2/:c,x;
links(row,col):a;
endsets
data:
c=70 50;
a=3 3 2 1;
b=240 100;
enddata
max=@sum(col:c*x);
@for(row(i):@sum(col(j):a(i,j)*x(j))<b(i));
end
```

求解结果如图 6-17 所示。

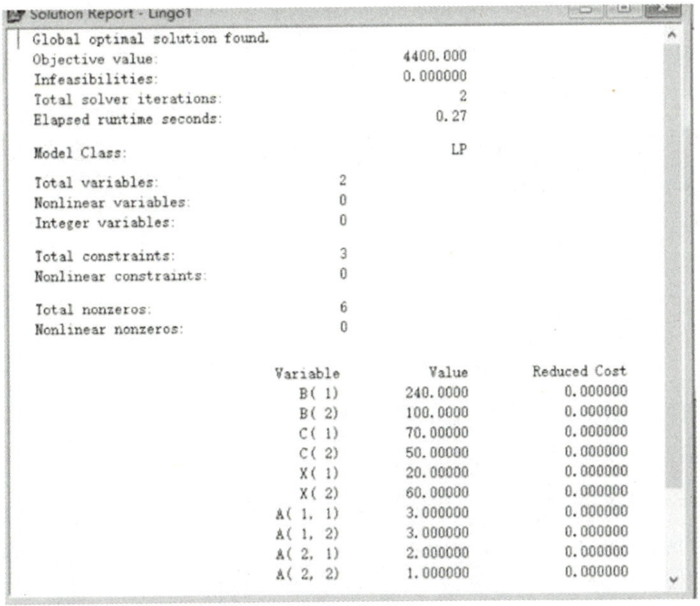

图 6-17　Lingo 软件计算结果

使用 Lingo 软件得到的最终计算结果也显示最大利润为 4 400 元,此时应生产游戏机 20 台,智能手机 60 台。

(2)量本利分析法

量本利分析法又称保本分析法或盈亏平衡分析法,是通过对业务量(产量、销售量、销售额)、成本、利润三者相互制约的关系的综合分析,预测利润、控制成本的一种分析方法。它以成本特性,即成本总额与产量之间的依存关系,指明企业获利经营的产量界限,从而制订出能产生最大利润的经营方案。

企业中任何产品的成本都是由两部分组成的,一是固定成本,二是变动成本。固定成本包括生产产品所需要的管理费用、基本工资、设备的折旧费用等,这些费用基本上是恒定的,不随产量的变化而变化。变动成本包括原材料费、能源费等,这些费用的增加与产品产量的增加成正比。在激烈的竞争市场上,企业往往无法自行决定产品的价格,只能根据市场价格来销售产品。由此就会产生一个问题,即当产量很少的时候,企业单个产品的成本就很高,这是因为固定成本不随产量的变化而变化。只有当商品的产量达到一定的水平之后,收支才能相抵,企业才能获利。

在应用量本利分析法时,关键是找出企业不盈不亏时的产量(称为保本产量或盈亏平衡产量,此时企业的总收入等于总成本)。

(3)决策树

决策树展示了决策问题的顺序性,被认为是最优决策策略,一般用于分析较为复杂的问题,目的是找出最佳的决策序列。

【例题 6-3】 运用决策树确定最佳决策方案

某公司要进行是否扩大投资的决策,在决策之前,公司会对市场情况进行调查,进而得到市场前景是否乐观的报告。公司对当前市场前景持乐观态度,并且根据以往经验认为这次调查得到市场前景乐观的报告的可能性为 60%,得到市场前景不乐观的报告的可能性为 40%。当市场前景乐观时,扩大投资的收益是 800 万元,不扩大投资的收益是 300 万元;当市场前景不乐观时,扩大投资的收益是 −200 万元,不扩大投资的收益是 100 万元。该公司应该如何决策?

如图 6-18 所示,扩大投资收益期望值为

$$EV(D1)=800\times 60\% +(-200)\times 40\% =400(万元)$$

不扩大投资收益期望值为

$$EV(D2)=300\times 60\% +100\times 40\% =220(万元)$$

由期望值可以看出,扩大投资可以获得 400 万元,不扩大投资可以获得 220 万元,因此建议该公司采取扩大投资的方案。

以上是该公司在对市场前景持有乐观态度的情况下进行的决策。可以看出,如果企业对市场前景的判断发生改变,或者市场情况发生变化,不同情形下的收益发生改变,都会导致最终决策的变化。在上述情况下,对市场现状的把控与描绘是决策的关键,因此企业在决策时要尽可能多地收集信息,才能更好地做出判断。

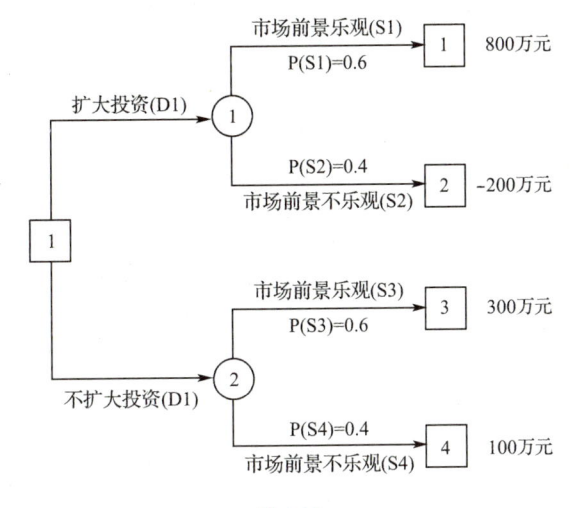

图 6-18

3. 定性与定量相结合的方法

定性与定量相结合的决策方法包括层次分析法、系统动力学分析法、引文分析法等。

(1)层次分析法:将一个复杂的多目标决策问题作为一个系统,将目标分解为多个目标或准则,进而分解为多指标(或准则、约束)的若干层次,通过定性指标模糊量化方法算出层次单排序(权数)和总排序,以作为目标(多指标)、多方案优化决策的系统方法。

(2)系统动力学分析法:通过研究系统内部诸多因素形成的各种反馈环,同时搜集与系统行为有关的数据和信息,采用计算机仿真技术对大系统、巨系统进行长期预测的方法。

(3)引文分析法:利用各种数学及统计学的方法进行比较、归纳、抽象、概括等的逻辑方法,对科学期刊、论文、著者等分析对象的引用和被引用现象进行分析,以揭示其数量特征和内在规律的一种信息计量研究方法。

本章小结

本章主要探讨了管理的计划职能,着重介绍了目标与计划两个概念。目标是指组织希望通过努力最终达到的结果或状态。管理者所有的决策和行动都是在目标的指导下完成的,因此确定目标是制订计划的第一步。由于组织中不同的部门可能具有不同的目标,为协调不同部门、层级的目标,就需要进行目标管理。

计划是一切管理活动的前提,一切管理活动都是为了支持和保障计划目标的实现而展开的,因此计划具有首要性和领先性。本章介绍了计划的分类,计划制订的过程及计划制订的主要方法。

本章还对决策的定义、决策的过程、决策的方法进行了探讨。决策是人们日常生活和工作中普遍存在的一种活动,对于管理者来说,决策的正确与否影响着组织是否能够达到预期目标,著名管理学家赫伯特·西蒙认为:管理就是决策。本章分别介绍了定性决策方法和定量决策方法,并对线性规划的计算机求解方法进行了介绍。

请扫描二维码阅读案例

案例 6-1　　案例 6-2

第 7 章 组 织

在现实管理中,确定组织目标并制订出各方面详尽的行动计划后,通过组织成员的努力工作,协调配置资源,并最终落实来保证既定计划的完成与预期目标的实现。管理学的主要研究对象是组织,在第三章中我们将组织理解为一群人为了实现某个共同目标而结合起来协同行动的集合体,一个组织需要有明确的目标、一定的人员并且建立适当的结构。组织的高效率运行,需要着眼于建立有效的组织结构框架,对组织成员在实现组织目标过程中的工作分工做出正式的、规范的安排,合理地分配组织权力、规划人力资源管理,充分发挥组织在管理之中的职能。

7.1 组织设计理论综述

7.1.1 组织工作与组织设计定义

组织工作是通过对组织结构的设计和变革、人员的配备与使用、权力的协调与分配及组织文化的培育和建设来有效实现组织目标的过程。组织工作是计划工作的延续,组织结构和组织关系相结合,就构成了一定的组织模式。组织目标确定后,管理者应对与工作目标相关的工作内容根据其性质和联系的紧密程度进行划分与归类,成立职能部门进行专业化管理,并根据组织规模来确定管理幅度与管理层次,形成完整的系统,保证整个组织能有效运行;通过人员与资源的配置,充分发挥每个成员的优势,最大限度发挥群体的力量;适当下放权力,赋予员工完成该工作所需的权力,保证工作顺利进行,此外也需要协调不同工作之间的相互配合;组织文化对组织管理、组织运行有很大影响,能够有效激励、引导、约束组织成员的行为,是组织工作的重要内容。

所谓组织设计,是指进行专业分工和建立使各部分相互有机协调配合的系统的过程。组织设计的任务具体地说就是建立组织结构和明确组织内部的相互关系,组织设计的目的是通过组织内部的整合发挥整体效能,充分利用有限的人力资源,实现综合效果。

1. 组织结构系统图与职务说明书

组织设计是执行组织职能的基础工作。组织设计的主要任务是建立组织结构系统图、编制部门职能说明书和岗位职责说明书。

组织结构是指为实现共同目标,组织内部正式形成的划分、组合和协调工作任务的框架体系,是组织设计的结果之一。组织结构主要由复杂化程度、规范化程度和集权与分权化程度三个要素构成。组织设计是对组织复杂化、规范化、集权与分权化的协调,管理者可以通过对这三种要素的规划、设计或变革组织结构，进行组织结构的设计工作。也可用组织结构系统图来表明组织的层级和部门设置，直观明了地反映内部分工与各部门上下级的关系。某生产企业的组织结构系统图如图7-1所示。

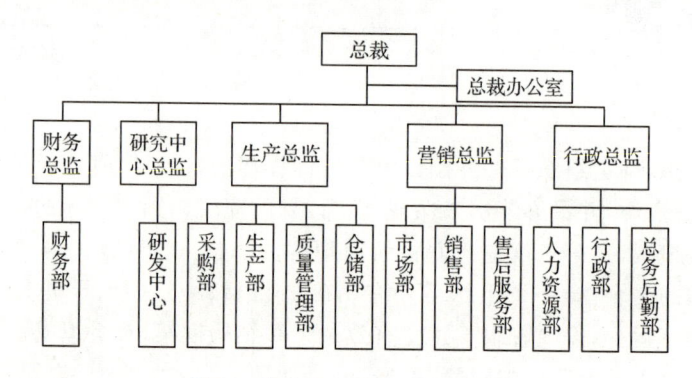

图7-1 某生产企业组织结构系统图

职务说明书的编制主要包括：具体工作内容，对应职责与权力，该职务与其他部门和职务的关系，担任该职务所必备的条件，担任该职务者必须拥有的基本素质、技术知识、工作经验、处理问题的能力等条件。

2. 组织设计的实施步骤

为更好体现组织设计工作结果，组织设计者需要对一系列组织活动进行相关操作，主要包括：

(1) 职务设计与分析

这是组织设计最基础的工作。通过对目标活动的逐步分解，设计和确定具体管理工作的内容，并将任务和责任落实到每位员工。组织设计是自下而上的，设计一个全新的组织结构需要从基层开始。但组织系统图的绘制是自上而下的，因此在研究现有组织变革时，也需要自上而下逐级划分各部门职责。

(2) 部门划分与层级设计

根据不同职务的工作性质、内容及相互之间的联系，依照一定的原则，可以将各个职务组合成部门，进而形成组织层级。组织活动的条件、特点与环境不同，职务组合的标准也不同。即使对同一组织来说，在不同的发展阶段中，划分部门的标准也可能会不断调整。根据工作要求设计职务和划分部门，并以此为基础，根据组织拥有的人力资源，调整初步设计的部门和职务，并平衡各部门、各职务的工作量，以使组织机构合理。经过分析证明初步设计是合理的，剩下的任务便是根据各自工作的性质和内容，规定不同管理部门之间的职责、权限以及义务关系，使各管理部门和职务形成一个严密的网络。

7.1.2 组织设计理论

组织设计是在组织设计理论的引领下进行的，组织设计理论是指有关组织结构和组织关系的系统设想，旨在研究企业组织机构的设计。在组织工作中，如何进行活动的分类、如何协调组织内部各种关系等都是管理者所要考虑的问题。由于企业自身所处的发展阶段与环境不同,对这些问题存在不同的认识,所以形成了历史上各种不同的组织设计理论。

组织设计理论主要包括古典组织设计理论、行为科学组织设计理论与现代组织设计理论。

古典组织设计理论将人定义为"经济人",认为效率是对组织评价的唯一尺度,注重明确分工与正式结构,着重于组织结构的设计,强调以工作作为中心,依靠权力来维系组织内部相互之间的关系,是一个封闭的系统。到20世纪中叶,以古典组织设计理论为基础设计的"官僚组织"模式是组织设计的主要参考模式,它被认为适用于任何组织。

行为科学组织设计理论将人定义为"社会人",认为社会上存在的员工并不是孤立存在的,而是作为某一群体的一员有所归属的。组织是由人组成的,有效的组织模式应注重组织中的人际关系,给予组织成员较多的行动自由和发挥潜在能力的机会。通过对群体和个体行为的研究,逐渐形成了"参与式"组织模式。在20世纪70年代以前,组织设计模式基本上是在参与式和权力式之间做出选择。

现代组织设计理论是在古典组织设计理论和行为组织设计理论的基础上,为了适应科学技术的不断进步、人员素质的提高和整个外部环境的巨大变化而发展起来的系统权变性的组织理论。它的中心思想是把组织看成开放的理性模式,组织外部环境对组织内部结构和管理起着决定作用,组织结构和管理方式要服从整体战略目标。这种组织的主要特征是把组织中人的行为作为分析对象,把决策作为主要认识对象,认为人们需求要有意义,所以需要积极强化人的需求,但又要节制人的需求。

随着对组织理论的进一步研究,参与式组织设计模式与权力式组织设计模式并不是完全适用于任何组织的最佳设计模式。组织是由相互关联、相互依存的要素构成的,是一个系统。整个管理工作是相互影响的,系统组织理论有利于从全局的角度做好本职工作和组织的良性发展。组织设计理论的演化过程如图7-2所示。

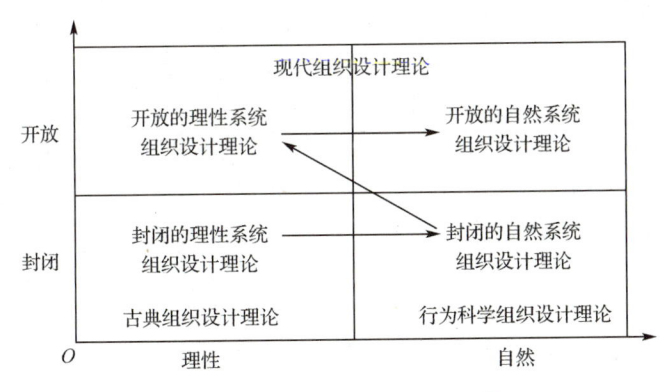

图 7-2 组织设计理论的演化过程①

古典组织设计理论的主要代表人物及研究内容包括泰勒的科学管理理论、法约尔的行政管理理论与韦伯的古典组织理论。古典组织理论的特征是从静态的角度出发,以效

---

① 周三多,陈传明,刘子馨,贾良定.管理学:原理与方法[M].上海:复旦大学出版社,2019.

率为目标来研究组织内部结构与管理的合理化。但其对人性并没有进行深入研究，对组织的正式因素与非正式因素未能区分对待，只着重于研究组织，忽略了外部环境的影响。

行为科学组织理论的主要代表人物及研究内容包括梅奥的非正式组织、马斯洛的需求层次理论、赫茨伯格的双因素论、麦格雷戈的 X-Y 理论、阿吉里斯的成熟-不成熟理论等。与古典组织设计理论的相同点是，通过建立封闭的、机械的组织结构来塑造理性的员工，但行为科学组织理论更注重人的因素，以建立良好的人际关系为目标，通过研究其行为与非正式组织来提高劳动生产率。其缺陷在于只强调了非正式组织，对正式组织与组织的外部环境重视程度有待于进一步提高。

现代组织设计理论的主要代表人物及研究内容包括巴纳德的社会合作系统学派、卡斯特与罗森茨威克等的系统管理理论学派。该理论认为任何组织都是一个人与人之间相互协作的系统，要受到社会环境各方面的影响。正式组织存在的条件是有一个共同的目标，有相互协作的意愿和彼此沟通的协作系统。系统组织理论认为，组织由若干个子系统组成，是一个开放的系统，并且受到组织内外部各种环境因素的影响。由于内外部环境因素的变化，不存在某种一成不变的组织模式，每个组织都必须根据实际情况对组织结构加以调整改变。

7.1.3 组织设计内容

组织设计的决策过程涉及六个关键要素，分别为专业化、部门化、管理幅度与管理层次、统一指挥、集权与分权、正规化。

1. 专业化

专业化是指组织分解工作任务，以若干个步骤来完成的细化程度。每个员工只承担任务的某个部分，完成某个步骤或某一环节的工作，而不是从事任务的全部，以此来提高工作产出。专业化来自 18 世纪经济学家亚当·斯密的"劳动分工"概念。在《国富论》中以指针业为例，说明劳动分工能够提高劳动生产率。亨利·福特根据亚当·斯密的理论发展了劳动分工理论，为了提高企业的竞争力，对如何提高整个生产过程的生产效率进行研究，创造了第一条流水生产线，极大地发挥了劳动分工的效用。专业化至今仍起着重要作用，因为它有利于提高员工的效率。例如，麦当劳利用高度的专业化分工，快速高效地制作产品并提供给消费者。

专业化为组织带来了很多好处，第一，由于员工只从事单一和重复的工作，极大地提高了技巧和熟练程度；第二，不需要从一种作业转换到另一种作业，极大地缩短了交接所耗费的时间；第三，有利于发明专门的机器；第四，有利于降低劳动成本，当某位高度专业化的员工离职或被解雇时，企业培训新人的成本相对较低。

但过度的专业化分工也存在负面影响，主要表现为，第一，在企业中一味地强调专业化分工，工作会变得枯燥无味，降低员工的工作积极性；第二，每位员工只从事单一的工作，负责生产过程的一部分，不利于了解整个企业的生产全貌，进而不利于全面人才的培养。因此，管理者必须对专业化分工的程度进行控制，避免因过度的专业化分工造成人员的流失，影响企业的发展。专业化程度的高低与生产率之间的关系如图 7-3 所示。

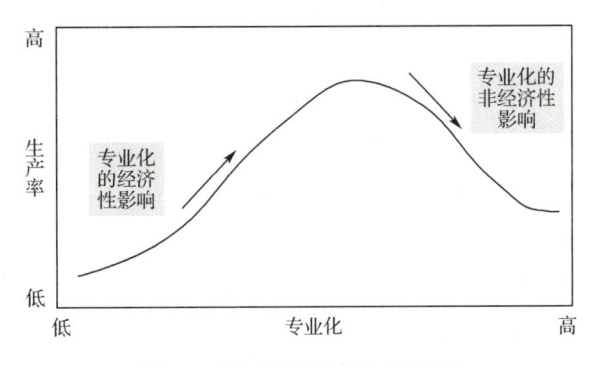

图 7-3　专业化的经济性和非经济性

为避免专业化的非经济影响,现代管理学者主张通过工作扩大化、工作轮换和工作丰富化等方式来提高员工的积极性与劳动效率。工作扩大化是指横向扩大员工的工作范围,使员工从事多样化的工作,通过增加工作内容与工作种类减少从事单一工作带来的单调乏味的情绪的同时,也要求员工掌握更多的技能与知识,提高员工对工作的兴趣。工作轮换是指在一定时期内的工作调动,在组织的不同职能领域或部门中为员工安排一系列工作任务,或在同一职能领域中为员工提供不同工作岗位的机会。工作丰富化是指纵向增加员工的工作内容,员工承担更多的任务与责任,进行自我管理,提高对工作的积极性。

2. 部门化

部门化是指将组织的活动按照一定的逻辑安排,划分为若干个管理单位,是将人员和工作组合在一起的管理过程。部门化的目的是明确责任和权力,并根据不同部门的工作性质采取不同的政策以加强各部门之间的协调。

(1)职能部门化

按职能部门划分是组织设计中最基本的一种方法,即按工作内容和工作性质进行划分,如企业里把从事相同工作的人进行归并,形成生产、采购、销售、财务、人事等部门。职能部门化有利于进行专业化分工,提高管理者的技术水平与管理水平,实现部门目标。但由于各部门只注重与自己有关的专业业务,容易出现部门主义,各职能部门之间协调沟通较差,整体管理较弱,不利于全面管理人才的培养。职能部门化组织结构如图 7-4 所示。

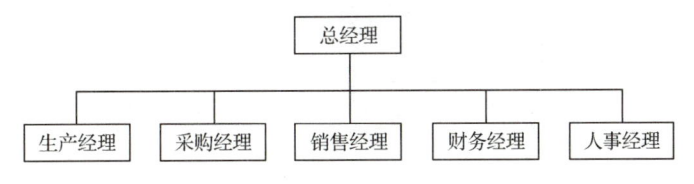

图 7-4　职能部门化组织结构

(2)产品部门化

产品部门化是根据产品的类别划分部门,在这种情况下将每种产品或每个产品系列的设计、生产与销售等合并一个部门。产品部门的负责人对某一产品或产品系列,在各方面都拥有一定的职权。产品部门化有利于部门内部之间的协调,发挥专业管理人员的专业知识与技能,保证产品质量与责任归属,提高决策的效率;但是部门管理人员增加,管理成本提升，各部门只重视自己的产品，对整体的认识不足，不利于企业对整体的控制。产品部门化组织结构如图 7-5 所示。

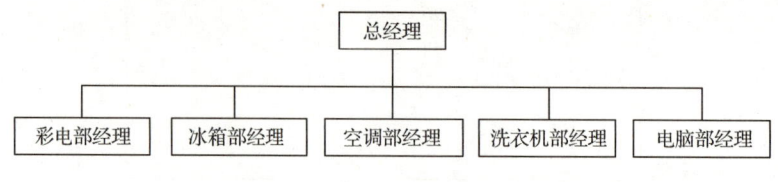

```
                    总经理
     ┌────────┬────────┼────────┬────────┐
  彩电部经理 冰箱部经理 空调部经理 洗衣机部经理 电脑部经理
```

图 7-5　产品部门化组织结构

（3）地区部门化

地区部门化是根据地理因素来划分部门，在同一区域的经营活动与业务由一个部门全部负责。这种形式不像职能部门化和产品部门化那样普遍，但许多全国性或国际性的大组织常采用此种方式。地区部门化有利于培养高级管理人才，能够根据区域制定相应政策与程序，并对本地区环境的变化做出迅速反馈；但各区域会建立重复的职能部门，不同部门之间沟通协调困难，对全面管理人才的要求较高。地区部门化组织结构如图 7-6 所示。

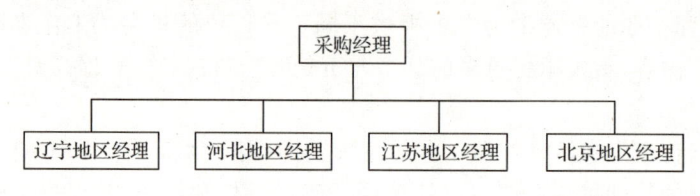

```
              采购经理
     ┌────────┬────────┬────────┐
  辽宁地区经理 河北地区经理 江苏地区经理 北京地区经理
```

图 7-6　地区部门化组织结构

（4）顾客部门化

顾客部门化是指以顾客为中心，根据顾客利益需求来划分部门。市场竞争日趋激烈，管理者越来越注重通过满足不同类型顾客的要求，及时对顾客在产品、价格、服务等方面的需求做出反应。顾客部门化可以更加有针对性地按需生产、按需促销，建立客户关系，保持竞争优势；但是管理成本高，对管理者的应变能力与创新能力要求高，不利于对整体目标的认识。顾客部门化组织结构如图 7-7 所示。

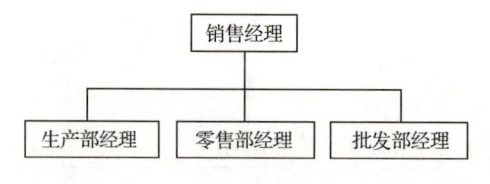

```
            销售经理
     ┌────────┼────────┐
  生产部经理 零售部经理 批发部经理
```

图 7-7　顾客部门化组织结构

（5）工艺部门化

工艺部门化又称过程部门化，是指企业按照工艺流程，以工作程序为基础来划分部门。工艺部门化适用于工艺流程复杂、要求严格的组织，有利于加强工艺管理，提高工艺专业化水平；但是不利于各部门之间的协调配合，当产品出现问题时可能会出现各部门之间推卸责任的情况。工艺部门化组织结构如图 7-8 所示。

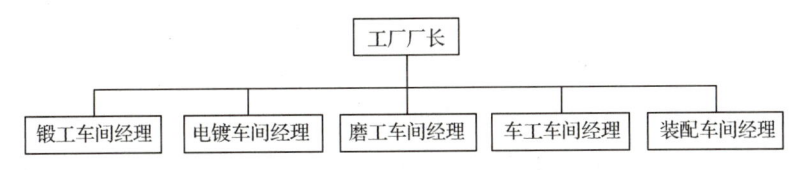

```
                        工厂厂长
    ┌──────────┬──────────┼──────────┬──────────┐
锻工车间经理  电镀车间经理  磨工车间经理  车工车间经理  装配车间经理
```

图 7-8　工艺部门化组织结构

一个组织划分部门的方式，应根据具体情况而定，而且这些方法往往是结合使用的，生产部门可以按产品划分，销售部门可按顾客或地区划分等。近年来，部门化主要有两种发展趋势，一种是越来越多的组织采用了顾客部门化。顾客是企业发展的关键，最大限度满足顾客需求，建立客户关系对于企业的成功至关重要。另一种趋势是采用团队的方式，特别是当工作任务变得日益复杂并且需要各种技能才得以完成时，越来越多的组织开始采用跨职能团队，即由来自不同职能领域的个体组成的工作团队，使原来的部门划分得到补充。市场环境复杂多变，任务繁杂沉重，完成这些任务需要不同的专业技能人员，因此，组织更多地采用了任务小组和工作团队的部门划分方式。

3. 管理幅度与管理层级

管理幅度是指一个管理者所能直接而有效地管理下属的数量，管理层级是指在职权等级链中管理职位所处的级数。管理幅度是有限制的，随着企业的发展，组织规模扩大，管理者因个人的能力、时间、精力等原因，不可能直接管理组织中的所有人员与任务。最高管理者通常通过管理有限的下属管理人员，将管理责任逐级委托，直到具体活动的落实，这样就形成了管理层级。

管理者能够有效率、有效地管理的员工数量受很多因素的影响，其中主要因素如下：

(1) 管理者和员工所具备的技能和能力

综合能力强的管理者，可以迅速抓住问题的关键，提出有针对性的解决措施并使下属能够明白自己的职责与任务，从而提高决策的效率；当员工具备足够强的技术能力与素质能力时，很多方面的问题能够自行解决，减少向上级报告的时间，并可能提出创新性解决措施。当管理者与员工都具有良好的素质能力时，管理幅度可适当拓宽。

(2) 所从事工作的特征

员工任务的相似性和复杂性、应用标准化流程的程度、组织信息系统的先进程度等工作特征都会影响管理幅度的大小。从管理者角度来看，高层管理者相对中下层管理者的管理幅度要小。从工作性质角度来看，当员工所从事的工作内容相近，管理者可监督和指挥更多的下级人员，管理幅度相对大些。从计划的完善程度角度来看，如果计划制订得非常详尽完善，下属明晰计划的目标与要求，根据执行计划完成工作任务，管理者的管理幅度可适当拓宽。

(3) 工作条件

工作地点的接近性、信息技术的发展性与助手配置情况等工作条件都会影响管理者从事管理工作所花费的时间。给管理者配备必要的助手，由助手协调处理相对次要的工作，可以使管理者对下属的工作情况更为了解，及时做出反馈，保证决策质量，增加有效的管理幅度。

（4）组织环境

组织环境的稳定程度会影响组织活动内容和政策的调整频率与幅度。环境变化越快，变化程度越大，组织中遇到的新问题就越多，下属向上级的请示就越有必要、越经常，而上级能用于指导下属的时间与精力却越少，因为他要花时间去关注环境的变化，考虑应变的措施。因此，环境越不稳定，管理人员的管理幅度就越小。

在组织规模一定的情况下，管理幅度与管理层级成反比，每个管理者所能直接而有效地管理下属人员的数量越多，管理层级越少；在管理幅度一定的情况下，组织规模与管理层级成正比，组织规模越大，工作人员越多，管理层级越多。

将作业人员为4 096人的两个组织进行比较，如果每个层级的管理幅度按4或8进行组织设计，那么相应的管理层级依次为6和4，所需的管理人员数量为1 365名和585名（图7-9）。

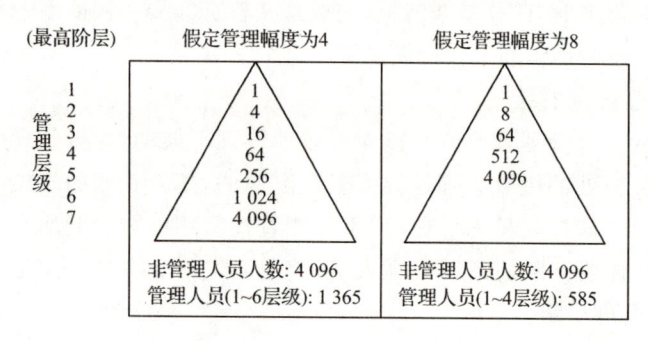

图 7-9 管理幅度与管理层级①

根据管理幅度与管理层级的不同，一般地，人们把管理幅度较大、组织层级较少的组织称为扁平结构；把管理幅度较小、组织层级较多的组织称为锥形结构。扁平结构与锥形结构的优缺点见表7-1。

表 7-1　　　　　　　　　　扁平结构与锥形结构

	优点	缺点
扁平结构	管理层级少，有利于缩短上下级距离，密切上下之间的关系，信息纵向流动速度快。管理幅度大，被管理者有较大的自主性和创造性，有利于选择和培训下属人员	不能严密地监督下级，上下级协调较差。管理幅度的拓宽增加了同级间相互联络的困难
锥形结构	管理严密，分工细致明确，上下级易于协调	管理层级增加，需要的管理人员增多，协调工作急剧增加。管理严密影响下属的积极性与创造性

由于锥形结构存在诸多问题，现在越来越多的组织向扩大管理跨度的方向发展，这与管理者提高决策速度、增强灵活性、更贴近顾客、向员工授权和降低成本的努力相一致。

---

① 邢以群. 管理学[M]. 4版. 杭州：浙江大学出版社，2016.

管理者逐渐意识到,当员工充分了解他们各自的工作和组织的各种流程时,管理者可以应付更大的管理跨度。

4. 统一指挥

统一指挥原则作为法约尔的十四条基本原则之一,主张一个人应该只向一位管理者汇报,并且只能接受一个上级的直接领导。统一指挥有利于明确组织内各个职位的权责,沟通渠道清晰,从而形成了一个权威、有效的指挥系统。任何一个上级不能越级指挥和命令,任何一个下级不能越级请示,多头领导会导致下属无所适从。

统一指挥的优点是下属的工作任务明确,政策与行为一致,降低了信息传递过程中的损失,有利于管理人员控制。但随着组织的不断发展、管理层级增加,信息在统一指挥下通过渠道纵向传递,传递时间长,易造成信息失真,决策失误。古典管理学家法约尔针对这种情况提出了"跳板原则",加强不同层级之间的横向联系,协调组织内部信息的传递。因此,过度强调统一指挥原则会影响员工的工作热情与积极性,使组织运行缓慢甚至僵化。基层各部门之间要相互协调,高层管理部门要下放权力,让下属部门在一定范围内有决定权。

5. 集权与分权

"决策权集中在组织的什么层级"是组织需要回答的问题。集权是指决策权在较高层级管理者手中,实行集权的组织中高层管理者在制定关键决策时几乎不考虑底下层级的意见。分权是指决策权分散在组织系统中较低层级管理者手中,低层级管理者可自主做出决策的自由度较高。集权与分权并不是两个相对独立的概念,是相对的,即一个组织不可能是完全集权或完全分权的。

随着技术的发展,社会化程度越高,越注重分工与协作,因此集权管理是社会化大生产保持统一性和协调性的内在需要。传统组织通常采用金字塔式的组织形式,权力和职权集中于组织的高层及其附近层级管理者,集权的目的在于加强各部门之间的协调配合。但是,随着组织发展的复杂化与环境的动态变化,过度的集权会降低组织成员工作的积极性,管理者也难以有效管理整个组织,不得不将权力下放,因此分权化程度增强。

在组织中,集权与分权的程度会受到实际情况的影响,集权与分权组织的特点见表 7-2。

表 7-2　　集权与分权组织的特点

更加集权	更加分权
• 环境是稳定的 • 低层管理者制定决策的能力和经验不如高层管理者 • 低层管理者并不想要决策发言权 • 低层管理者的决策对于整个组织来说是不重要的 • 组织面临危机或者是倒闭的风险 • 组织规模比较大 • 公司战略的有效实施取决于对所有事情拥有发言权的管理者	• 环境是复杂的、不确定的 • 低层管理者具有决策的能力和经验 • 低层管理者想要拥有决策发言权 • 低层管理者的决策对于整个组织来说是相对重要的 • 公司文化是开放的,允许各层管理者对所发生的一切拥有发言权 • 公司的各个部门分散在各地 • 公司战略的有效实施取决于参与决策的管理者以及制定决策的灵活性

管理者根据决策的实施与组织目标的实现来选择集权与分权程度,一成不变的集权或分权的程度并不适用所有组织,管理者需要根据组织的环境、规模与发展等因素确定最合适的分权程度。

6. 正规化

正规化指的是组织中各项工作的标准化程度以及员工行为受规则和程序指导的程度。在高度正规化的组织中,大量的规章制度与明确的工作流程使员工对于所从事的工作、何时完成工作以及如何完成工作几乎没有什么自主权。然而,在正规化程度较低的组织中,员工拥有更多的自主权,在如何开展自己的工作上有发挥空间。

随着社会的发展,越来越多的组织并不完全依赖于严格的规章制度和标准化来约束员工的行为,允许组织员工有一定的自主性,能够在所处的环境中做出最佳决策。但是,一定程度的正规化对于组织的一致性和控制是必不可少的,不能抛弃所有的组织规章制度,因为组织的发展需要规则的约束,有一些重要规则是员工必须遵循的,以此来保证组织的正规化。

7.1.4 组织设计的影响因素

组织设计的任务是保证组织目标的达成,组织的目标不同,为实现目标所需进行的活动不同,活动的环境和条件不同,组织结构也就不同。对于一个组织而言,有很多因素影响组织结构的选择,管理者需要明确各种影响因素之间的关系,合理设计选择最适合的组织结构。影响组织设计的因素主要包括组织经营战略、组织环境、组织规模、组织生命周期及技术。

1. 组织经营战略

经营战略是组织对于未来发展的方向、目标、途径和行动、方案等的总体谋划。组织经营战略与组织结构相匹配,组织结构必须满足组织所选择的经营战略的要求。适应组织经营战略要求的组织结构为经营战略的实施和组织目标的实现提供必要的前提。

组织经营战略的选择主要从两个层面影响组织结构的设计,一是不同的经营战略要求不同的业务活动,从而影响管理职务和部门设计;二是经营战略重点的改变会引起组织工作重心的转移,从而改变各部门与管理职务在组织中的相对位置,因此,要求对各管理职务以及部门之间的关系做出相应的调整。

组织经营战略可以细分为单一战略与多元化经营战略,当组织面向有限的市场,提供一种或少数几种产品或服务时,它通常可能采用倾向集权的组织结构。随着企业的发展,经营战略趋向多元化,提供多种产品并扩展到新的市场,相对集权的层级组织也会随之发展为分权的结构。不同的经营战略类型所对应的组织结构特征见表7-3。

表 7-3　　　　　　　　　　经营战略类型与组织结构特征

战略类型	类型	组织结构特征
经营定位	专业化	倾向于集权型组织结构,强调内部效率和纵向控制
	多元化	倾向于分权型组织结构,强调内部自主性和结构灵活性

(续表)

战略类型	类型	组织结构特征
竞争态度	保守型	以集权的刚性结构为主,强调规范化和严密的控制
	稳健型	集权与分权相结合,强调纵向的职能控制和横向的项目协调
	冒险型	以柔性的分权结构为主,注重创新和部门相互间的协调
竞争方式	成本领先	以职能制结构为主,注重规范化、内部效率和稳定性
	差异化	以弹性结构为主,注重横向的合作和纵向的专业化

企业史学家钱德勒通过对杜邦、通用汽车、西尔斯、标准石油等企业发展史的研究,发现成功企业的组织结构与其经营战略是相适应的,因此提出了组织结构需要根据经营战略的变化及时进行调整,以提高组织的自适应性的观点。钱德勒认为,经营战略有四个发展阶段,即数量扩大阶段、地区开拓阶段、纵向联合开拓阶段和产品多样化阶段,每个阶段都应有与之相适应的组织结构。

数量扩大阶段。组织通常起始于单一产品或产品线生产,经营战略较为简单,组织的复杂性和正规化程度都很低。

地区开拓阶段。随着生产规模的扩大,组织从单一产品开始,通过采取合并供货商或直接向顾客销售产品等方法,扩大业务范围。

纵向联合开拓阶段。组织在同一行业发展的基础上,自然而然地会向其他领域扩展,这就要求组织建立与纵向联合开拓阶段相适应的组织结构。

产品多样化阶段。随着竞争者的加入,组织面临的竞争态势发生变化,通过调整组织结构提高生产效率,于是形成了产品多样化的局面。

随着组织经营战略的变化,组织结构从有机式转变为机械式。

由钱德勒的组织经营战略结构变化趋势(表 7-4)可知,随着时间的推移,产品多样化程度越来越高,组织结构逐渐向部门化方向发展。

迈尔斯和斯诺在《组织战略、结构和程序》中,按组织对待竞争的方式和态度,将组织经营战略分为保守型战略、风险型战略、分析型战略与反应战略,见表 7-5。

表 7-4　　钱德勒的组织经营战略结构

时间	t	$t+1$	$t+2$
产品多样化战略	低	中	高
组织结构	简单型	职能型	部门化

表 7-5　　迈尔斯和斯诺的组织经营战略分类

战略类别	特点	战略目标	举例
保守型战略	实行以严格分工为特征的组织结构;高度的集权控制;规范化的规章和程序;以成本和效率为中心的严格的计划体制;生产专家和成本控制专家在管理中,特别是在高层管理中占有重要地位;信息沟通以纵向为主	稳定和效率	肯德基、麦当劳

(续表)

战略类别	特点	战略目标	举例
风险型战略	规范化程度较低的组织结构；分权控制；计划较粗泛而灵活；高层管理者主要由市场营销专家和产品开发研究专家担任；信息沟通以横向为主	灵活性	星球电子公司
分析型战略	既强调纵向的职能控制，也重视横向的项目协调；对生产部门和市场营销部门实行详细而严格的计划管理，对产品的研究开发部门则实行较为粗泛的计划管理；高层管理者由老产品的生产管理、技术管理等职能部门的领导及新产品的事业部领导联合组成，前者代表企业的原有阵地，后者代表企业进攻的方向；信息在传统部门间主要为纵向沟通，在新兴部门间及其与传统部门间主要为横向沟通；权力的配置是集权与分权的适当结合	稳定和灵活性	美国的数字设备公司、IBM公司
反应战略	无能力对环境做出主动反应	被动反应	达罗开发公司

2. 组织环境

企业的组织环境影响组织活动内容的选择及其结构方式，不确定性是组织外部经营环境的主要特点，组织需要根据环境的变化设计相应的组织结构来与之相适应。

环境具有复杂性与变动性，复杂性是指环境由多个不同质的要素构成，组织需要设置更多的职位和部门来适应。环境的变动性是指构成要素的变化及这种变化的可预见程度。

管理活动是在一定的环境下进行的。作用于组织的环境因素可以分为两类：一般环境和任务环境。一般环境是指对组织活动产生间接影响的政治、经济、社会和文化环境，组织设计中需要考虑这些因素的影响。任务环境是指与组织活动直接相关的环境，包括政府、行业协会、合作方、供应商、客户、竞争对手等。组织设计中需要根据任务环境设置相应的机构或部门，但不同类型的组织与任务环境因素之间联系的紧密程度不同，因此需要区别对待。

3. 组织规模

规模是影响组织结构设计的一个重要因素。随着企业的发展，组织规模日益扩大，内部趋于复杂化，对不同业务部门和工作岗位的要求越来越高，组织的结构就需要随之进行调整。

组织规模影响组织结构的复杂性。规模的扩大意味着员工人数的增加与劳动分工的细化，导致水平差异的扩大。管理者会通过提高垂直差异的方式来协调劳动分工差异的扩大；面对组织规模的扩大，管理者可能会采取增加管理人员，减少管理幅度的方法进行直接控制，也可能会采取正规化、规范化的方法，以严密的规章制度规范员工行为。

一个组织的规模会影响它的结构，如大型组织通常比小型组织更加专门化、部门化、集权化和拥有更多的规章制度。组织规模的扩大会导致分权情况的出现，高层管理者难以有效控制下属的一切活动，因此势必会进行权力的下放。随着组织规模的扩大，组织中管理人员的数量会增加，组织分权与复杂性情况会增强，同时也会对组织的规范化提出更高的要求。

4. 组织生命周期

组织在其生命周期的不同阶段会采取不同的组织结构。坎农提出组织发展五阶段理论,并指出在发展的不同阶段,要求有与之相适应的组织结构形态。组织在其生命周期的不同阶段的组织结构形态见表 7-6。

表 7-6　　　　　　　　　　　组织生命周期及组织结构形态

生命周期	组织结构形态
创业阶段	决策主要由最高管理者个人做出,组织结构相当不正规,职能间的协调只有最低限度的要求,组织内部的信息沟通主要建立在非正式的基础上
职能发展阶段	决策越来越多地由其他管理者做出,最高管理者亲自决策的数量越来越少,组织结构建立在职能专业化的基础上,各职能间对协调的需求增加,信息沟通变得更重要也更困难
分权阶段	组织结构以产品或地区事业部为基础建立,目的是在企业内建立"小企业",使后者按创业阶段的特点来管理。但各"小企业"成了内部的不同利益集团,组织资源用于开发新产品的相关活动减少,总公司与"小企业"的许多重复性劳动使费用增加,高层管理者感到对各"小企业"失去了控制
参谋激增阶段	为加强对各"小企业"的控制,管理者增加了许多参谋助手,而参谋助手的增加又会导致他们与直线职权的矛盾,影响组织命令的统一
再集权阶段	分权阶段与参谋激增阶段产生的问题可能诱使公司高层管理者再度高度集中决策权力。同时,信息处理的计算机化也使再集权成为可能

当组织从创业期逐渐向成长期直至衰退期发展时,组织结构要随着组织的发展及时调整,否则会影响组织的正常发展。

5. 技术

任何组织都需要利用技术把原材料等资源转化为产品或服务的机械力和智力。技术水平不仅影响组织活动的效果和效率,还会对组织的部门划分、部门关系、组织结构的形式和总体特征产生影响。因此,组织结构设计必须考虑技术因素。

20 世纪 60 年代初,伍德沃德通过对英国多家小型制造企业进行研究,提出了组织结构设计随技术变化而变化的观点。按照生产的复杂程度和高级程度将生产技术分为三种类型:单件小批量生产技术、大批量生产技术、连续生产技术。采用不同生产技术的组织在管理层级、管理幅度、管理者与一般员工比例、技术人员比例、规范化程度、集权化程度、复杂化程度等方面存在以下差异:

(1)从单件小批量生产技术到连续生产技术,随着技术复杂性的提高,组织结构复杂程度相应提高,管理层级增多,高层管理者的管理幅度扩大,管理者与一般员工比例变高。然而,基层管理者的管理幅度呈现非线性变化,即大批量生产技术最大,单件小批量生产技术次之,连续生产技术最小。

(2)采用大批量生产技术的组织通过严格的规范化管理可以有效地提高生产效率,而集权化、规范化对于采用小批量生产技术、连续生产技术的组织并不适合。

有效管理取决于正确分析环境需求、围绕需求构建组织结构、通过管理行为实现组织目标。例如,缩短指令传达路径、增强沟通的管理模式适合中小批量生产,而不适合大批量生产。

创建组织时，技术因素和人际关系因素同样重要，如果能够实现二者的有机结合，则有利于提高组织效率。

7.1.5　组织设计的原则与程序

1. 组织设计的原则

随着经济的发展，组织设计与组织结构也在不断发展变化，每一个组织的目标、所处的环境、拥有的资源与制定的战略不同，所需的管理职务和部门及其相互关系也不同，组织结构必然也就有所区别。但组织不管采用何种结构，都必须遵守一些共同的原则，即对各种结构形式的组织设计普遍适用的要求。这些原则是在大量实践基础上总结出来的，主要包括以下八个原则。

（1）目标一致原则

组织活动有特定的任务和目标，组织的建立是为实现一定的目标服务的，因此必须根据组织目标来考虑组织结构的总体框架。目标一致原则有两层含义：一是目标的一致性，即组织设计要有明确的发展方向、经营战略、目标要求，部门、成员的目标要与组织目标保持一致；二是统一指挥，即组织需要有明确的指挥链，确保信息的准确传递，明确各级管理者的责任，组织及其每一部分都应当与其特定的任务目标相联系。

（2）分工与协作原则

分工是指工作的简单化，组织成员承担整体工作中的某单一任务，需要提高熟练程度，缩短操作时间。但是，分工也可能带来消极影响，分工过细，组织成员长期从事单一、重复性工作，必然会产生单调、乏味的感觉，并且容易产生组织内部的冲突和对立。分工过粗，效率与专业化水平低下，容易产生推诿责任的现象。因此，组织内部要进行分工协作，做到分工合理，协作关系明确，实现部门间、人员间的协作与配合，保证组织活动的顺利开展，从而实现组织的整体目标。

（3）权责对等原则

在组织设计中，明确每个部门的任务与责任，规定相应管理职务取得和利用人力、物力、财力以及信息等工作条件的权力，是保证组织中每个部门和管理职务完成规定工作的基础。没有明确权力的应用范围或权力的应用范围小于工作的要求，则可能使职责无法履行、任务无法完成；权力的应用范围大于工作的要求，虽能保证任务的完成，但会导致不负责任地滥用权力，甚至会危及整个组织系统的运行。

因此，权责是对等的，在明确分工与协作关系的同时，要明确每一个部门和岗位的职责，并赋予其相应的职权。权责对等原则要求管理者在被授予权限的范围内行事，并承担相应的责任，避免有权无责、有责无权现象的出现，以此实现组织的整体目标。

（4）命令统一原则

在组织活动中，员工会收到来自上级行政部门或管理者的命令，并根据命令开始、结束或调整工作。如果一个下属同时接受两个上司的指令，并且这些上司的指令并不总是保持一致，就会造成工作混乱。命令统一原则的实质，是在管理工作中实行统一领导，将管理的各个职务形成一条连续的等级链，明确规定等级链中每个职务之间的责任、权力关系，禁止越级指挥或越权指挥，建立严格的制度，保证组织的有效领导与正常运行。

(5) 柔性经济原则

柔性经济原则是指组织根据内外环境的变化及时对机构和人员做出调整，合理安排活动、人员和部门，使组织设计保持一定的灵活性，提高组织管理的效率。组织的柔性与经济性是相辅相成的，柔性经济原则主要包括稳定性与适应性相结合原则和合理设计组织结构原则。

组织设计要有一定的稳定性，以减少变革给组织带来的冲击和影响，但这并不意味着组织是僵化的。僵化的组织对变化的市场难以及时做出反应，最终会影响组织的发展。组织设计也要有一定的适应性，能够调整人员、分工、职责等方面的变动。稳定性与适应性相结合可使组织在保持稳定的基础上提高适应性。

组织的经济性要求结构设计精干、人员配备到位、工作流程合理，以保证各项工作有序开展。组织层级过多或过少、管理幅度过大或过小、部门分工交叉重叠、工作流程不顺畅都会影响组织的整体效率。

(6) 因事设职与因人设职相结合的原则

根据工作的特点和需要，因事设职、因人设职是组织设计的重要原则之一。人是组织中的灵魂，组织结构的建立要充分考虑人员的可得性和人事匹配性，要有利于人员在工作中得到培养、提高与成长，有利于吸引人才，发挥员工的积极性和创造性。

有能力的人有机会去做他们真正胜任的工作。因环境、任务等某个或某些影响因素的变化，需要重新设计或调整组织结构，组织并不是总能在社会上招聘到每个职务所需的理想人员，这就要考虑组织中现有人员的特点。给组织员工利用工作提高能力、展现才华、实现自我价值的机会，向社会提供某种特定的产品或服务和一定素质的人才，可以说，为社会培养各种合格有用的人才是所有社会组织不可推卸的社会责任。

(7) 效益原则

效益是指达到组织目标的程度，以较少的人员、层级、时间等的投入得到尽可能多的产出，做到精干高效，使人人有事干，事事有人管，保质保量，负荷饱满，以此获得更高的效益。

(8) 正确对待非正式组织的原则

非正式组织是指自然形成的一种无形组织，该组织中存在核心人物，有共同的道德规范和价值观念，在企业中是客观存在的。管理者应该注重非正式组织带来的正负作用，并采用正确的方法，对非正式组织进行引导，避免与正式组织形成对立。

2. 组织设计的程序

组织设计包含很多内容，掌握其内在规律性并有步骤进行，才能够取得良好的效果。组织设计是一个过程，主要包括七个步骤：

(1) 明确组织目标

组织的建立是为一定的目标服务的，因此必须根据组织目标来考虑组织结构的总体框架。目标是确立组织结构的出发点，因此组织成员必须了解组织目标的具体内容。

(2) 确定设计原则

根据企业的目标和特点，确定组织设计的方针、原则和主要参数，以此来指导组织进行组织设计。

(3) 分析与设计基本职能

该程序的主要工作在于确定管理职能及其结构,并将其分解落实到各项管理活动中,进行管理业务的总体设计。分析基本职能主要考虑三方面问题:组织应具备哪些基本职能?各种职能之间相互联系、相互制约的关系是怎样的?各种职能中的关键职能是什么?

(4) 设计结构框架

组织系统图是由各管理层级、部门、岗位的责任与权力确定的。根据职能的细分、归类,确定各个职能纵向层级的横向跨动,进而确定组织的部门,形成完整的组织结构。

(5) 分解目标

将组织的整体目标分解落实到各职能部门和任务单位,协调具体目标,形成组织目标体系化。目标分解有利于各组织部门明确自己的任务,为评估业绩提供具体的衡量标准,使组织成员能够共同努力去实现组织目标。

(6) 配备与培训人员

根据结构设计、职务分析与目标分解,定质定量地配备各级管理者,根据工作性质安排适当的人选。此外,组织需要对在岗管理者根据不同的要求有针对性进行定期、不定期的培训,保证员工更好地适应工作岗位。

(7) 管理控制

以组织目标为导向,对组织设计的过程进行管理控制,使整个组织机构能够正常运行。对管理工作的程序、标准及方法进行设计,规范组织成员行为,是指导组织活动的重要依据,也是保证组织能够按照组织设计正常运行的前提。纠正程序偏差设计,能在客观公正的条件下调整组织运作与标准程序之间的偏差。

7.2 组织结构

7.2.1 组织结构的概念

组织结构是指为实现共同的目标,组织内部正式形成的划分、组合和协调工作任务的框架体系,是组织设计的结果之一。组织结构主要由复杂化程度、规范化程度和集权与分权化程度三个要素构成。

1. 复杂化

组织结构中的复杂化是指分化程度与差异化程度,主要包括横向差异化、纵向差异化与空间分布差异化。组织内部的分工越细致,同一层级的工作分布与地理分布越广泛,纵向层级越多,对人员和活动的协调与控制难度越大,组织结构的复杂化程度就越高。

2. 规范化

规范化是指组织中各项工作的标准化程度与指导和限制员工行为、活动的规则、程序、制度与方针政策等。一个组织对规则和程序的依赖性越高,其标准化和正规化程度越强,员工自主发挥的空间就越有限。

3. 集权与分权化

集权与分权化是指组织中的决策权集中在哪一层级的程度与差异性。集权是指决策权在组织上层的集中程度,集权程度越高,高层管理者所掌握的权力越大,下达的命令要求下属绝对服从。分权是指决策权集中在组织中下层的管理者或者每一位员工的手中,中下层管理者拥有更多的决策权,在一定程度上能够激励员工的工作积极性。

组织结构设计是对组织复杂化、规范化、集权与分权化的协调,管理者可以通过对这三种要素的规划、设计或变革组织结构,进行组织结构的设计工作。

7.2.2 机械式组织与有机式组织

有效的组织结构设计是非常重要的,并非所有的组织都适用于同种结构,组织结构包括两种极端模式——机械式组织与有机式组织。一般而言,历史悠久、规模较大的组织在一定程度上具有机械式组织的特征,管理规范有序;成立时间不长、规模较小的组织呈现出有机式组织的特征,有利于发挥"船小好掉头"的优势。在现实社会中,组织往往处在两者的中间状态。

机械式组织是六种结构要素相互结合的自然结果,是一种僵化刻板的组织设计,机械地坚持统一指挥原则,进行高度的专业化分工,从而确保了一种正式的职权等级,每一名员工受到一位上司的控制和监管,保持较窄的管理幅度,组织层级逐渐增多,从而形成了高耸型的机械式结构。随着组织最高层和最低层之间距离的不断扩大,高层管理者无法直接对低层员工活动进行监管,因此只能通过设立更多的规章制度来施加影响。高度的工作专门化使工作日益简单化、常规化和标准化,而通过采用部门化的方式进一步实现专门化会提高组织的机械化程度,从而需要更多管理层级的参与以协调各个专门化部门的工作。

有机式组织是一种具有高度适应性的组织形式,具有松散性和灵活性的特点。有机式组织能够根据需求快速改变,不具有标准化的工作和条例。有机式组织也存在专业化分工,但组织通过工作扩大化减少了工作的枯燥和乏味。由于具有较宽的管理幅度,员工被授权开展多样的业务活动,员工往往是技术高超的专业人士,并且通常接受过培训使其能够处理各种问题。有机式组织集权化程度很低,组织结构松散灵活,能够快速适应变化的组织环境。机械式组织与有机式组织的特点和适用条件见表7-7。

表7-7　　　　　　　　机械式组织与有机式组织的特点和适用条件

组织结构模式	特点	适用条件
机械式组织	(1)职能的高度专门化 (2)刚性的职务与权限 (3)信息集中于高层 (4)垂直的命令与信息传递 (5)对组织的忠诚和对上级的服从 (6)强调固有知识,对于外部知识和其他组织的经验持排斥态度	(1)环境相对稳定 (2)任务明确且持久,决策可以程序化 (3)技术相对统一而稳定 (4)按常规活动,以效率为主要目标 (5)组织规模较大

(续表)

组织结构模式	特点	适用条件
有机式组织	(1)基于知识与经验的专门化 (2)柔性的职务与权限 (3)信息的分散与共享 (4)水平的沟通与信息传递 (5)对工作和技术的忠诚 (6)强调吸收外部智慧	(1)环境不确定性强 (2)任务多样且多变,无法进行程序化决策 (3)技术复杂多变 (4)有许多非常规活动,需要较强的创新能力 (5)组织规模较小

刚性和柔性是两个相对的概念,机械式与有机式并不完全对应刚性与柔性,而是指前者的刚性成分更为显著,后者的柔性成分更为突出。在剧烈变化的社会环境中,越来越多的组织倾向于选择有机组织结构,但机械式组织结构与有机式组织结构并无好坏与优劣之分,组织应依照自身的发展目标和内外条件,视具体情况进行选择。

7.2.3 组织结构的形式

组织结构的形式多种多样,组织结构的形式反映了组织设计要素的组合结果,但各种组织结构的基本构成形式有很大的相似性,主要包括以下八种。

1. 直线型组织结构

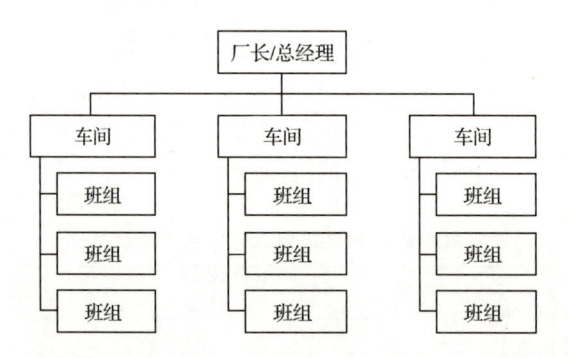

(1)直线型组织结构的特点

直线型组织结构是最早被使用也是最为简单的结构。其主要特点是部门化程度低、管理幅度宽、正规化程度低,组织中的各种职位是按垂直系统直线排列的,下级只接受一个上级的指令,各级管理者对其下属的一切问题负责。这种结构适用于规模较小、任务单一、人员较少的组织。直线型组织结构如图7-10所示。

图7-10 直线型组织结构

(2)直线型组织结构的优缺点

直线型组织结构又称简单型结构,其优点为结构简单,组织可以根据规模确定管理所需要的层级,管理成本也较低;权力集中且权责关系明确,指挥灵活,有利于组织的有序运行。直线型组织结构的缺点为专业化水平低,垂直系统使每个层级的管理者需要承担部门的所有工作,不利于专业化人才的培养;缺乏横向沟通,强调纵向渠道的联系;随着组织规模的扩大,管理工作日益复杂,管理者因能力、经验等的不足难以有效管理整个组织,不能满足组织发展的需要。

2. 职能制组织结构

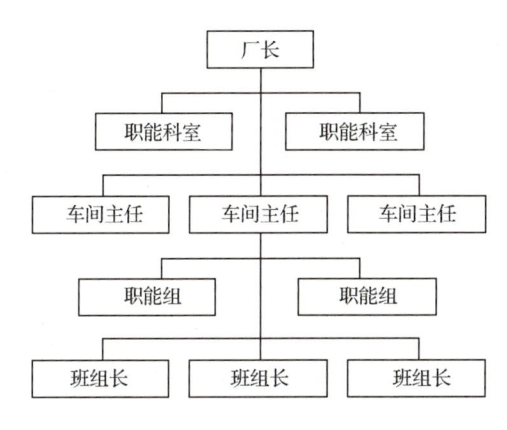

(1)职能制组织结构的特点

职能制组织结构也称 U 形结构,是一种将相关职能的专家们组合在一起的组织结构形式。在各级管理者下设置专门化的职能机构,协助其从事职能管理工作。职能机构在自己的职责范围内,有权向下属发布命令和指示。职能制组织结构主要适用于只有单一产品或产品数量较少,外部环境相对稳定的组织。职能制组织结构如图 7-11 所示。

图 7-11 职能制组织结构

(2)职能制组织结构的优缺点

职能制组织结构的优点为管理的专业化程度高,管理者只负责某一方面的工作,能够充分发挥专业人才的作用;减轻管理者的压力,组织中的参谋能够从不同角度为管理者提供决策依据,弥补了直线型组织结构的不足;降低了设备和职能人员的重复性,有利于降低管理成本。职能制组织结构的缺点为多头领导,每一级部门需要同时接受直线部门和职能部门的指挥,职责分配不清;部门之间缺乏协调,管理者协调、统筹的难度增加,影响组织整体目标的顺利实现。

3. 直线-职能制组织结构

(1)直线-职能制组织结构的特点

直线-职能制组织结构有机整合了直线型组织结构和职能制组织结构,充分发挥其优点,规避其不足。以直线型组织结构为基础,在各层级中设置相应的职能部门,即在直线型组织结构统一指挥的原则下,增加了参谋机构从事专业管理。直线管理者在自己的职责范围内对所属下级行使指挥权,并对自己部门的工作负全部责任,职能机构是直线管理者的参谋,只能进行业务指导,不能直接对部门发号施令。该组织结构适用于规模不大、产品种类不多、内外部环境比较稳定的中小型企业,是各类组织中最常用的一种组织结构形式。直线-职能制组织结构如图 7-12 所示。

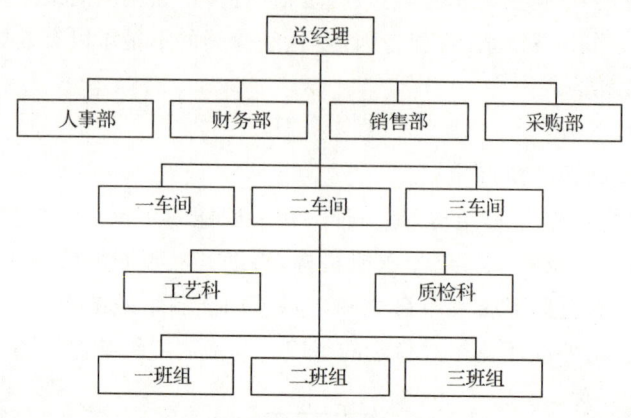

```
                    总经理
        ┌─────┬──────┴──┬──────┐
      人事部  财务部   销售部  采购部
            ┌──────┼──────┐
          一车间  二车间  三车间
              ┌────┴────┐
            工艺科    质检科
              ┌────┼────┐
           一班组 二班组 三班组
```

图 7-12　直线-职能制组织结构

(2) 直线-职能制组织结构的优缺点

直线-职能制组织结构的优点为统一指挥与专业化管理相结合,既发挥了专业化管理的优点,又弥补了直线管理者在知识和能力方面的不足;能够有效减轻管理者负担,该结构形式不再要求管理者成为直线型组织中的通才,同时规避了多头指挥的问题。直线-职能制组织结构的缺点为协调难度加大,直线部门与职能部门目标不一致,导致组织内部冲突增多;缺乏弹性,分工细,规则多,难以应对外部环境变化带来的挑战;降低决策效率,沟通渠道增加,信息传递速度变慢;不利于培养组织内部熟悉全面情况的管理人才。

4. 事业部组织结构

(1) 事业部组织结构的特点

事业部组织也被称为 M 型组织,最早是由通用汽车公司总裁斯隆于 1924 年提出的,故有"斯隆模型"之称。在这种组织结构中,一般按照产品或类别、市场用户、地域以及流程等不同业务单位分别成立若干个事业部,由事业部进行独立经营和分权管理。在这种结构中,每一个事业部都拥有有限的自主权,由事业部管理者对该事业部进行管理并对其绩效负责。每一个事业部都具备三个基本要素,即独立的市场、自负盈亏、独立经营。企业的最高管理层作为最高决策机构,主要职责是研究和制定公司的总目标、总方针、总计划以及各项政策,协调并控制不同的事业部,并且为这些事业部提供支持性服务,如财务和法律。各事业部在不违背总目标、总方针和公司政策的前提下,可自行处理其经营活动。该组织结构适用于产品多样化和从事多元经营的大型组织。事业部组织结构如图 7-13 所示。

当事业部数量较多时,为克服事业部组织结构存在的问题,使集权与分权更好地结合起来,可在组织最高管理层与各事业部之间增设一个管理层级,形成超事业部制。超事业部制(相当于分公司)的特点是,在统辖和协调所属若干事业部活动时,使管理体制在分权的基础上又适当再度集权,从而通过协调各个事业部间的活动,克服本位主义与分散主义,更有效地利用公司的资源,并进一步减少最高层管理者的日常事务工作。

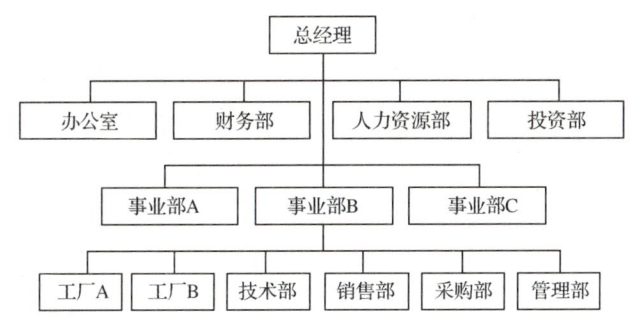

图 7-13　事业部组织结构

(2) 事业部组织结构的优缺点

事业部组织结构有利于管理者进行战略规划与决策；有利于把多元化经营同总部的集中统一领导有效结合起来；有利于培养管理通才，各事业部能够独立自主地开展工作，提高了中层管理者的积极性，能为组织培养高级管理人才；多个事业部的存在提高了组织对环境的适应能力与抵御风险的能力。事业部组织结构的缺点是管理者数量增加，机构重复设置导致管理成本上升；影响总体战略目标的实现，高度分权，各事业部只考虑自己的利益；对事业部一级的管理者的素质要求较高。

5. 矩阵组织结构

(1) 矩阵组织结构的特点

矩阵组织结构是一种综合利用各种标准，由纵横两套系统交叉形成的复合组织结构，是为了加强职能制组织之间的协调，引进项目管理的形式开发的一种组织结构。

矩阵组织结构的特点是既有按职能划分的垂直领导系统，又有按项目划分的横向领导关系。在该组织结构中，下属既要接受垂直部门的领导，又要在执行任务时接受项目负责人的指挥。项目完成后，小组解散，人员回原部门工作。矩阵组织结构具有很大的弹性和适应性，可以根据工作的需要，利用多种知识与技能，灵活快速地完成任务。此外，项目小组的建立使得组织集中了各种人才，便于知识和意见的交流，促进新的观点和设想的产生及各部门之间的协调沟通。矩阵式组织结构的特点决定了它主要适用于工作内容变动频繁、每项工作的完成需要众多技术和知识的组织，如科研、设计、规划项目等创新性较强的组织。矩阵组织结构如图 7-14 所示。

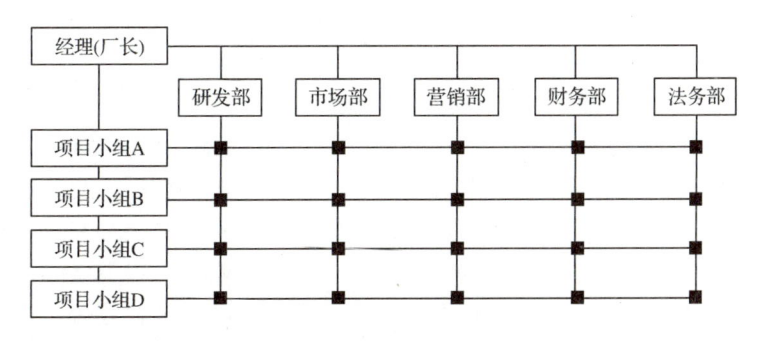

图 7-14　矩阵组织结构

(2)矩阵组织结构的优缺点

矩阵组织结构的优点为灵活性和适应性较强,由不同部门的员工以项目小组的形式组成,加强了各职能部门之间的协作配合,有利于开发新技术、新产品,激发组织成员创造性;目标明确、人员结构合理且沟通顺畅,各项目小组有着特定的攻关任务,且纵向与横向的联系形成了网络状的信息传递通道,组织内部的沟通更加顺畅。矩阵制组织结构的缺点是稳定性差,双重指挥链容易引起冲突,当项目任务完成后,成员回到原部门时的岗位安排容易出现问题;权责不对等,为保持组织的机动性,项目小组负责人同样属于临时抽调,任务完成之后回到原部门工作,其责任大于权力,在一定程度上会对项目小组负责人的工作积极性造成消极影响。

6.团队型组织结构

(1)团队型组织结构的特点

团队型组织结构是指为完成某项特定的任务,由执行各项任务的工作小组组成团队的组织结构形式。在组织中,员工可以以他们认为最合适的方式安排工作,具有较大的自主性,团队对该领域的所有工作和活动负全部责任,不存在从高层到基层的管理职权链。

团队型组织结构如图 7-15 所示。

图 7-15 团队型组织结构

(2)团队型组织结构的优缺点

团队型组织结构的优点是决策效率较高,决策不需要经过高层管理者的同意;权力下放,管理成本降低,员工的工作内容变得丰富;适应性强,打破了部门间的障碍,可以使组织迅速适应客户需求与环境变化。团队型组织结构的缺点是过度分散造成团队成员难以认识到组织的整体目标,可能会做出对团队有利但对组织整体不利的决策。

7.控股型组织结构

控股型组织结构又称 H 型组织结构,是指在非相关领域开展多元化经营的组织结构形式。在组织的发展过程中,由于经营业务非相关或弱相关,大型公司并不直接管理控制这些业务经营单位,而以持股控制。大型公司便成为一个持股公司,受其持股的单位不但对具体业务有自主经营权,而且还保留独立的法人地位。在控股型组织结构下,总公司对子公司具有有限的责任,风险得到控制;能够大大增加企业之间联合,提高参与竞争的实力。其缺点是不相关业务的分散造成结构的复杂性,难以整合多元化的经营业务。控股型组织结构如图 7-16 所示。

8.网络型组织结构

网络型组织结构是指以契约关系的建立和维持为基础,依靠外部结构进行制造、销售或其他重要业务经营活动的组织形式。该结构形式通过组织工作活动和外部供应商网络,为他人提供所需的产品部件和工作流程。网络型组织结构适用于小型组织,也是大型组织在联结集团松散单位时经常采用的组织结构。企业可以集中精力在自己做得最好的业务上,将其他业务活动外包给做得最好的其他公司。但由于网络型组织的大部分活动都是外包、外协的,加剧了企业资源规划的难度,同时企业管理风险增加。网络型组织结构如图 7-17 所示。

图 7-16　控股型组织结构　　　　图 7-17　网络型组织结构

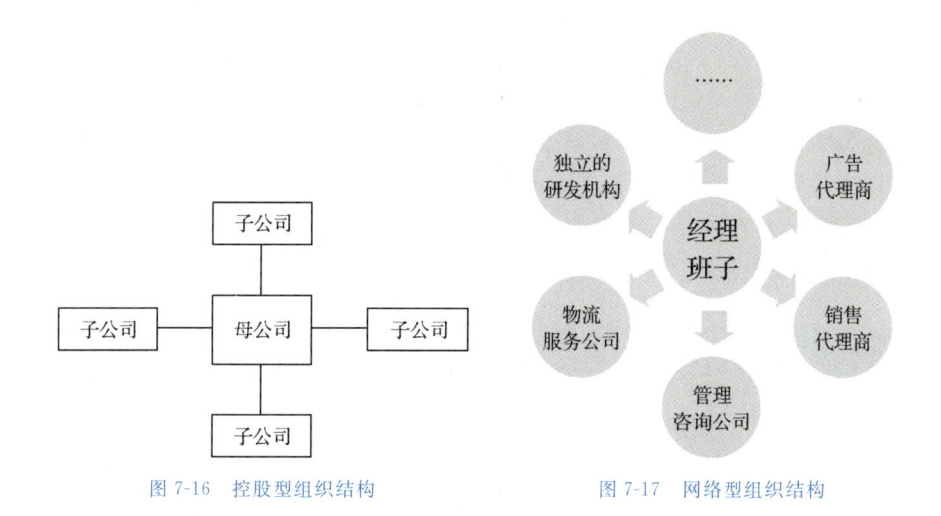

拓展阅读 7-1

农民专业合作社组织结构

我国农民专业合作社组织机构如图 7-18 所示。

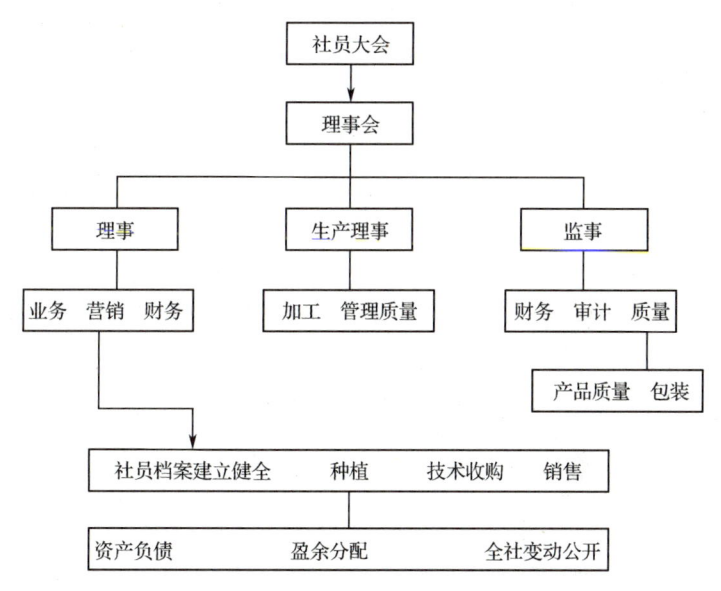

图 7-18　我国农民专业合作社组织结构

社员大会是农民专业合作社的最高权力机构。社员大会由全社社员组成,社员代表由社员选举产生,代表人数不少于社员人数的六分之一。社员代表任期 5 年,可连选连任。

理事会(执行理事)是农民专业合作社的执行机构,负责日常工作,对社员大会负责。

理事会由 3 名理事（单数）组成，理事由社员大会选举产生，任期 5 年，可连选连任。理事会选举产生理事长 1 人，副理事长 1 人。理事长（执行理事）为农民专业合作社的法定代表人。

理事会（执行理事）负责经营本社业务，保障本社的财产安全。如有渎职失职、营私舞弊等造成损失的，追究当事人的经济责任；构成犯罪的，由司法机关依法追究刑事责任。理事会（执行理事）应严格执行各项报告制度，按期向社员大会报告本社生产、经营、服务和内部管理、财务等情况。

拓展阅读 7-2

为什么要发挥群团组织和社会组织在社会治理中的作用？

社会治理根植于社会，在新时代、新发展阶段，要构建起党的十九届四中全会提出的"人人有责、人人尽责、人人享有的社会治理共同体"，离不开群团组织和社会组织以及市场主体、新社会阶层、社会工作者和志愿者等的积极参与。我国的群团组织和社会组织是推动社会建设的重要力量，是群众参与社会治理的重要载体，具有政府和营利性组织所没有的非行政性、非营利性和志愿性、公益性等独特属性，在了解和反映民生需求、调解公共冲突等方面充当重要角色，起着规范社会行为、协调社会关系、扩大社会参与、提供公益服务、化解社会矛盾、进行民主协商、推进交流合作、形成社会共识等重要作用。充分发挥群团组织和社会组织在社会治理中的作用，一是有利于弥补国家政权组织治理资源不足，激发社会活力；二是有利于发扬基层民主，转变社会治理方式，丰富社会治理手段；三是有利于及时有效回应社会关切，满足群众需求；四是有利于促进社会源头治理，实现社会治理专业化。

随着我国社会治理重要性的提升和参与社会治理制度环境的优化，群团组织和社会组织参与社会治理的作用越来越受到重视，一批公益类和社会服务类社会组织涌现。从交通管制到小区管控，从环境卫生到社区服务，大量群团组织和社会组织作为政府和市场的重要补充，及时请战参战、广泛募集资源、提供精细服务，不仅解决了许多迫在眉睫的实际问题，也在建言献策、科学宣传、心理咨询等方面发挥了不可替代的作用。

7.2.4　组织结构的演变趋势

知识经济和网络经济给现代组织管理提供了新的机遇，也带来了新的挑战。20 世纪 80 年代之后，组织结构悄然发生变化，现有的组织结构形式已经不能满足企业发展的需要。组织结构只有逐渐适应复杂的环境变化，并不断进行动态调整，才能实现组织高效率运转。在全球化背景下，组织结构有以下几种发展趋势。

1. 扁平化

组织结构存在两种典型的类型，即高耸型组织和扁平型组织。在全球化、市场化与信息化的背景下，市场竞争激烈，为了提高信息传递的有效性与及时性，企业对传统的模式进行大胆的扁平化改革。扁平化组织结构能够减少组织层级,加快信息传递速度,减少信息传递过程中的偏差,便于高层管理者了解各层级的运行情况。由于管理者数量的削减,管理成本下降,管理幅度加大,强调员工的自我管理,有利于调动员工的积极性,提高决策的民主化程度。通过20世纪90年代的"企业再造"运动,扁平化组织结构已成为主流趋势,高耸的金字塔组织趋向于扁平化。

2. 柔性化

柔性是指制造过程的可变性和可调整性及生产系统对环境变化的适应能力。随着环境不确定性的增加,组织需要增强柔性以应对环境变化。柔性化是通过设置协调岗位、临时委员会或工作团队的形式加强组织内部的横向联系,增强组织机动性的一种趋势。

柔性化趋势通常表现为临时团队、工作团队和项目小组等形式,这些团队直接面向顾客或对公司总体目标负责,打破原有的部门界限。增强组织结构的柔性通常有两种方式:一是充分发挥非正式组织的作用;二是加强横向沟通。

柔性化趋势是在组织面临的经营环境日益复杂的背景下产生的。现代组织强调随时响应客户需求,强调创新与灵活性,采用更加柔性化的组织结构、更加灵活的管理方式,有利于企业更好地适应环境变化,建立竞争优势。

3. 组织边界模糊化

随着市场的发展,越来越多的组织意识到,庞大的规模和臃肿的机构设置不利于组织竞争力的提高。在这种情况下,许多大型组织在大量裁员、精简机构和缩小经营范围的基础上,对组织结构进行重新构造,突破纵向一体化和横向一体化,采用由小型、自主和创新的经营单元构成的组织结构,从而使组织的边界被重新界定。

组织边界模糊化是指组织边界不由某种预先设定的结构所限定或定义,力求打破和取消组织边界,以保持组织的灵活性和有效运营。通过运用跨层级团队和参与式决策等结构性手段,可以取消组织内部的纵向边界,组织结构趋向扁平化;通过跨职能团队和工作流程而非职能部门组织相关工作活动等方式,取消组织内部的横向边界;通过与供应商建立战略联盟以及体现价值链管理思想的顾客联系手段等方式,削弱或取消组织的外部边界。无组织边界并不是一种真正意义上的组织结构,其实质是一种组织设计理念。事实上,任何组织都不可能完全取消组织内部的纵向指挥链和横向职能部门,也不可能完全消除组织与外部的边界,"无边界"只是为组织结构设计提供了一种思路,其操作要点是尽量淡化和模糊组织边界,而非绝对地消除组织边界。

4. 虚拟化

数字化时代的到来,不仅影响着人们的沟通和工作方式,而且给组织的生产经营活动带来了深刻影响。组织结构逐渐虚拟化,电子商务领域的组织就是组织虚拟化的最好范例。

(1)电子商务组织的虚拟化

电子商务组织通过信息和资源整合创造巨大的价值,通过培育众多的创业者形成一个以网络为载体的创业生态系统。

(2)动态网络虚拟组织

动态网络虚拟组织结构是一种以项目为中心,通过与其他组织建立研发、生产制造、营销、售后服务等业务合同网,有效发挥核心业务专长的核心型组织形式。它以市场的组合方式替代传统的纵向科层组织,实现组织内在核心优势与市场外部资源优势的动态有机结合,具备了敏捷性和快速应变能力。

(3)市场链

市场链的核心思想是将市场经济中的利益调节机制引入组织内部,在集团宏观调控下,把组织内部的上下流程、上下工序和岗位之间的业务关系由原来的单纯行政关系转变成平等的买卖关系、服务关系和契约关系,通过这些关系把订单转变成一系列内部的市场订单,形成以订单为中心、上下工序和岗位间相互咬合、自行调节运行的市场链。

7.3 组织权力的分配

7.3.1 权力及其类型

1. 权力的定义

在一个组织中,通过授予正式组织中组织成员一定的权力,使该权力与该组织成员在这一组织中的岗位职责相对应,是组织结构设计的重要内容。"权力"通常被描述为组织中人与人之间的一种关系,是指处在某个管理岗位上的人对整个组织或所辖单位与人员的一种影响力,或称管理者影响别人的能力。在已经明确了各部门和各岗位相应的分工和协作关系后,如果没有相应的权力保障和责任制约,那么分工和协作关系就无法在实际运行中得以落实。例如,在一个组织的分工协作体系中,我们明确了财务部负责组织预算的编制,明确了各业务部门应根据财务部的要求提供相应的业务数据以配合财务部的预算编制工作,但如果不赋予财务部考核各业务部门配合预算情况的权力,则各业务部门可能会以各种理由拖延配合工作或拒不提供配合。在这种情况下,财务部就可能会以业务部门不配合来推卸其没有按期按要求完成组织预算编制的责任,即使组织强行要求其承担相应的责任,财务部也无力尽责。因此,在一个组织中,建立相应的权力和责任体系是分工协作关系得以落实的保证。

2. 权力类型

权力主要包括两种类型:职位权力和个人权力。

(1)职位权力

职位权力是由上级和组织赋予的,由法律、制度明文规定的正式权力,这种权力随职务的变动而变动,在职就有权,不在职就无权。职位权力主要包括法定权、强制权和奖赏权。

法定权代表管理者在组织中身处某一职位所获得的权力,是其他各种权力运用的基础。法定权具有层次性,权力的大小是由职位高低决定的;法定权具有固定性,权力是由法律和有关政策规章相对固定下来的;法定权具有自主性,在权力确定后,管理者可以在职权范围内相对独立地使用权力;法定权具有单向性,由于极强的线性约束力,管理者只能指派职权范围内的下属。

强制权是指采取扣发工资奖金、批评、降职乃至解雇等惩罚性措施的权力,这种权力使下属基于恐惧而顺从,使下属感到管理者有能力惩罚他。为了维持这种权力,管理者必须时常监督下属是否按照他的指示去做,如果下属不遵循行为规范,管理为了维持其权威一定要加以惩罚。

奖赏权是指通过采取奖励的方法来引导员工做出组织所需要的行为,以奖金、提薪、升职和其他令人愉悦的方式增强管理者对下属的吸引力,使其满意并提高工作效率。

(2) 个人权力

个人权力来自管理者个人,这种权力不是由其在组织中的位置决定的,而是因为管理者自身所具有的某些特殊条件。该权力主要包括专长权与感召权。

专长权是指管理者因具备某种专门知识或技能而产生的影响能力。在组织中,专长权的实现来自下属对管理者的尊敬和信任,下属感到管理者具有某种专门的知识、技能和专长,能为他指明目标,排除障碍,达到组织目标和个人目标。

感召权是指因个人的品质、社会背景等因素而赢得别人尊重、使人服从的能力。拥有独特的个人特质、超凡魅力和思想品德的管理者,会引起下属的认同、敬仰与崇拜,以至达到想要模仿他的行为和态度的地步。

7.3.2 职权与授权

1. 职权

(1) 职权的类型

职权的实质是决策的权力,即决定干什么的权力、决定如何干的权力以及决定何时干的权力。典型的职权类型主要包括直线职权、参谋职权与职能职权。

直线职权是一种完整的职权,表现为上下级之间的命令权力关系。直线职权是管理者所拥有的特殊权力,它与等级链相联系,拥有直线职权的人有权做出决策与发布命令,在组织等级链上的管理者一般都拥有直线职权。

参谋职权是一种有限度的、不完整的职权,是组织成员所拥有地向其他组织成员提供咨询或建议的权力。随着组织规模的日益扩大与日趋复杂,管理者可能越来越难以有足够的时间、精力与知识来有效地完成其职责,因此他们还会设立专门的参谋人员来协助自己,以减轻自己的负担。

职能职权是参谋人员或参谋部门所拥有的有限地对下级行使的指指令权,这些权力原属于直线管理者,但为了提高工作效率,把一部分属于自己的直线职权授予参谋人员。

(2) 直线职权、参谋职权与职能职权的关系

直线职权与参谋职权之间是"参谋建议、直线指挥"的关系。拥有直线职权的管理者在进行重大决策之前要先征询组织成员或参谋人员的意见。参谋人员为直线管理者提供信息、出谋划策,客观独立地提出建议,充分发挥参谋作用。因此,管理者在行使重大问题的决策权时要充分发挥参谋人员的智囊作用或尽可能广泛地征询组织成员的意见。参谋职权是辅助性的,行使参谋职权的人员可以向拥有直线职权的管理者提出自己的意见和

建议,但不能直接做出决策行使指挥权,指挥的权力应由拥有直线职权的管理者来行使。拥有直线职权的管理者决定方案的取舍并发布指令,承担最后的责任。

直线职权和职能职权之间是"直线有大权、职能有特权"的关系。在一个组织中,拥有直线职权的管理者拥有除了其赋予职能部门的职能权力以外的大部分直线职权;职能部门的管理者除了拥有对本部门下属的直线职权外,还拥有上层管理者赋予其的特定权力,可在其职能范围之内对其他部门及其下属部门发号施令。职能职权的出现更有效地实施了管理,但其存在多头领导的弊端,因此要正确衡量两种权力之间的关系。

在管理工作中,要正确处理力三种权力的关系,确保直线职权的有效运用,注意发挥参谋职权的作用并适当限制职能职权。

2. 授权

(1)授权的定义

在指挥链中,每一名管理者既要服从其上级的职权或指挥,又要对其管辖领域内的下属或管理人员负责。再优秀的管理者也不可能完成所有工作,需要整合部门力量来实现目标,因此,授权是分权体系中不可缺少的一部分。授权是指上级赋予下属一定的权力和责任,使下属在一定的监督之下,拥有相当的自主权。授权者对被授权者有指挥权、监督权,被授权者对授权者负有汇报情况及完成任务之责。

授权的对象是具体人员,授权内容局限在上级管理者的部门职权中,可以是长期性的,也可以是临时性的。具体而言,授权有以下含义:

①安排工作任务。管理者将工作任务分派给下属,意味着下属可以根据工作目标和要求,在执行任务的过程中发挥主观能动性。

②转移权力。上级管理者将部门职权一次性或临时性地授予参谋或下属,被授权者就拥有了相应范围内的权限。

③明确责任。权力与责任是一对孪生兄弟,权力的转移也就意味着管理者将相关工作的执行责任移交给被授权者,自身则承担授权和监管的责任。因此,授权的同时是一个明确责任的过程。

(2)影响授权的因素

授权是管理活动的重要组成部分,其有效与否不仅关系到组织目标能否实现,也影响组织成员的积极性。影响授权有效性的因素主要包括以下方面:

①授权者的主观态度。授权者是授权过程的起点,其主观态度对能否进行有效授权具有决定性影响。这种主观态度包括权力观、授权意愿、责任心等。

②潜在奖励。潜在奖励,包括物质层面的奖励和精神层面的奖励。被授权者在享有权力、承担责任的同时,需要物质上和精神上的褒奖。有时上级管理者的口头表扬就能够起到激励的作用,但现实中往往被忽视。

③授权内容。要想发挥组织成员的积极性、主动性和创造性,组织就需要进行充分授权,但授权内容应当适中。如果授权内容过多,可能影响上级管理者的权威;授权内容过少,不仅不利于下属积极性的发挥,而且不能减轻管理者的负担。

④被授权者的自身条件。被授权者需要具备一定的条件,如拥有与授权内容相关的知识、能力、经验和责任心等,这样才能高效率地完成任务。因此,被授权者的自身条件会

影响授权的范围与效果。

⑤信息的共享程度。得到授权后,被授权者要在职权允许的范围内做出决策,就需要相关信息的支撑。如果上级管理者仅将部分职权授予下属,而不提供充分的信息,下属可能无所适从。因此,信息的共享程度会对授权的有效性产生重要影响。

(3) 授权的原则

①目的性原则。作为管理活动的一部分,授权应该有明确的目的。授权可以是口头的也可以是书面的,但不管采用何种形式,授权者都必须向被授权者明确所授事项的任务目标及权责范围。没有明确目的的授权,会使被授权者在工作中摸不着边际,无所适从。

②责权利一致原则。权责一致的原则要求管理者充分授权并鼓励下属承担相应的责任,这样不仅能够提高授权的有效性,也有利于人才的培养。与此同时,上级管理者要根据任务完成情况和工作效果对下属的工作给予相应的鼓励。为了保证被授权者能够完成所分派的任务,并承担起相应的责任,授权者必须授予其充分的权力并许以相应的利益。只有职责而没有职权,就会使被授权者无法顺利开展工作并承担起应有的责任;只有职权而无职责,就会造成滥用权力、瞎指挥和官僚主义。因此,授权必须是有职有权、有权有责且有责有利。不仅如此,授权还要做到职、权、责、利相当。

③信任原则。权力的授予要以双方信任为基础,这就要求上级管理者充分信任下属。虽然授权之后沟通和反馈必不可少,但上级管理者在授权之后要尽量减少干预,保持指挥的统一性。当然,信任并不等同于放任,如果出现失控的危险,上级管理者可以及时收回授权。

④正确选择被授权者的原则。由于授权者对分派的职责负有最终的责任,因此慎重选择被授权者是十分重要的。根据所要分派的任务,选择具备完成任务所需条件的被授权者,避免出现不胜任或不愿受权等情况。应根据所选被授权者的实际能力和品德,授予其相应的权力和对等的责任:对既能干又肯干的,要充分授权;对适合干但能力有所欠缺或能力强但有可能滥用权力的,要适当保留决策权。为了正确选择被授权者,在授权前,除对被授权者进行严格考察外,还可以"助理""代理"等名义先行试用,试用合格的再正式授权。

⑤保持命令的统一性原则。一个下级只接受一个上级的授权,并仅对一个上级负责,这就是保持命令的统一性原则。保持命令的统一性原则,要求全局性的问题集中统一,由高层管理者直接决策,不授权于下级;各部门之间分工明确,不交叉授权;每一名主管都有其一定的管辖范围,不可将不属于自己权力范围之内的权力授予下级,避免交叉指挥,打乱正常的上下级关系和管理秩序,造成管理混乱和效率降低;不越级授权。

⑥加强培训和监督控制原则。在授权的同时,管理者需要对被授权者进行必要的培训,教会他们如何行使这些权力,所有的授权都需要附带有效的监督机制。授权者要建立反馈渠道,及时检查被授权者的工作进展情况以及权力的使用情况。对于确实不适合此项工作的,要及时收回权力,更换被授权者;对滥用权力的,要及时予以制止;对需要帮助的,要及时予以指点,从而保证既定目标的实现。另外,要注意不去干预被授权者的日常行动,否则就会使授权失去意义;监督不是为了保证不出任何差错,因为人人都会犯错误,只有允许下属犯错误,才能使下属愿意接受授权,并在实践中培养出合格的管理人才。

(4) 授权的基本过程

①分配任务。权力的分配和委任来自实现组织目标的客观需要。因此,授权首先要明确被授权人所应承担的任务或职责。不管是单一的任务还是某一固定的职务,授权时所分派的任务都是由组织目标分解出来的工作或一系列工作的集合。一旦需要授权的任务明确了,管理者也就相对比较容易找到和确定合适的被授权者。

②授予权力。在明确了任务和被授权者之后,就要授予其相应的权力,即给予被授权者相应的开展活动或指挥他人行动的权力,如有权调阅所需的情报资料,有权调配有关人员等。给予一定的权力是使被授权者得以完成所分派任务的基本保证。

③明确责任。当被授权人接受了任务并拥有了相应的权力后,就有义务去完成分派的任务并正确运用权力。被授权者的责任主要表现为向授权者承诺保证完成所分派的任务,保证不滥用权力,并根据任务完成情况和权力使用情况接受授权者的奖励或惩处。需要注意的是,被授权者负有的只是工作责任,而不是最终责任。被授权者只是协助授权者来完成任务,对于组织来说,授权者对于被授权者的行为负有最终的责任,即授权者对组织的责任是绝对的,在失误面前,授权者应首先承担责任。

④确立监控权。正因为授权者对组织负有最终的责任,因此,授权不等于弃权,授权者授予被授权者的只是代理权,而不是所有权。为此,在授权过程中,要明确授权者与被授权者之间的权力关系。一般地,授权者对被授权者拥有监控权,即授权者有权对被授权者的工作进行情况和权力使用情况进行监督检查,并根据检查结果,调整所授权力或收回权力。

(5) 授权的艺术

授权过程涉及授予和接受两方面,在实际授权过程中,管理者不愿意授权而下属也不愿意接受授权的原因见表 7-8。

表 7-8　　　　　　　　管理者与下属不愿意授权和接受授权的原因

管理者不愿意授权的原因	下属不愿意接受授权的原因
管理者自身计划组织能力差 对他人不信任 职业偏好的影响 管理者的权力偏好	担心因干不好而受到上级的训斥或惩罚 害怕承担更多责任 多做工作不会带来更多报酬

为避免或减少这种现象的发生,可以参考以下建议:

①建立一定的制度强迫管理者授权。为了防止管理者由于各种个人的原因而不愿授权,组织可采取一些政策,迫使其授权。例如,加大管理者的管理幅度,同时对他们的工作提出一个较高的标准,这时,管理者为了确保任务的完成,除了授权,别无他法;规定管理者只有当他们有了能够接替他们的下属时才可得以提升,使管理者注重培养下属。

②对承担更多责任者予以额外的奖励。当管理者对接受更多责任的下属予以额外奖励时,下属将会愿意接受更多的授权。奖励可以是金钱、晋升,也可以是口头的表扬、提供优越的工作条件等。

③建立良好的组织文化。高层管理者要致力于建立相互信任和鼓励承担风险的组织文化。在这种组织文化中,管理者将会允许下属在改正错误的过程中不断提高,下属也会乐意承担更多的责任。

④进行充分的交流。当管理者分派任务时,应确保下属理解所授权力的大小、希望达成的预期结果和所要承担的责任。在授权后,管理者要加强对工作进展的掌握,当下属有困难时,管理者要及时予以指导和帮助。

⑤提高管理者的素质。要使管理者认识到授权的重要性,懂得有关正确授权的知识;同时要使管理者形成相信下属、愿意放手和允许别人犯错误的心态。

7.3.3 集权与分权

1. 集权与分权的相对性

集权和分权是一个相对的概念。作为一个组织,为充分发挥集体的力量,有效地实现共同目标,必然要在内部进行分工,这就要求在组织内部进行分权,由组织经营决策层把部分决策权授予下级组织和部门的管理者,由他们行使这些权力,自主地解决某些问题,从而完成分配给他们的工作。因此,分权对于任何组织来说都是必要的。没有分权,就没有了上下级组织结构,什么事都要由高层管理者来决定和直接指挥,无法发挥组织分工协作的优越性。

分权的对立面是集权。集权是指组织将决策权集中于最高层管理者或某一上级部门,下级部门只能依据上级的决定和指示执行决策。任何组织为了保证共同目标的实现,必然要求保持组织行动的统一性,因此,一定程度上的集权对于任何组织来说也是必要的。一个组织如果一味分权,把所有的决策权都授予下级部门,一切问题都由下级部门自行决定,那么,可以代表组织整体并用以支配组织整体活动的权力将不复存在,这样势必会造成组织的解体。由此可见,集权和分权对于一个组织来说都是必要的,没有绝对的集权,也没有绝对的分权。集权与分权是相对的,具体要看组织目标实现的要求,当需要在组织内部进行分工的时候,需要进行分权,当需要保持组织行动一致性的时候,就需要进行集权。在组织设计过程中,要考虑的不是分权好还是集权好的问题,而是如何合理地确定集权与分权的程度,以及哪些应集权、哪些该分权之类的问题。

2. 集权与分权的平衡

如何在集权和分权之间权衡得失,取得良好的平衡,是处理好集权与分权关系的核心。

(1)确立两级职责

组织经营的方针、政策,由组织集中决策和控制,方针、政策的执行和运用则分散到各个部门。组织的各个经营部门,是组织的基层执行部门,也是利润中心,具有较强的独立性;整个组织的生产经营活动,实际上是靠各经营部门在分散的情况下分工协作完成的。

(2)加强协调支援

各经营部门分散的经营活动,是在组织的最高层管理者、部门主管及各职能部门的协调控制和支援帮助下进行的。正是有了这些协调和相互支援,分散的各个经营部门才能按组织的总目标,积极地去完成任务。

(3)维护整体控制

始终把维护整个组织的成功与发展所必需的重大政策和方针的决策权保持在组织的最高层管理者手中。经营和协调均要在组织管理者所制定的方针、政策的指导下统一进行,任何偏离大方向的行为,都将被及时地纠正。

随着经济的全球一体化、信息技术的不断发展、市场竞争的加剧,组织的结构形式越来越复杂,管理集中化和职权分散化面临着越来越多的难题,需要我们不断进行新的探索。

7.4 组织人员的安排

7.4.1 人力资源规划

科学的人力资源规划与合理配置使组织能够对未来的人力资源供求关系做出预测,充分利用现有的人力资源,对未来的人力资源进行规划。

1. 人力资源规划过程

(1)对现有的人力资源配备和胜任情况进行评价

在进行人力资源规划之前,首先需要对现有的人力资源状况进行考察,通过内部人员盘点的方式对现有的人力资源进行评价。在信息化、全球化的时代,大多数组织都建有人力资源信息系统,因此对人力资源的调查更加便捷。通过收集人员统计信息、工作岗位信息与组织发展信息,评价现有人力资源状况。

人员统计信息反映现有的人力资源状况,主要由员工个人情况和组织人员整体结构情况两部分组成。员工个人情况包括员工性别等自然状况以及受教育程度、技能水平、工作经历、受训情况、工作岗位和收入情况等,可通过员工自行填表登记或由人力资源管理部门查阅人事档案信息材料汇总而成。组织人员整体结构情况是在员工个人情况信息的基础上通过综合性统计分析形成的,包括反映组织现有人力资源结构形态的年龄结构、文化程度结构、专业技能结构、岗位等级结构等。

工作岗位信息调查主要包括了解组织内岗位设置情况和在岗人员情况、岗位职责规范化程度、各岗位对于人员素质的要求、在岗人员的称职程度等。人力资源规划就是在组织发展中把一定数量和质量的人力资源配置到特定工作岗位的筹划活动,因此进行人力资源规划必须了解组织内部工作岗位信息。

组织发展信息调查主要包括两方面:一是组织以往的历史发展数据,如企业历年的人均营业收入、员工数量变化情况、员工晋升和受训情况等;二是组织未来的发展目标和发展战略。在人力资源规划过程中,这两方面信息对进行人力资源需求预测具有重要参考价值。

(2) 对未来的人力资源需求进行评估

对未来的人力资源需求进行评估是指根据组织发展目标和战略,对未来一段时间内各类岗位人员需求情况所做的预测。评估未来的人力资源需求,首先应全面而综合地分析决定或影响未来人力资源需求变化的各个因素。一般地,影响未来人力资源需求的因素有组织的发展目标、员工的变动等因素。

任何组织都会制定新的发展目标和规划,如增加组织产品或服务数量和种类、提高劳动生产率、进入新的领域等,这些发展目标的确立,意味着未来人力资源需求将发生相应的变化。员工队伍总是处于不断变动之中的,除了内部晋升、调动之外,还会出现由于退休、辞职、解雇而产生的员工数量减少。当员工数量减少到一定程度时,即使不考虑组织的发展,单纯为维持组织运作现状也需要补充新员工。

除上述两方面因素外,其他如劳动力成本、部门增减、管理现代化程度和生产自动化程度的提高等,也会不同程度地影响人力资源需求的变化。

在进行人力资源需求预测时,应综合考虑组织与员工的变动情况及其对岗位设置、人员数量和质量需求的影响。人力资源需求预测的方法大体上有两种:一种是从整体到局部的方法,即先预测整个组织的人力资源需求,然后再分别确定各类及各部门的人力资源需求;另一种是从局部到整体的方法,即先分别预测各类及各部门的人力资源需求,在此基础上预测整个组织的人力资源需求。

(3) 制订相应的人力资源规划

在对现有人力资源状况和未来人力资源需求做出相应评估后,就可以测算出人力资源现实和理想、现在和未来在数量和结构上的差异,并指出组织中已经或将会出现超员配置的领域以及可能的短缺及其程度。将这些与对未来人力资源的可得性推测结合起来,就可以着手制订人力资源规划。

人力资源规划通常由组织中的人力资源管理部门或计划管理部门负责组织制订,但因人力资源规划涉及业务活动和财务问题,因此应有业务部门和相关部门人员参与制订。人力资源规划的期限一般与组织发展规划期限相同。

2. 人力资源规划的内容

(1) 人力资源补充计划

在组织的发展过程中,退休、辞职、解雇等常规人事变动,会导致某些岗位出现空缺,同时随着组织规模的扩大和事业的发展,往往会增设新岗位或需要增加员工数量。人力资源补充计划就是以人力资源供求预测为基础,对未来一段时期内所需要补充的人力资源的类别、数量及补充渠道等做出预先安排的计划。

(2) 人力资源调配计划

一方面,随着组织的发展和战略的调整,组织的发展重心会发生变化,相应的岗位设置情况也会发生变化,可能需要对在岗员工进行重新调配;另一方面,由于在岗员工实际不一定能够胜任岗位,或为了弥补因员工退休、辞职等留下的空缺,也需要对现有在岗员工进行内部调配。

组织内部人力资源流动一般有两种方式:一种是垂直流动,即在不同职务层级之间的流动,通常表现为晋升或降级;另一种是水平流动,即在同一层级的不同岗位之间流动,通常称之为轮岗或换岗。人力资源调配计划就是为了适应组织变化和发展的需要，根据对现有员工素质的评价，通过调整和调动的方式，对现有人力资源配置进行合理调整的计划。

(3) 人力资源开发计划

人力资源是一种可再生资源，通过对人力资源的开发，员工可获得新的技能或更高的技能。人力资源开发的主要途径是培训，组织通过有计划、有步骤地对现有的人员进行分门别类的培训，培养出组织发展所需要的合格人才和新人才。人力资源开发计划就是根据组织发展的需要，就培训目的、培训对象、培训目标、培训内容、培训方式和培训时间等进行事先设计，以期通过培训获得组织发展所需要的各类人才的计划。

(4) 员工职业发展规划

员工职业发展规划是指组织对员工的职业生涯所做的计划安排。为了留住组织发展所需要的各类人才，组织应该表明随着组织的发展和员工的成长，各类员工可在组织中获得怎样的职业发展空间。为此，组织需要根据组织发展战略和目标明确各类岗位员工的职业发展规划。

各人力资源规划子计划之间是相互关联的。例如，组织所需要的人力资源除从外部招聘外，还可通过内部调配的方式来填补空缺，尤其是上层岗位的空缺，往往是由下层人员晋升填补；而员工在晋升或换岗前，组织往往需要根据新岗位的要求对员工进行相应的岗前培训。对怎样的人进行怎样的事先培训，以及在有岗位空缺时，调配什么岗位上的人，往往要根据员工职业发展规划来确定。因此，在人力资源规划过程中，各子计划之间应相互协调，以形成一个相互支持和补充的有机整体。

3. 人力资源的管理问题

随着组织结构的建立，管理者需要寻找合适的人选来填补空缺的岗位，或者在商业环境的要求下解雇员工，这就是人力资源管理要发挥的作用。这是一项重要的工作任务，涉及安排正确数量的正确人选在正确的时间处于正确的位置上。

但是人力资源也存在一些管理问题，对于管理者来说，人力资源管理的一项重大挑战是确保自身所在的组织拥有一支高质量的员工队伍。获得和留住有能力、有才华的员工对每一个组织的成功都起着至关重要的作用，无论这个组织是刚刚起步的还是成立多年已经拥有一定基础的。如果组织没有认真履行人力资源管理职责，就可能会对绩效产生不良影响。因此，管理者做好组织管理的工作之一就是做好人力资源管理。

7.4.2　人员配备

人员配备是指组织通过对工作要求和人员素质的分析，为每一个岗位配备合适的人员以完成实现组织目标所需开展的各项工作的过程。为做好人员配备工作，必须首先明确人员配备的基本要求、任务、过程和基本原则。

1. 人员配备的基本要求

人员配备的目的是谋求人与事的最佳组合，因此，人员配备既要满足组织的需要，又要考虑组织成员的需要。

(1) 人员配备应能满足组织的需要

①人员配备使组织系统得以运转。要使组织系统有效运转,必须使组织中的每一个岗位都配备符合相应岗位素质要求的人,从而使为实现组织目标所必须开展的各项工作都有相应的适合的人去完成。这是人员配备的基本任务。

②人员配备为留住人才创造条件。人们总是力图获得最能发挥自己才能并能给自己带来最大利益的工作,常用的方式就是流动和尝试不同的工作。流动对于组织成员个人而言也许是重要的,但对于一个组织而言,人员的不稳定,特别是优秀人才的外流,往往会导致组织出现知识真空,从而影响组织的正常运转和持续发展。因此,在人员配备过程中,要注意通过轮岗、转岗或岗位的重新设计,为员工才能的充分发挥和实现个人的发展目标创造良好的条件,从而维持员工对组织的忠诚。

③人员配备要适应组织发展需要。组织是一个动态的系统,每一个组织都处于一个不断变化发展着的社会经济环境之中,组织的目标、战略需要根据环境的变化和组织的发展做出适当的调整,因此由目标和战略决定的组织结构不仅会发生质的改变,而且在部门和岗位的设置数量上也会出现相应的增减。因此,在根据当前组织结构和岗位设置配备相应人员时,也要考虑组织结构和岗位设置将来可能发生的变化,通过建立客观的考核体系和制度化的培养体系,以适应组织未来发展的需要。

(2) 人员配备应考虑组织成员的需要

要做到人与事的最佳组合,以便充分发挥员工的才能,并使其自觉、积极地履行好岗位职责,为实现组织目标而努力工作。为此,在人员配备过程中,要考虑组织成员个人的才能特点、兴趣爱好和需要,使每个人的知识和才能得到公正评价和运用。工作要求是否与自身能力相符,工作目标是否具有挑战性,工作内容是否符合兴趣爱好,是否"大材小用"使员工"怀才不遇",是否"小材大用"使员工"不堪重负",这些都会在很大程度上影响员工在工作中的积极性、主动性,进而影响工作绩效。

要使每个人的知识和能力得以不断发展和提高。知识与技能的提高,不仅可以满足人们较高层次的心理需要,而且是组织成员得以不断晋升发展的基础。因此,在人员配备过程中,应使每个组织成员能看到这种机会和希望,从而稳定人心、提高工作绩效以满足组织发展的需要。

2. 人员配备的任务

(1) 为组织物色合适的人选

组织中的部门是在任务分工的基础上设置的,因而不同的部门和岗位有不同的任务和不同的工作性质,要求具有不同的知识结构和水平、不同的能力结构和水平的人与之相匹配。人员配备的首要任务就是根据岗位工作需要,经过严格的考察和科学的论证,找出或培训出组织所需的各类人才。

(2) 充分开发和挖掘组织内部人力资源

现代市场经济条件下,组织之间的竞争取决于人力资源的开发程度。在管理过程中,通过适当地选拔、配备和使用、培训人员,充分挖掘每个成员的内在潜力,实现人员与工作任务的协调匹配,做到人尽其才、才尽其用,从而使人力资源得到高度开发。

(3)促进人的全面和自由发展

人员配备既要做到就职人员与岗位的高度匹配,以适应组织发展的要求,又要注意对人员的培养,使人员在组织中充分发挥自己的主观能动性,提升自身素质,最大限度地促进人的全面发展。

(4)促进组织结构功能的有效发挥

要使组织的岗位设计和职务安排的目标得以实现,让组织结构真正成为凝聚各方面力量、保证组织管理系统正常运行的有力手段,就必须把具备不同素质、能力和特长的人员分别安排在适当的岗位上,使人员配备尽量适应各职务的性质要求,使各职务应承担的职责得到充分履行。只有这样,组织设计的要求才能得以实现,组织结构的功能才能得以充分发挥。

3. 人员配备的过程

(1)确定组织人员需要量

确定组织人员需要量的主要依据是组织设计的岗位职务类型和岗位职务数量。岗位职务类型指出了需要什么样的人,岗位职务数量则反映了每种类型的职务需要多少人。如果为一个新建的组织选配人员,一般只需要利用职务设计的分类表来确定人员数量,向社会公开招聘;如果对现有组织的人员配备进行重新调整,就应根据组织结构的重新设计,检查和对照组织内部现有的人力资源情况,找出差额,确定需要从外部选聘的人员类别与数量。

(2)为组织选配人员

为保证所聘人员具备该岗位职务要求的知识和技能,必须对组织内外的候选人进行筛选,做出最恰当的选择。应聘人员可能来自组织内部,也可能来自组织外部。人员配备的任务就是从组织的岗位要求出发,从组织内部或组织外部选聘出适合组织岗位要求的人员。

(3)根据组织要求制订和实施人员培训计划

虽然选聘出来的人员是根据组织岗位要求筛选的,但要真正发挥好他们的作用,还需要根据具体岗位的要求对他们进行培训。培训的目的在于使组织成员能够掌握岗位所需要的技能,充分发挥他们的能力;对于组织发展所需的管理者,要求他们对组织忠诚,并使之看到自己在组织中的发展前途。所以,人员培训无疑是人员配备中的一项重要工作。培训既是为了适应组织技术变革、规模扩大的需要,也是为了组织成员个人的充分发展。因此,要根据组织的成员、技术、活动、环境等特点,利用科学的方法,有计划、有组织、有重点地进行培训。

4. 人员配备的基本原则

(1)发现人才、重视人才原则

在人员选聘方面,应大公无私、实事求是地发现人才、爱护人才,本着求贤若渴的精神,重视和使用确有真才实学的人。这是组织不断发展壮大、走向成功的关键。

(2)程序化、规范化原则

人员的选聘必须遵循一定的程序和标准。科学、合理地确定人员的选拔标准和聘任程序是组织选聘到优秀人才的重要保证。只有严格按照规定的程序和标准办事,才能选聘到真正愿为组织发展做出贡献的人才。

(3)因事择人、适应发展原则

因事择人就是在人员配备过程中,根据工作需要配备具备相应品德、知识和能力的人员,选聘过程中,应以职位的空缺和实际工作需要为出发点,以职位对人员的实际要求为标准。同时,为了适应组织发展的需要,在岗位设置和人员配备过程中,要留有一定的余地,不能仅根据组织目前的需要配备人员,以至于当组织需要员工履行更多的职责或需要进一步提高技能时,现有的员工难以胜任,从而减缓组织的发展步伐。在人员配备过程中,要做好人力资源储备,配备一定的培养性人员,或在配备某些岗位的人员时给其留出一定的学习和培训时间。

(4)量才使用、客观公正原则

量才使用就是要求在人员配备过程中,根据一个人的特长和兴趣爱好来分配不同的工作,以最大限度地发挥其才能和调动其积极性。从人的角度考虑,只有根据不同人的特点来安排工作,才能使人的潜能得到最大限度的发挥,才能使人的工作热情得到最大限度的激发。因此,要根据不同的人的兴趣爱好和才能,分配其合适的工作岗位,在条件允许的情况下,尽可能地把一个人所从事的工作与其兴趣爱好、能力特长结合起来。

客观公正原则要求在人员配备过程中,明确表明组织的用人理念,为人们提供平等的就业、上岗和培训机会,对员工的素质和工作绩效进行客观评价,给予员工公正的待遇,以最大限度地获得员工的理解与支持以及社会的认可。

(5)动态平衡、合理匹配原则

处在动态环境中的组织是不断变革和发展的,组织对其成员的要求也是在不断变化的。当然,工作中人的能力和知识也是在不断提高和丰富的。因此,人与事的配合需要进行不断的动态平衡。动态平衡,是指组织根据组织和员工的变化,对人与事的匹配进行动态调整。补充组织发展所需要的人员,辞退多余的或难以适应组织发展需要的人员,使具有相应才能的人员从事组织中更重要的工作。同时要使能力平平、不符合职位需要的人得到识别及合理调整,最终实现人与职位、工作的动态平衡。合理匹配是指除了要根据各岗位职责要求配备相应的符合岗位素质要求的人员以外,还要合理配置同一部门中不同岗位和层级的人员,以保证同一部门中的人员能协调一致地开展工作,充分发挥群体的功能。

人员配备是现代组织进行人才建设的基础,关系到组织的长远发展。随着全球化、信息化趋势的不断增强以及国内外市场竞争的日益加剧,人员配备工作在现代组织中占有越来越重要的地位。

7.4.3 人员的招聘与甄选

1.人员招聘的标准

人是一切活动的行为主体,组织能否根据组织发展的需要和岗位任职要求招聘到所需数量的合格人才,直接决定了一个组织人力资源的整体质量,并进而影响组织发展战略目标的实现程度。特别是在现代,在发展战略规划确定以后,寻找合适的人员来开展战略规划中的各项工作,已成为管理者落实战略最重要的工作之一。

人员选聘要做到三个匹配,即人员技能与岗位职责相匹配,人员个性与岗位特点相匹配,人员价值观与组织价值观相匹配。只有人员的三个匹配度都符合组织的要求,所聘人员才有可能胜任组织的工作。

(1)人员技能与岗位职责相匹配

具有岗位需要的基本技能(包括学历、专业、经验等)是做好该岗位工作的前提,这就需要进行工作分析,明确岗位职责,把选聘职位的工作内容、特点与对人员的技能要求等编制成职位说明书,让应聘者知道岗位的任职条件。选聘人员的技能与组织岗位职责相匹配,是人员选聘的基本标准。

(2)人员个性与岗位特点相匹配

人员个性是选聘中要考虑的重要因素。随着专业化分工越来越细,团队合作越来越重要,如果工作人员以自我为中心、合作能力不强,就不适合在团队中工作。另外,也要考虑人员与团队的互补性,如果团队成员个性都很强,那么善于协调的员工就能发挥作用。因此,分析团队的特点,选聘合作性和互补性强的新成员,才能产生1+1>2的效果。

当然,团队精神在绝大多数场合应该被提倡,但也不能随意淘汰个性独立的人。对组织中监管、质检等岗位来说,坚持原则的人更有用武之地;对设计策划部门来说,特立独行的人有可能随时迸发出创造的火花。因此,选聘前一定要清楚把新聘人员放在哪个位置,该岗位对人员个性等有哪些要求,还要考虑新聘人员的职业取向以及可能的升迁位置等,这样选聘出来的人员才能"对号入座",发挥自身的价值。

(3)人员价值观与组织价值观相匹配

价值观支配个体行为。组织成员对组织的忠诚度与其对组织价值观的认同度有密切关系。认同组织价值观的成员能够与组织文化更好地融合,提高组织绩效。所以,应当向应聘人员开诚布公地讲明本组织的优势与劣势、提倡什么和反对什么、组织文化的特点等,让应聘者权衡选择。这样做组织有可能失去一些优秀人员,但能提高组织成员的稳定性。

2.人员招聘的途径

人员招聘是组织为一定的工作岗位选拔出合格人才而进行的一系列活动,是把优秀、合格的人员引进组织,并安排在合适岗位上工作的过程,是现代组织人力资源管理的基础性工作。能否选聘与录用到高质量人员,是关系整个组织成员队伍素质高低的关键。其中,人员选聘的途径和方法将直接影响所聘人员的素质和组织的效率与效益。

(1)组织内部选聘

当组织中某一岗位或职位发生空缺时,首先应考虑从现有成员中调剂解决,或是在组织内按照有关标准考评提拔。组织内部选聘主要包括组织内部成员的提升和组织内部的职位调动两种方式。

①组织内部成员的提升

提升内部成员是填补组织内部空缺的最好办法。这种做法,不仅可以将有管理才能的成员放在更合适的位置上,更重要的是对组织成员的工作积极性能产生激励作用。但是,组织内部成员的提升是否能真正起到激励组织成员努力工作的作用,还取决于组织内部提升工作做得是否完善。如果提升工作没有做好,不仅不能产生对组织成员的激励作用,反而会起反作用。有效的内部提升有赖于组织的内部技术规划和内部提升政策,有赖于通过对组织成员提供教育和培训来帮助管理者确认并开发内部成员的晋升潜力。所以,组织的人力资源管理者应掌握好组织内部成员提升的方法,克服主观片面性,真正做到任人唯贤。

②组织内部的职位调动

组织内部的职位调动是指组织将组织成员从原来的岗位调往同一层级的空缺岗位去工作。组织内部的职位调动通常由以下原因引起:

a.组织结构调整的需要。由于组织环境的变化,组织需要对原先设置的部门进行调整与重新组合或设立新的部门,这种变化必然会涉及职位调动的问题。

b.对组织成员培养的需要。为了增强组织成员的适应能力,组织通常会采用流动培训的方式来训练他们。另外,将要被提升至管理层的人员,也会被安排在各部门轮流实习,以便对组织各部门的运作有更清晰的认识,使其更胜任领导岗位的工作。

c.组织成员对现任岗位不适应。某些人员通过培训入职后,其所掌握的技能仍与岗位工作要求不相适应,或是掌握的技能和知识远远超过其岗位要求,这时,管理者应对其进行职位调动,为其选择一个合适的工作岗位,使"人在其位,位得其人"。

d.调动组织成员的积极性。某些人员长期在同一岗位工作,会对原工作岗位失去兴趣,为了调动其工作积极性,需要重新安排该成员到他感兴趣的岗位工作。

e.人际关系问题。如果组织成员在原工作部门产生了较严重的人际关系问题,不利于其积极性的发挥,则应将其调动,为其创造新的工作环境。

组织内部人员的提升与调动可以为所有人员提供一个平等竞争的机会。这对于挖掘组织成员潜力,不断激发他们的工作兴趣和积极性,增强组织凝聚力,节约人力资源,促进组织发展都有重要的意义。

③组织内部招聘的优缺点

组织内部招聘能为组织内现有人员提供变换工作或晋升的机会,有助于提高组织现有人员的士气和人岗适配度,促使有发展潜力的员工更积极自觉的工作,从而更好地维持组织成员对组织的忠诚;由于应聘者是组织内部人员,对本组织的文化理念、组织结构及运行特点有较多的了解,有利于被聘者迅速开展工作;候选人是在本组织中已经工作若干时间的人员,组织对其的了解和考察相对比较容易,从而有助于降低招聘成本和提高选聘的正确性。内部招聘也存在一些不足,主要表现为在若干个内部候选人中提升一个,可能会使落选者产生不满情绪,从而不利于被选拔者开展工作;从内部选择可能造成"近亲繁殖"现象,不利于开拓创新;内部可选择面较小,且不会增加组织在职人员的总人数,招募后的空缺岗位仍需要补充。

(2)组织外部人员招聘

外部招聘是指根据一定的标准和程序,从组织外部的众多候选人中选拔符合空缺职位工作要求的人员。外部招聘的优点体现在以下几个方面:一是能给组织带来新观念、新思想、新技术和新方法;二是外来者与组织成员之间无裙带关系,因而能较客观地评价组织工作,洞察存在的问题;三是组织能聘用到已经受过训练的人员,及时满足组织对人才的需要,因而在组织内部没有合适人选时,外部招聘的费用通常比培训一个内部成员要少;四是外部招聘人员使用较灵活,组织可根据组织活动情况与外部招聘者签订短期或临时的工作合同。外部招聘也有其不足之处:一是有可能挫伤内部成员的工作积极性,因为外部招聘就意味着内部成员内聘机会的减少;二是外部招聘人员需要较长调整时间来适应组织环境和工作;三是外部招聘人员可能照搬老经验来管理新组织,忽视了调整自身来适应该组织,忽视了经验与组织发展的有机结合。正是由于外部招聘的这些局限性,所以许多组织往往先内部招聘,在内部招聘不到合适人员的情况下,再从组织外部招聘。

3. 甄选的方法与程序

甄选就是依据岗位素质要求对应聘者进行评价和选择,从中选出能够胜任该岗位的人员。所以从本质上说,甄选是一种预测行为,它要求设法预见到聘用哪一名申请者能够胜任该岗位。甄选活动的着眼点在于减少错误拒绝和错误录用的可能性,提高做出正确决策的概率。

(1) 甄选的手段与方法

管理者可采用各种甄选手段与方法来减少错误决策的发生,常用的手段与方法包括申请表分析、资格审查、测试与面试、体格检查。

①申请表分析。通过对申请表中与经历相关的、客观可证实的资料的加权评分,评价应聘者符合上岗要求的程度。在具体操作时,首先确定岗位任职资格条件,如工作经历、文化程度、知识结构、能力水平、思想品质等方面要求;其次分析各项要求与实际工作绩效的相关度,由此确定每一项因素及其子因素的权重,形成相应的评分表;最后编制包含各项任职要求的申请书,应聘者填写完毕并交回后,招聘单位即可根据评分标准计算出每一名申请者的总分数,以此作为评价应聘者优劣的依据。

②资格审查,也称履历调查。通过对申请资料中所填写的"事实"的分析和核实,为录用决策提供依据。在进行资格审查时,主要从两方面对应聘者做出判断:一是判断应聘者是否符合所招聘岗位的基本任职条件,如年龄、学历、专业经验要求等;二是通过分析和调查,确定应聘者在申请资料中所提供的个人信息是否真实,如通过上网查询或向其毕业学校调查确定文凭的真实性等。

③测试与面试。借助各种技术手段,通过回答书面问题、情景模拟或案例分析、面对面接触、问答式交谈等方式评价应聘者的智力水平、知识面、能力结构、个性特征、兴趣爱好、志向等。常用的测试方法有笔试、面谈、角色模拟、无领导群体讨论等。笔试时所有应聘者面对的是同样的题目,相对而言评价较为客观;面试则是一种主观性评价方法,其有效性在很大程度上取决于面试者的经验及技巧。

④体格检查。对应聘者的健康状况做常规性检查,以确定应聘者是否具备相应的身体条件。体格检查有助于组织事先了解应聘者的健康状况,减少录用不能胜任者的失误,并有助于有效控制健康保险费用支出。但出于成本考虑不可能全面检查,有时由于难以证明某些缺陷与工作绩效之间的关系,根据体检结果不录用应聘者可能会引起法律纠纷。

无论采用何种甄选手段和方法,都必须事先对所采用的甄选手段与方法做效度与信度评价。所谓效度,是指测试内容与岗位工作绩效之间的相关程度,测试成绩的高低应能反映被测试者的实际能力水平高低,测试得分与应聘者以后的工作绩效呈正相关关系。

所谓信度,是指该种手段对同一事物能够做出稳定的持续一致的测量的程度。如果你在一台体重秤上测量体重,每次测量结果都不一样,就说明体重秤本身缺乏信度,在这种情况下,测量结果也就说明不了什么。

(2)甄选程序

不论是内部招聘还是外部招聘,为保证上岗人员符合岗位要求,组织往往会规范甄选程序,并在这一过程中把竞争机制引入人员配备工作之中,通过竞争,筛选出最合适的上岗人员。

人员甄选一般包括以下几个步骤:

①初选。在收到应聘者的申请资料以后,招聘小组一般要先进行初步筛选。应聘者的数量可能较多,出于成本等方面的考虑,组织不可能对每一名应聘者都进行详细的研究,或者应聘者比较盲目,应聘了其根本不符合要求的岗位。不论是何种情况,都需要招聘小组进行初步筛选。初步筛选一般采用申请表分析和资格审查方法,必要时也可通过与应聘者的简短会面、交谈,淘汰那些不符合岗位任职基本条件的应聘者。

②笔试。在初选的基础上,对相对有限的应聘者进行书面测试,包括智力测试、知识测试、个性和兴趣测试、成就动机测试等。智力测试是通过应聘者对某些问题的回答来测试其思维能力、记忆能力、观察复杂事物的能力、思维灵活性和分析归纳能力等,是评价个人基本行为能力的常用方法。知识测试是通过应聘者用书面文字解答卷面试题的方法来考察其掌握知识的程度,侧重于了解应聘者掌握应聘岗位所需的基本知识和专业知识的程度、知识广博程度及深度。一个人的个性特征与其工作表现有关,不同个性的人适合从事不同类型的工作,个性和兴趣测试主要通过各种量表,测试一个人的心理和行为特征、兴趣方向及兴趣顺序、对工作及特征的价值取向等。成就动机测试主要了解应聘者的进取性、成就需求和权力欲望等。通过对应聘者上述各方面的测试,可对应聘者是否适合岗位要求的程度做进一步客观的评价。

③面试。通过面对面的接触进一步了解应聘者各方面情况。面试按提问的技术方法不同可分为结构化面试、非结构化面试和混合式面试;按参加面试人数多少可分为个别面试和集体面试。在结构化面试过程中,提问的系列问题及问题序列预先会以问题提纲或口头问卷的形式具体设定,循序渐进地进行。由于提问具有一致性,因而在比较性评价应聘者时效度较高。非结构化面试主要由应聘者在一定议题范围内自由谈论,主试者既可随机提问,也可围绕一个中心问题逐步深化。非结构化面试效度较差,但能较深入地了解应聘者在某一方面的知识或个人背景。混合式面试即前两种面试的结合,既预先设定面试的系列问题,又在面试过程中根据需要变换问题,由于这种方式兼有前两种的优点,所以在实际面试中被广泛运用。面试中也常采用竞聘演讲与答辩、案例分析等方式。

④体检。根据以上几方面的评价结果,由用人部门、人力资源管理部门、分管领导一起确定最符合招聘岗位上岗素质要求者为初步录用者。对于初步录用者,发出体检通知书,组织体检;对于未录用者,也应以书面形式告知结果,并对应聘者表示谢意。

⑤试用。根据体检结果最终确定录用人员名单,并与录用人员签订聘用合同。在聘用合同中一般应规定一个试用期,以便在试用期内对录用者是否符合录用条件和能否胜任岗位做出实际鉴定,同时也有利于组织对录用者进行文化理念与工作方法上的指导,使

其尽快熟悉工作。试用期满,若录用者在试用期中的表现不符合录用条件,聘用单位仍可解除聘用合同,辞退录用者。对于合格者,则予以转正,正式上岗。

> **课程思政**

管仲识人

知人才能善任,知人是恰当用人最基本的前提条件。然而,"知人知面不知心",说明了知人之难。怎样才能既知其人,又知其心呢?古人为我们提供了丰富的经验。

公元前645年,为齐桓公创立霸业呕心沥血的管仲患了重病。齐桓公去探望他,询问谁可以接替相位。

管仲说:"国君应该是最了解臣下的。"齐桓公欲任用鲍叔牙,管仲诚恳地说:"鲍叔牙是君子,但他善恶过于分明,见人之一恶,终生不忘,这样是不可以为政的。"

齐桓公问:"易牙怎样?"管仲说:"易牙为了满足国君的要求,不惜烹了自己的儿子以讨好国君,没有人性,不宜为相。"

齐桓公又问:"开方如何?"

管仲答道:"卫公子开方舍弃了做千乘之国的太子的机会,屈奉于国君十五年,父亲去世都不回去奔丧,如此无情无义,没有父子情谊的人,如何能真正忠心于国君?况且千乘之封地是人梦寐以求的,他放弃千乘之封地,俯就于国君,他心中所求的必定过于千乘之国。国君应该疏远这种人,更不能任用他为相了。"

齐桓公又问:"竖刁怎样,他宁愿自残身体来侍奉寡人,这样的人难道还会对我不忠吗?"管仲说:"不爱惜自己的身体,是违反人情的,这样的人又怎么会真心忠于你呢?请国君务必疏远这三个人,宠信他们国家必乱。"

管仲说罢,见齐桓公面有难色便向他推荐了为人忠厚、不耻下问、居家不忘公事的隰朋。

遗憾的是齐桓公并没有听进管仲的话。三年后齐桓公病重,易牙、竖刁堵塞宫门,假传君命,不许任何人进去。有两个宫女乘人不备,越墙入宫探望齐桓公,齐桓公饿的正发慌,便让宫女去取食物。宫女忙把易牙、竖刁作乱,堵塞宫门的情况告诉了齐桓公。齐桓公仰天长叹,懊悔地说:"如死者有知,我又有什么脸面去见仲父?"

参考文献:[1]黄志立.《管子》人才思想及其当代价值[J].管子学刊,2016(02):18-24.

7.4.4 人员的考评与培训

1.人员考评

考评是指对一段时间内个人的工作能力及工作绩效进行考核。传统人事管理中,主要凭直觉、印象以及简单的成绩记录来对组织成员的工作情况做出判断。这类考评手段缺乏严格性、系统性和科学性,容易造成考评评定上的失误,从而影响整个人力资源管理过程。现代人力资源管理要求运用科学的评价系统对人员素质及工作成绩做出客观、公正的评价。

(1) 人员考评的功能

人员考评是实现组织绩效目标的有力工具。人员考评标准对被考评者和其他人员来说具有导向作用,形成对被考评人员的行为导向,同时与奖惩机制结合起来,直接关系到被考评者的经济利益,影响着他们的价值取向。因此,在组织目标体系的指导下,考评是一只无形的手,指导着组织成员共同努力,促进组织发展,实现提高组织绩效的目标。

人员考评有助于形成激励机制。考评结果的差异代表着被考评人员在能力和成绩上的差异,这种差异能够形成对被考评人员及其他人员的激励。考评可以使绩效突出的成员真正突出,使这些人有一定的成就感和荣誉感;给绩效不高者造成一种压力,促使他们不断改进工作,提高绩效,从而增强了整个组织的凝聚力,有利于组织的共同发展和进步,促进组织绩效的提高。

人员考评是一种反馈机制,可以促进组织成员共同协调发展。通过反馈考评结果,将组织成员的绩效状况和素质能力情况反馈给包括考评主体在内的组织中全部人员。对于被考评者来说,考评结果有利于他们去寻找使自己取得成就或不称职的原因;对于考评主体来说,他们掌握着具体工作岗位对任职人员的要求,在了解被考评人员现有情况的基础上,使他们能够自觉地调整自身的工作,减少内耗,形成一致行为,促进被考评人员提高绩效。因此,这种反馈方式可以促进组织成员共同协调发展。

(2) 人员考评的目的

①保证组织目标的实现。通过绩效考核,分解落实实现目标必须开展的各项工作,并及时了解各项工作的进展情况,从而明确责任、促进组织内部之间的沟通、及时发现工作中存在的问题,以便理顺工作关系、适时采取纠偏措施,确保计划和目标的最终实现。这应该是绩效考核的首要目的。

②促进员工的成长。实行绩效考核,可使员工事先明确工作要求,以充分发挥自己的才能;管理者可及时了解员工的实际工作情况,发现其长处,指导其改进不足,从而帮助员工在工作中不断成长与进步;可使员工清楚自己的进步和贡献,从而享受到工作的乐趣。所以,绩效考核也是促进员工成长和使员工乐于工作的重要手段。

③为人员晋升和公平奖惩提供客观依据。通过科学的绩效考核,可对员工的工作绩效、胜任工作岗位的程度做出客观评价,从而有助于给予员工以公平的报酬和奖惩;为人事调整提供客观依据,从而有助于保持人员配置的动态平衡和员工队伍的优化;可以了解员工在工作中存在的普遍不足,从而为培训工作的开展提供依据。

④在现代社会中,没有一个组织愿意看到对自己的薪资付出没有回报的状况,也没有一个员工愿意看到自己的付出不能得到相应的公平回报的状况。因此,对各项工作进行检查考核是一个组织管理规范化和员工追求自身价值实现的必然趋势,对待绩效考核的正确态度应该是支持而不是反对。员工应正确面对考核工作,积极参与考核内容和考核方法的讨论,在考核中逐步明确自己的工作职责与工作要求,对各项考核内容按考核要求积极开展工作,以充分体现自己的价值。

(3) 人员考评的基本要素

对人的评价应该是综合性的,所以对人的考核要全面,不能只看一面而忽略另一面。

人员考评的基本要素,从大的方面讲主要包括四个部分:职业品德、工作态度、工作能力、工作业绩。

①职业品德。职业品德要考核组织成员是否在思想上与组织精神、理念保持高度一致。具体内容包括:一是忠诚度,考核组织成员的责任心、事业心,是否爱岗敬业,能否认真做好本职工作,与组织同甘共苦;二是贯彻执行,考核组织成员的积极主动性,是否严格贯彻组织精神、理念及各类制度并能及时反映异常状况等。

②工作态度。工作态度包括责任心、服从意识、协作意识等。考核工作态度的目的是了解组织成员在工作上是否具有积极性、主动性、是否能够钻研业务、勇于创新,是否能够充分发挥自己的能力,是否具有较好的组织纪律性等。具体考核内容为:一是人际关系,即是否与同事、上下级相处融洽,并受到欢迎;二是组织纪律性,即是否能严格遵守组织制度,以身作则;三是团队合作,即是否具有良好的团队合作精神和服务意识,工作上理解、支持、配合;四是积极主动性,即工作是否积极主动,敢于承担责任,遇到工作不推诿;五是责任心,即工作是否认真负责,严于律己,不随意议论和发牢骚;六是进取心,即是否积极向上,不断自我学习,不断进取;七是下属认可度,如在下属心目中是否有较高地位,是否被下属认可。

③工作能力。工作能力是指组织成员的业务知识和工作能力,考核工作能力的目的是考核组织成员的基本能力、业务能力、应用能力和创新能力等。具体考核内容为:一是管理统率,即根据下属性格、经验、学识等进行合理分工,科学部署,进而完成工作任务的能力;二是理解执行,即对上级的决定计划准确理解和执行的能力;三是专业知识,即是否具有丰富的岗位相关知识;四是沟通协调,即运用文字或口头语言,使他人了解本人意图,圆满处理各类事务的能力;五是统筹策划,即准确把握问题的所在并提出切实可行方案的能力;六是计划安排,即对分内工作进行合理、科学安排的能力;七是判断决策,即准确把握问题关键,立足全局,全面迅速做出决定的能力;八是培训指导,即积极合理地培训、指导、激励下属工作,使下属能主动地接受工作并完成任务的能力;九是应变创新,即思维敏捷,临危不乱,面对困难和问题能及时发现解决办法的能力。

④工作业绩。工作业绩是指工作目标完成度、准确度、效益和对组织的贡献,目的是考核组织成员完成工作任务的质量和数量,从事创造性劳动的成绩、工作效率及为组织所做贡献的大小。各类人员的工作业绩由专业部门负责考评。具体内容为:一是目标达成度,即《工作计划书》指定的目标及《职务说明书》所规定的工作职责完成情况;二是工作品质,即所辖范围内的工作秩序是否良好,需要处理的事务是否按规定完成,要求归档的文件、表单、资料是否齐全和管理有序;三是工作方法,即完成工作的方法是否科学、合理、合法、高效;四是绩效增长,即管理人员本身责任的执行情况,下属绩效的改进情况。

总之,组织设计的考核要素要基本涵盖考核对象的工作内容,从而对被考核者做出全面的了解和评定。在具体的人员考核中,要依据考核要素设计完善的人员考评指标体系,人员考评工作通过考评指标体系来实施。考评指标体系的设计包括指标内容与标准的确定及量化等主要工作,指标内容的设计包括考评要素拟定、要素标志选择及标志状态标度划分三项内容。

考评指标体系设计要与实际考评内容保持一致;指标要具有可操作性,尽量将无法操作的指标用可操作的指标代替,所设计的指标应尽量具有普遍性,要适合所有考评对象,有较强的代表性,避免仅适用于个别考评对象,这也是人员考评简便性特征的要求。在指标内容的设计上要涵盖工作的条件、过程及结果,即指标内容设计中不但要包括人员素质和能力,还要包括工作绩效的考评指标;不仅要避免相互交叉,还要确保其完整性。指标的量化,即将考评指标赋予一定的分值,使指标体系具有可考核功能。

(4) 人员考评的基本原则

为了使考核达到既定目的,充分发挥其应有的作用,在绩效考核过程中,必须遵循以下若干基本原则:

考核内容的目标导向原则。目标导向原则要求考核内容紧紧围绕着被考核者应该完成的组织所分配的各项工作。考核的首要目的是保证组织目标的实现,因此,在考核时应着重考核被考核者岗位职责履行情况和工作计划完成情况,并且把那些对组织目标实现有重大影响的工作或容易出现问题的薄弱环节作为重点考核内容。

考核过程的客观公正原则。客观公正是考核发挥作用的基础,客观公正原则要求在整个考核过程中保证公正公开,使考核结果能够客观反映被考核者的实际工作绩效。为此,要事先明确考核内容、工作要求和奖惩方法,明确考核规则;事中由责任权力部门或岗位按事先确定的规则进行客观评价;并在事后公开反馈,允许申诉。客观公正的考核,可使考核得到被考核者的认可,从而发挥其相应的作用;反之,就会挫伤被考核者的工作积极性,并使考核本身失去意义。因此,客观公正是考核的基本要求之一。

考核方式的适用有效原则。考核方式的选择,直接关系到员工对考核的接受程度和最终考核结果的有效性,考核方式的适用有效原则要求所采取的考核方式必须与本组织的发展阶段、发展水平、管理基础、成本承受能力和企业文化理念相适应,并能客观、全面地反映被考核者的实际绩效。

考核结果的挂钩使用原则。考核的目的是保证组织目标的实现和促进员工的成长,并为人事决策提供客观依据。考核结果的挂钩使用原则是指考核的结果应与偏差的纠正、问题的解决、员工的培训指导以及激励奖惩相挂钩;根据考核结果确定需要重点解决的问题,决定对员工的培训、工资报酬和奖惩、晋升或降职。如果考核结果不与这些环节相挂钩,那么不管考核是多么的客观公正、科学规范,都不能起到其应有的作用,考核最终会变成一件毫无意义的事情。

(5) 人员考评的方法

如何进行有效的考核,国内外组织在实践中逐步形成了多种考核方法,其中最常见的考核方法有关键绩效指标考评法、360度考评法和平衡记分卡。

关键绩效指标考评法是通过对工作绩效特征的分析,提炼出最能代表绩效的若干关键指标,以此作为基础进行绩效考核的模式。它的主要设计思想来自管理控制中的重点控制原则,即通过重点控制的方法达到全面控制的效果。关键绩效指标考评法是建立在"你不能度量它,就不能管理它"的假设基础之上的,所以,关键绩效指标必须是那些能有效量化或客观评价、能够衡量组织战略实施效果的关键指标。关键绩效指标考评法的目的是建立一种机制,将组织战略转化为组织的内部过程和活动,以不断增强组织的核心竞争力,持续地取得高效益。关键绩效指标考评法的优点是考核重点突出,将注意力集中在与组织目标的实现密切相关的关键指标,有助于保证战略的实施和目标的实现;强调抓住组织运营中能够有效量化的指标进行考核,提高了绩效考核的可操作性与客观性。缺点是关键指标的选取和衡量受到组织原有管理基础的很大制约,若组织的管理基础薄弱或管理者缺乏全局把握能力,就很难量化关键指标、取得客观评价所需要的基础资料或找准关键指标,从而影响关键绩效指标的考核与评价。

360度考评法也称为全方位反馈评价法或多源反馈评价法,它是一种从不同层面的人员中收集评价信息,从多个视角对员工进行综合反馈的评价方法。它基于"贡献在外部"的理论,通过征询被考评者的上级、同级、下级和服务的客户等各方面的意见来对其工作进行全方位评价,根据评价结果的反馈,使被考评者清楚自己做得好的方面和存在的问题,从而达到指导员工改进工作和提高素质的目的。360度考评法可以结合被考评者的述职报告进行,其优点是克服了单一角度和维度评价的局限,可以获得全面的评价;缺点是容易受到评价者主观因素的影响和组织中人际关系的干扰。360度考评法看似简单,但其操作难度较大,对组织环境、评价人、考评组织者都有较高的要求。采用360度考评法获得的结果通常不宜与员工的奖惩挂钩,而更适用于对员工岗位胜任力评价和工作反馈,指导员工提升素质。

平衡记分卡将企业绩效评价有序地分为财务、顾客、企业内部流程和企业学习成长四个方面,使之成为一种超越财务或会计的财务指标与非财务指标相融合的战略绩效评价方法。平衡记分卡以信息为基础,通过分析哪些是完成企业使命和目标的关键成功因素和评价这些关键成功因素的项目,并不断检查审核这一过程,以把握绩效评价,促使目标实现。其优点是建立了一个系统的过程来实施战略和获得相关反馈,从企业战略出发,不仅考核现在,还考核未来;不仅考核结果,还考核过程,适应了企业战略与长远发展的要求,便于阐明企业战略和传播企业战略,同时将个人、部门和组织的计划加以衔接以实现共同目标。其缺点是事先必须具有明确的发展战略,并需要花费较多的精力在指标选择和层层分解上,这对于那些战略不明、管理基础薄弱、成本承受能力较弱的组织和初创公司而言,往往是可望而不可即的。

其他考核方法还有目标管理法、述职评价法等,每一种考核方法都反映了一种具体的管理思想和原理,都具有一定的科学性和合理性,同时,每一种考核方法都有自己的局限性与适用条件,管理者需要根据本组织的特点形成不同的考核方案。

(6)人员考评的工作程序

确定考核目标。根据职位的性质和特点,有针对性地选择、确定特定的考核目标,并据此设计科学的考评表。这是有效开展人员考评工作的基本前提。

制定考核标准。根据确定的考核目标,制定考核标准,科学设计考核方法,选择合适的考评人员,并对其进行培训。

衡量岗位工作、收集岗位信息。根据考核标准和考评表,多方面获取能够反映被考核人员工作状态及其结果的信息,这些信息应当真实可靠。

做出综合评价。在充分了解、详细分析考核信息的基础上,采用科学的方法对被考核人员进行综合考评,得出科学有效的结论。

考评结果反馈和备案。将考评结果及时反馈给被考核者,可以以直接面谈的形式,也可以以书面通知的形式。同时,人力资源部门应将考评结果及时进行备案,作为确定被考核者职业发展方向和组织人力资源工作决策的依据。

2. 人员培训

(1)人员培训的功能

培训能提高组织成员的综合素质。人员培训有不同的类型,既有岗位技能培训,也有文化知识培训。前者培训岗位技能,提升人员与岗位的匹配度;后者培训组织成员的人文素质和品德修养。培训还能为组织发展提供新的工作思路、知识、信息、技能,增长组织成员的才干,提升敬业精神,直接提高经营管理者的能力水平和成员的技能,使之综合素质得到提升。可见,培训是最重要的人力资源开发方式,是比物质资本投资更重要的人力资本投资。

培训有利于组织文化的建设,能促进组织与组织成员、管理层与非管理层的双向沟通,增强组织向心力和凝聚力,塑造优秀的组织文化。组织文化是组织的灵魂,是一种以价值观为核心对全体组织成员进行组织意识教育的微观文化体系。如果组织中的管理人员和成员认同组织文化,不仅会自觉学习、掌握科技知识和技能,而且会增强主人翁意识、质量意识、创新意识,从而培养全体成员的敬业精神、革新精神和社会责任感。培训中融入组织文化内容,有利于组织文化的建设,增强组织成员对组织的归属感和责任感,提升组织的凝聚力。

培训可以提升组织能力,一个组织的发展能力主要在于其成员的能力及凝聚力。拥有优秀成员和高凝聚力的组织可以克服任何困难,所向披靡,而通过培训提升组织成员的素质能力和组织的凝聚力也是创建优秀组织的基本途径。就组织而言,竞争实质上是人才的竞争。明智的管理者愈加清醒地认识到培训是企业发展不可忽视的人力资本投资,是提高企业造血功能的根本途径。

(2)人员培训的任务

为组织战略的实施准备人力资源。在组织发展的不同阶段,组织的战略重点不同,不断地为组织战略的实施做好准备是人员培训的首要任务。培训工作会对组织战略的实现起到非常重要的支撑作用。

传播知识和组织文化,加强知识管理和组织文化建设。人员培训不应该只停留在传统意义上的面对面授课,应该采取一切可能的形式,有效地传播知识和组织文化,对组织成员的经验、技能进行复制,实现知识管理,建设优秀的组织文化。

帮助组织成员成长。培训要与每名组织成员的职业发展结合起来,以使组织成员个人的利益与组织整体的利益结合起来,使得组织成员真正愿意参与培训,主动参与培训,通过培训获得帮助和成长。

创造良好的组织环境。培训可以是多种形式和内容的知识兴趣性培训。这种培训可以创造良好的工作氛围和组织成员心态,从另一个侧面促进组织管理,提高工作效率。

(3)人员培训的类型

①岗前培训

岗前培训,即组织成员在进入岗位前进行的培训。岗前培训包括新成员到职培训和调职人员岗前培训两种类型。新成员到职培训一般由人力资源部门负责,培训的主要内容为组织简介、工作人员手册、人事管理规章;组织文化知识的培训;人员心态调整的培训;工作要求、工作程序、工作职责的说明;业务部门进行的业务技能培训。调职人员岗前培训是针对从其他岗位调任过来的人员进行的培训。培训的方式及培训内容一般由调入部门决定。

②在职培训

在职培训是针对在职人员进行的培训,其目的在于提高员工的工作效率,以更好地协调组织的运作及发展。培训内容和方式一般由部门决定。

③专题培训

组织可以根据发展需要或者部门根据岗位需要,组织部分或全部人员进行关于某一主题的培训工作,即专题培训。专题培训有利于组织成员了解组织发展状况和经济社会发展形势的变化,开阔其视野,提升其素质。

(4) 人员培训的方法

①讲授法是一种传统的培训方法,优点是运用方便,便于培训者控制整个过程;缺点是单向信息传递,反馈效果差。它常被用于一些理念性知识的培训。

②视听技术法是指通过现代视听技术(如投影仪、DVD、录像机等工具)进行培训的方法。运用视觉与听觉的感知方式,直观鲜明,但学员的反馈与实践较差,且制作和购买的成本高,内容易过时。它多用于介绍组织概况、传授技能等方面的培训,也可用于概念性知识的培训。

③讨论法按照费用与操作的复杂程序可分为研讨会与一般小组讨论两种方式。研讨会多以专题演讲为主,中途或会后允许学员与演讲者进行交流沟通,信息可以多向传递,与讲授法相比反馈效果较好,但费用较高。一般小组讨论的特点是信息交流多向传递,学员的参与度高,费用较低,多用于巩固知识,训练学员分析、解决问题的能力与人际交往能力,但运用时对培训教师的要求较高。

④案例研讨法是指通过向培训对象提供相关的背景资料,让其寻找合适的解决方案的培训方法。这一方法费用低,反馈效果好,可以有效训练学员分析、解决问题的能力。另外,培训研究表明,案例讨论的方式也可用于知识类的培训,且效果更佳。

⑤角色扮演法是指让受训者在培训教师设计的工作情境中扮演某个角色,其他学员与培训教师在学员表演后做适当点评的培训方法。这种方法由于信息传递多向化,反馈效果好、实践性强、费用低,因而多用于人际关系能力的训练。

⑥互动小组法也称敏感训练法,主要适用于管理人员的实践训练与沟通训练。让学员通过培训活动中的亲身体验提高处理人际关系的能力。其优点是可明显提高人际关系与沟通的能力,但其效果在很大程度上依赖于培训教师的水平。

⑦网络培训法是指利用计算机网络信息和技术进行培训的方法。该培训方法灵活、分散,便于受训者根据自己的具体情况选择参加何种内容的培训,且可以按照自己的计划灵活安排培训时间。网络培训是分散式学习的新趋势,它可以节省学员集中培训的时间与费用。这种方式信息量大,新知识、新观念传递优势明显,更适合成人学习,因此特别为实力雄厚的组织所青睐,也是培训发展的一个必然趋势。

⑧师徒传承法也叫师傅带徒弟、学徒工制、个别指导法,是指由一个在年龄上或经验

上资深的人员，支持一位资历较浅者进行个人发展或生涯发展的方式。师傅的角色包含了教练、顾问以及支持者。身为教练，会帮助资历较浅者发展其技能；身为顾问，会提供支持并帮助他们建立自信；身为支持者，会以保护者的身份积极介入各项事务，让资历较浅者得到更重要的任务，或运用权力使他们升迁、加薪。

本章小结

组织，是指人们为了实现共同的目标而组合成的有机整体，任何组织都有三个共同特征：明确的目的性，一定的人员，适当的结构。组织的设计理论主要包括古典组织设计理论、行为科学理论与现代组织设计理论，其中又包含官僚性组织理论、参与型组织理论与系统组织理论。

组织设计的决策过程涉及六个关键要素，分别为专业化、部门化、指挥链、管理幅度与管理层级、集权与分权、正规化。组织设计的任务是保证组织目标的达成，组织的目标不同，为实现目标所需进行的活动不同，活动的环境和条件不同，组织结构也不同。影响组织设计的因素主要包括经营战略、组织环境、组织规模、生命周期及技术。组织不管采用何种结构，都必须遵守一些共同的原则，主要包括目标一致原则、分工与协作原则、责权对等原则、命令统一原则、柔性经济原则、因事设职与因人设职相结合原则、效益原则与正确对待非正式组织原则等。根据组织程序与特点，选择合适的组织结构，直线制、职能制、事业部、矩阵式组织结构等。

人力资源管理是指组织为了实现既定目标，运用现代管理措施和手段，对人力资源的取得、开发、保持和运用等方面进行管理的一系列活动的总和。权力主要包括职位权力与个人权利，通过权衡集权与分权的程度，合理安排组织成员，主要包括人力资源规划、人员的配备、招聘与甄选、考评与培训等过程。人员招聘途径主要包括内部提升与外部招聘，通过初选、笔试、面试、体检、试用等甄选过程选拔合适的人员，并通过关键绩效指标考评法、360度考评法、平衡记分卡等方法来考核其职业品德、工作态度、工作能力与业绩等要素。

管理的组织职能是指为了实现组织目标，合理确定组织成员、有效安排工作任务及各项活动，并对组织资源进行合理配置的过程。制订出好的计划，合理配置组织所拥有的资源，根据组织架构合理安排人员，按照一定的程序运行，有明确的信息传递渠道，通过这一切实现组织目标。

请扫描二维码阅读案例

案例 7-1　　案例 7-2

第 8 章　领　导

在管理的主要职能中,领导是实现组织目标的关键环节之一,它是联结计划、组织和控制职能的纽带。每个组织都由许多拥有不同需要、欲望和态度的个人组成,组织成员除了关注组织目标以外,他们还会有个人目标,而管理者需要通过领导职能对员工施加影响力,将员工的精力引向组织目标,使员工能够热情、满怀信心地为实现组织目标做贡献。为此,要施加这种影响力,管理者需要清楚领导职能的含义、领导影响力的来源和发挥影响力的方法策略,了解有关领导的主要理论,能在组织中进行有效沟通,理解组织成员的行为及其影响因素,激励员工保持高昂的士气。

8.1　领导职能概述

8.1.1　领导的含义

领导是管理实践的一项职能,是组织中的个体对他人施加影响、带领和指导他人活动以实现组织目标的过程。施加这种影响的个体就是领导者。任何组织都需要有领导者来带领成员建立组织规范,落实角色分工,统一群体思想认识,将大家团结在一起。有效的领导是提高组织绩效、实现组织目标的关键环节之一。

中文中的"领导"实际有三种含义。第一种是作为动词,对应着英文单词"leading",意指上述的"管理职能""对他人施加影响的管理活动";第二种是作为名词,对应着英文单词"leadership",意指"领导影响力(简称领导力)""领导作用",是指管理者能够影响他人的能力;第三种是作为名词,对应着英文单词"leader",意指领导者,是指从事领导活动的人。

领导与管理、领导者与管理者是人们常易混淆的概念。就管理学的术语而言,领导是管理的一个职能,管理除了领导职能,还包含了计划、组织和控制职能,领导行为仍然属于管理活动的范畴,优秀的管理者自然也是优秀的领导者。然而,也有不少实践者和学者倾向于强调和突出领导和管理的不同,在一些学者的论述中,领导较多地倾向于指为组织的活动指出方向、创造态势、开拓局面的行为,管理则侧重于指为活动选择方法、建立秩序、维持运动的行为。这些观点强调领导者和管理者具有不同的特征,见表 8-1。

表 8-1　　　　　　　　　　　　　　领导者和管理者的特征区别

领导者的特征	管理者的特征
个人影响力(Personal Influence)	职位影响力(Position Influence)
灵魂(Soul)	想法(Mind)
远见的(Visionary)	理性的(Rational)
积极的(Passionate)	折中的(Consulting)
创造性的(Creative)	固执的(Persistent)
灵活的(Flexible)	问题解决型(Problem Solving)
鼓舞的(Inspiring)	现实的(Tough-minded)
创新的(Innovative)	分析式的(Analytical)
大胆的(Courageous)	条框的(Structured)
富有想象力的(Imaginative)	深思熟虑的(Deliberate)
实验的(Experimental)	权威的(Authoritative)
推动变革(Initiates Change)	稳定的(Stabilizing)

8.1.2　领导者影响力来源

领导者之所以能对他人施加影响,是因为领导者拥有能够影响他人的权力。权力存在于任何社会组织中,根据约翰·弗兰奇和伯特伦·瑞文的观点,权力有五种来源:

第一,法定权力,指特定职位和角色被法定的、公认的正式权力。法定权力之所以存在,是由于下属内化的价值观,下属接受领导者以一种合法的权力来影响他,而且他有义务去接受这一影响。文化价值观、接受社会结构和合法化的任命是法定权力的三种基础。例如,对组织任命的部门主管,下属必须听从其安排与指挥。

第二,奖赏权力,即能够对他人进行奖赏的权力。奖赏的力量随着下属认为领导者可以给予奖励或去除负面影响的程度而变化。这些奖赏包括发放奖金、提升职位等正式的奖励方式,也包括转换工作环境、表扬等非正式的奖励方式。最重要的是领导者给予的奖赏要与下属的需求相一致。

第三,强制权力。强制权力是一种惩罚的权力。虽然强制权力也来自下属的预期,但与奖赏权力相反,假如下属工作无法达到要求,将会被领导者处罚。组织中的处罚包括扣薪水、降职、分派不喜欢的工作,甚至解雇等。强制权力利用下属对可能遭受的惩罚的在意和恐惧对其产生影响力,但往往会带来下属的不满与对抗,需要谨慎使用。

第四,专家权力。这种权力产生于领导者个人的专业知识或技能。专家权力的大小取决于领导者知识的完备程度,或下属对于领导者具备特定的知识的知觉。下属可能以自我知识以及一个绝对标准评估领导者的专业知识,领导者需要能够运用自己的特定知识和技能对下属的工作加以指导,获得其尊敬和依赖。因此,当领导者是相关领域的专家,拥有更多的经验和知识时,下属会更为信服。

第五,参照权力。这种权力源于领导者个人的特征,包括行为方式、魅力、经历、背景等，其基础是下属对领导者这些特征的认同，或是一种对认同的渴望，此时下属会期望自己的行为、感觉或信仰能够像领导者一样。当领导者对下属非常有吸引力时，下属就会渴望与领导者有关联，有了关联又会希望关系更加密切并能够保持，此时领导者就对下属产生了影响力。领导者个人特征对下属的吸引力越大，下属的认同感越强，参照权力就越大。

以上五种权力中，前三种权力与领导者的职位相关，是领导者所处的组织职位赋予他们的奖赏、惩罚和指挥下属的权力，因此统称为职位权力；后两种权力与职位无关，而与领导者的专业知识或个人魅力有关，因此被称为个人权力。当个人权力发挥作用时，下属不是因为希望获得奖赏、害怕惩罚或是屈从法定权威而不得不服从，而是出于发自内心的尊重与认同，产生归属感，自愿与领导者一起为组织工作，在面对风险和变革时，更能团结一心。因此，好的领导者不仅要依靠职位权力，而且要具有一定的个人权力，灵活运用不同的权力类型来影响下属的行为和工作绩效。

拓展阅读 8-1

《中华人民共和国国民经济和社会发展第十四个五年规划和 2035 年远景目标纲要》完善党和国家监督体系的要求[①]

健全党统一领导、全面覆盖、权威高效的监督体系，形成决策科学、执行坚决、监督有力的权力运行机制。落实全面从严治党主体责任、监督责任，强化政治监督，深化政治巡视并强化整改落实。推进纪律监督、监察监督、派驻监督、巡视监督统筹衔接，以党内监督为主导、推动各类监督贯通协调，形成常态长效的监督合力，使监督体系更好融入国家治理体系。深化纪检监察体制改革，加强上级纪委监委对下级纪委监委的领导，推进纪检监察工作规范化、法治化，发挥监督保障执行、促进完善发展作用。完善权力配置和运行制约机制，健全分事行权、分岗设权、分级授权、定期轮岗制度，完善党务、政务、司法和各领域办事公开制度，健全发现问题、纠正偏差、精准问责有效机制，构建全覆盖的责任制度和监督制度。坚持无禁区、全覆盖、零容忍，一体推进不敢腐、不能腐、不想腐，营造风清气正的良好政治生态和发展环境。深化反腐败国际合作。锲而不舍落实中央八项规定精神，完善作风建设长效机制，持续纠治形式主义、官僚主义，切实防止享乐主义、奢靡之风反弹回潮，坚决整治群众身边的腐败和不正之风。

课程思政

凡主之立也，生于公

"凡主之立也，生于公"，这句话出自战国时期的《吕氏春秋·贵公》。

这句话很有深意，其中传达出这样的内涵："君主"权力的来源、权力的性质和权力的

[①] 中华人民共和国中央政府.中华人民共和国国民经济和社会发展第十四个五年规划和 2035 年远景目标纲要.新华社，2021-03-13.

运作方向。联系孔子的"天无私覆,地无私载,日月无私照""大道之行也,天下为公",《吕氏春秋贵公》中的"天下非一人之天下也,天下之天下也",我们可以触摸到古代贤哲理想中的权力来源、权利性质和权力运作都在于一个"公"字。

战国荀子《荀子·王制篇》还有这样一段话:君者,舟也;庶人者,水也;水则载舟,水则覆舟。"水能载舟,亦能覆舟"是中国人耳熟能详的格言,也是古代帝王们历来所遵循的治国良策。可王朝的覆灭,似乎总是一种不可逃离的宿命。根本的原因,是资源过于集中,权力太集中,土地太集中,财富太集中……统治集团为了自身的利益,反对一切有利于社会发展但不利于他们利益的变革。

上述这些可以说是代表了古代贤哲的朴素"权力观"。明月一轮轮回转,照见古人也照见今人,任何时代树立正确的权力观都尤为重要。然而在"自由民主"成为普世价值的今天,这句古谚不免应该被赋予时代内涵。权力是人民赋予的,必须始终用来为人民谋利益,而绝不能把它变成谋取个人或少数人私利的工具。

资料来源:[1]祁志祥.《吕氏春秋》的思想结构及其帝王之道——重写先秦思想史系列[J].河北师范大学学报:哲学社会科学版,2021,44(6):1-23.

8.1.3 施加影响的方法策略

加里·尤克尔在他1981年出版的《组织中的领导》一书中,对管理者如何领导他人这个问题进行了专门论述,提出了管理者对下属施加影响的许多方法。

(1)通过合法的请求

对于日常性的工作分配,一般来说管理者通过合法的请求来行使自己的支配权最为有效。尽管管理者也可以用强制或命令的方式进行,但合法的请求方式比命令或强制的效果要好得多,因为它给下属以尊重,更容易使下属心甘情愿地接受分工和充满热情工作。

(2)通过奖励措施

如果要求下属做一些不属于其岗位职责范围内的工作,管理者可以根据自己拥有的决定报酬的权力,采用通过奖励等积极的强化激励方式引导下属的行为。管理者可以提供一定的奖励或通过给予表扬等方式请求下属去完成某一项工作,使下属在能够满足自身需求的同时乐意做管理者分配给他的额外工作,并努力把工作做好。

(3)通过惩罚措施

管理者也可以采用批评、扣发工资或开除等惩罚性措施来强迫下属把自己工作范围内的事情做好。但一般来说,惩罚性方式的效果不是很好,并且其效果会随着惩罚次数的增加而减弱,管理者应尽量少用这种方式。

(4)通过恰当的说明

管理者可用恰当而耐心的说明,使下属了解工作的全部内容、重要性和有关个人报酬、利益等方面的问题,从而使其在明确职责权利的前提下乐于接受管理者所分配的工作。

(5)通过个性方式

如果管理者自己的个性或爱好等能对下属产生影响,就应积极运用这些特点来影响下属。一个人的品质或专长方面的影响力是巨大的,管理者如果已在下属中树立起了威信,就要充分运用自己的威信来影响下属。

(6)通过鼓励号召

管理者可用理想和道德价值观来鼓励下属从事某一项工作,使下属充分认识到工作的价值,追求自我价值的实现。如果一名管理者能结合自身的模范行为来进行鼓励和号召的话,效果会更好。

(7)通过对信息情报进行控制的方式

管理者也可通过对信息情报的控制,甚至通过歪曲或修改信息的方法来影响下属行为,如通过制造危机感来促使组织成员实施变革。但运用这种方法有很大的危险性,因为歪曲或修改信息本身是不道德的行为,下属一旦发现自己被骗的话,就会对管理者失去基本的信任。

一项针对数百名管理者的调查中识别出4 000多种人们在对他人施加影响时使用的方法和技巧,这些方法和技巧可以归纳到六项领导策略中,见表8-2。

表8-2　　　　　　　　　　　　施加影响的策略

领导策略	含义
晓之以理	使用数据、事实、逻辑等说服他人
施之以惠	与下属分享经验、资源甚至情感等
讨人之好	善于赞赏、尊重、关心、信任他人,行事公正
合纵连横	广泛团结组织中的大多数人
开门见山	提出直接的针对个人的要求
善假虎威	善于运用组织赋予的正式职权

8.2　领导主要理论

在管理理论发展过程中,人们对于领导及其效能问题提出了各种各样的解释和理论。有的学者主要从领导者个性特征的角度进行研究,有的学者主要研究领导行为,也有的学者研究环境对领导有效性的作用。大体按照理论提出的时间顺序,可以将有关领导的主要理论划分为四类:领导特质理论、领导行为理论、领导权变理论、新型领导理论。

8.2.1　领导特质理论

古今中外,许多杰出的领袖、出色的商界人物都以自己独特的魅力引人注目,这些杰出领导者的个性特征吸引了研究者们的兴趣。在二十世纪二三十年代,研究者们着重研究具备哪些个性特征的人才能成为有效的领导者。这类研究试图区分领导者和一般人,并以此来解释人们成为领导者的原因,这就是所谓的领导特质理论。

一般认为,托马斯·卡莱尔的"伟大人物"假设是领导特质理论的起源。这一假设认为历史是由非凡领导者的力量形成的,"世界历史就是这些伟大人物的传记"。领导特质理论继承了这一假设中的一个重要思想,即成功的领导基于领导者个人特质。不过领导特质理论不认为这些特质只存在于少数英雄人物身上,这些特质可以是先天遗传的,如身高、体重和外貌,也可以是后天获得的,即很多特质是可以通过培训来开发的,如知识、活动能力和外交风范。

秉持领导特质理论的研究者们致力于找到领导者拥有而一般人不具备的特质,从而将两者区分开来。不同学者得出了不同的研究结果。例如,拉尔夫·斯托格迪尔于1948年提出领导者八个重要特质:可靠性、社交性、主动性、坚持、自信、警觉、合作性、适应性;理查德·曼恩于1959年回顾了领导个性和小群体绩效的关系,总结出五个特质:调整能力、外向性、支配性、阳刚性、保守主义;马克·赫根研究了领导有效性和个性的关系,指出四种领导特质:精力充沛、随和、责任感和情绪稳定性等。基于领导特质的多样性和研究侧重点的差异,研究者们采用不同的框架和视角对其进行了归纳与总结,如伯纳德·巴斯将其分为生理特性物质、个性物质以及社会特性物质。蒂姆西·贾吉等学者以五大人格特质理论(外向性、情绪稳定性、经验开放性、随和性和责任感)为框架,采取领导涌现和领导有效性两个标准对个体特性和领导的关系进行了测量。柯克帕特里克和洛克基于对领导力过程的关注,指出了成功领导的六个关键特质,分别为内在驱动力、领导动机、诚实与正直、自信、认知能力,以及工作相关知识。

领导特质理论对领导行为和现象的解释是不完善的,这表现为:第一,不同学者对有效领导者所具备的特质内容及相对重要性的认识差异很大,甚至相互冲突;第二,忽视了被领导者及其他情境因素对领导效能的影响;第三,研究结果表明,领导者的个人特质和领导有效性并没有明显的关联,没有一种领导特征的组合可以保证有效的领导,如军队的领导者拥有的特质就与大学校长不完全相同。因此,随后有关领导的研究开始重点关注领导者的行为。

8.2.2 领导行为理论

有效的领导不仅在于领导者的特质,还与领导者的行为密切相关。20世纪中期,对于领导的研究集中在对有效领导行为的探讨上。领导行为理论认为,个人可以通过有关合适的、最优的领导行为的学习和培训使自身更加有效地开展领导工作。以下着重介绍五种比较有代表性的理论。

1. 三种领导方式理论

1939年,艾奥瓦大学的科特·勒温、罗纳德·李皮特和拉尔夫·K.怀特发表研究成果,将领导方式分为三种类型:权威式、民主式及放任式,其特征见表8-3。

表 8-3　　　　　　　　　　　三种领导方式的特征

领导方式	特征
权威式领导	所有政策均由领导者决定；所有工作进行的步骤和技术，也由领导者发号施令；工作分配及组合多由领导者单独决定；领导者与下属较少接触，如有奖惩，往往对人不对事
民主式领导	主要政策由组织成员集体讨论决定，领导者采取鼓励与协助的态度；通过讨论，其他人员对工作全貌有所认识，在所设计的完成工作的途径和范围内，下属对于工作的步骤和所采用的技术有相当的选择机会
放任式领导	组织成员或群体有完全的决策权，领导者放任自流，只负责给组织成员提供工作所需的条件和咨询，尽量不参与，也不主动干涉，只是偶尔发表意见。工作几乎全部依赖组织成员个人自行负责

曾有学者通过实验探讨以上三种领导方式哪一种更优越。实验是将一群孩子分成三个小组来堆雪人，事先分别训练各组的组长按权威式、民主式和放任式领导方式行事。实验表明，放任式领导下的小组工作效果最差，所堆的雪人在数量和质量上都不如其他小组。权威式领导下的小组，堆的雪人数量最多，说明工作效率最高，但质量不如民主式领导下的小组。在民主式领导下的小组中，由于孩子们积极主动发表意见，显示出很高的工作热情和创造性思维，小组长又在旁引导、协助和鼓励，结果堆出的雪人质量最高，但工作效率不如权威式领导下的小组，因为孩子们花大量的时间进行讨论才达成一致意见。这个实验表明，权威式领导和民主式领导利弊并存，而放任式领导往往弊多利少。

2. 领导连续流理论

加州大学的罗伯特·坦南鲍姆和沃伦·施莱特在艾奥瓦大学研究内容的基础上，于1958年进一步提出了领导连续流理论，这种连续流也称为主管者-非主管者行为连续流，其认为领导方式不是只有独裁和民主两种，而是在两者之间存在一系列的选项。如图 8-1 所示，依照领导者把权力授予下属的程度不同，从最左端的以领导者为中心（独裁型）到最右端的以下属为中心（民主型）之间还存在一系列的领导方式。具体采取哪种方式取决于领导者运用权力的程度和下属享有的自由度。至于哪一种领导方式更加有效，则需要考虑领导者、下属和环境三个方面的因素。

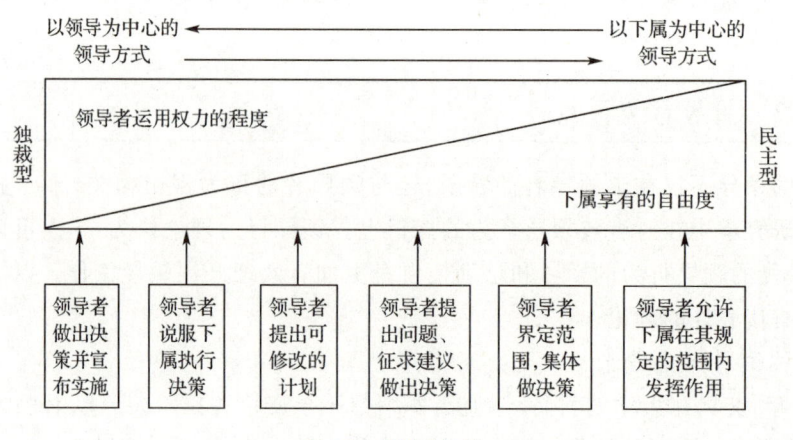

图 8-1　领导连续流

3. 二维构面理论

俄亥俄州立大学的研究者从1945年起对领导问题进行了广泛的研究，他们确立了两个重要的领导行为的维度：定规维度和关怀维度，这一理论一般被称为俄亥俄学派理论或二维构面理论（也称四分图理论）。这两个维度的本质区别是：前者以工作为中心，更关心任务的完成度；后者以人为中心，更关心下属的满意度。定规维度是指领导者确定和构建自己与下属的角色，以实现组织的目标。高定规维度的领导者倾向于明确说明下属的工作分配和完成工作的具体方式，决定完成工作的最后期限，要求达到的绩效标准，关注任务的目标和结果。关怀维度是指领导者信任和尊重下属，期望与下属建立温暖、和谐的人际关系。高关怀维度的领导者公正而友善，关心下属，平易近人，欢迎下属对工作进行广泛的参与，关注员工的满意度。这两个维度形成的二维矩阵包含了四种可能的领导行为组合，如图8-2所示。

图 8-2 二维构面理论领导行为组合

学者们企图发掘这些领导方式与一些绩效指标，如旷工、意外事故、抱怨、流动率等之间的关系。研究发现，高定规、高关怀的领导者常常比其他三种类型的领导者更能使下属达到高绩效和高满意度。研究者也发现了足够多的例外情况。如在生产部门内，工作绩效结果与定规程度呈正相关，而与关怀程度呈负相关；但在非生产部门内，这种关系恰恰相反。一般来说，高定规、低关怀的领导方式效果最差。

4."工作中心"与"员工中心"理论

密歇根大学的伦西斯·利克特等从1947年起进行了一系列领导理论研究，其对象包括企业、医院及政府各种组织机构。他们把领导者分为两种基本类型，即以工作为中心的领导者与以员工为中心的领导者。前者任务分配结构化，依照详尽的规定行事；后者重视人的行为，利用群体实现目标，给予组织成员较大的自由选择范围。该研究分析了四种管理方法：

(1)"利用-命令式"方法

领导者发布指示，决策中没有下属参与；主要采用恐吓和处分的方式，偶尔采用奖赏的方式去激励员工；惯于由上而下地传达信息，决策权局限于最高层。

(2)"温和-命令式"方法

领导者用奖赏兼某些恐吓及处罚的方法去激励下属；允许自下而上地传递信息；向下属征求一些意见与想法，允许把某些决策权授予下属，但加以严格的政策控制。

(3)"商议式"方法

领导者在做决策时征求、接受和采纳下属的建议；通常试图酌情采用下属的想法与意见；运用奖赏，偶尔兼用处罚和让员工参与管理的办法来激励下属；既可下情上达，又可上情下达；由上级主管部门制定主要的政策和一般性的决定，但让较低一级的主管部门做出具体的规定，通过协商来办事。

(4)"集体参与式"方法

领导者向下属提出挑战性目标，并对他们能够达到目标表示出信心；在诸如制定目标与评价目标所取得的进展方面，领导者让下属参与并给予物质奖励；既使上下级之间的信息畅通，又使同级人员之间的信息畅通；鼓励各个层级做出决策，自己与下属作为一个群体从事活动。

该方法认为，采用集体参与式的领导者一般都是很有成就的领导者。以此种方法来管理的组织，在制定目标和实现目标方面是最有成效的，这主要归功于员工参与管理的程度，以及在实践中相互支持的程度。

5. 管理方格图理论

在二维构面理论的基础上，管理学家布莱克和莫顿提出了管理方格图理论。他们将四分图中以人为中心改为对人的关心度，将以工作为中心改为对工作的关心度，将两个"关心度"各九等分，形成81个方格，从而将领导者的领导行为划分成许多不同的类型，如图8-3所示。在评价领导者的领导行为时，按其在这两方面的行为寻找交叉点，这个交叉点就是其领导行为类型。纵轴上的积分越高，表示越重视人的因素；横轴上的积分越高，表示越重视工作的因素。其中有五种典型的领导方式：

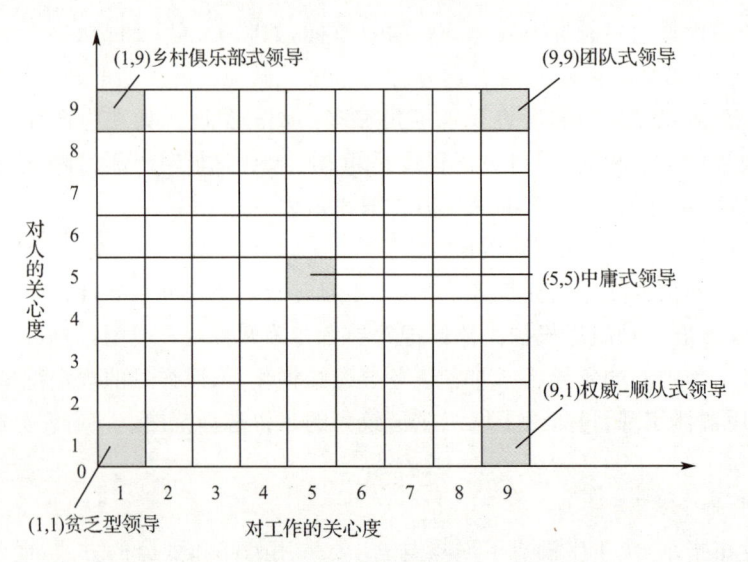

图8-3 管理方格图

(1)(1,1)型领导——贫乏型领导

采取这种领导方式的领导者希望以最低限度的努力来完成组织的目标，对员工和工作均不关心，认为多一事不如少一事。

(2) (1,9)型领导——乡村俱乐部式领导

领导者只注重搞好人际关系,以创造一个舒适的、友好的组织气氛和工作环境,而不太注重工作效率和工作效果。

(3) (9,1)型领导——权威-顺从式领导

领导者全神贯注于任务的完成,很少关心下属的成长和士气。在安排工作时,尽量把人的因素的干扰减少到最低限度。领导者拥有很大权力,强调有效控制下属,以求得高效率完成工作。

(4) (9,9)型领导——团队式领导

领导者既重视人的因素,又十分关心工作,努力协调各项活动,使它们一体化,从而提高员工士气,促进工作的完成。

(5) (5,5)型领导——中庸式领导

领导者对人和工作都有适度的关心,保持完成任务和满足人们需要之间的平衡,既用正常的效率完成工作任务,又保持员工一定的士气,兼而顾之,强度适中。

哪种领导方式是最佳的呢?不同研究者有不同主张。从历史来看,早期领导者倾向于采用任务中心式领导,后来批判者提出了与之对立的人员中心式领导,管理方格论又提出了任务和人员结合式领导,因此难以达成定论。从表面上看,(9,9)型领导方式似乎是最为可取的,但在复杂的现实中真正实现关心工作和关心人的高度结合难度极大。管理方格图理论提供了一种衡量领导者领导形态的模型,对于培养领导者是一种有用的工具,它可使领导者较清楚地认识自己的领导行为,并明确改进的方向。

8.2.3 领导权变理论

有效的领导不仅取决于领导者本身的特质和行为,还与该种领导方式应用的情境密切相关。与特定情境相适合的领导方式是有效的,而与特定情境不适合的领导方式则往往是无效的。因此不存在一种普遍的最好的领导方式,有效的领导方式是因情境而权变的,由此出现了领导权变理论,这方面比较著名的有权变领导理论和路径-目标理论。

1. 权变领导理论

弗雷德·E.费德勒于20世纪60年代中后期提出的关于领导效率的权变领导理论是第一个综合的领导权变模型。该理论认为,领导者施加影响的能力取决于群体的工作环境、领导者的风格和个性,以及领导方式对群体的适合程度。费德勒提出,对领导者的工作影响最大的三个基本因素是职位权力、任务结构和上下级关系。

(1) 职位权力

职位权力指组织正式赋予领导者的岗位权力。职权是否明确、充分,在上级和整个组织中所得到的支持是否有力,直接影响领导的有效性。一个领导者对其下属的雇用、工作分配、报酬、提升等直接决定权越大,其对下属的影响力也就越大。

(2) 任务结构

任务结构指下属所从事工作或任务的规范化程度。如果所领导的群体要完成的任务是清楚的,组织纪律明确,成员有章可循,则工作质量比较容易控制,领导者也可有的放

矢;反之,工作内容不明确,成员不知道如何去做,领导者就会处于被动地位。

(3)上下级关系

上下级关系指领导者得到被领导者拥护和支持的程度,即领导者是否受下属的喜爱,是否能吸引并使下属愿意追随他。领导者与下属之间相互信任、相互喜欢的程度越高,领导者的影响力就越大;反之,其影响力就越小。

根据这三个因素,费德勒将领导者所处的环境从最有利到最不利共分为八种类型。三个条件均具备的是最有利的环境,三者均缺乏的是最不利的环境。费德勒对1 200个团体进行了调查分析,收集了把领导风格与工作环境关联起来的数据,得出了在各种不同情况下使领导有效的领导方式。研究结果表明,领导方式应与环境类型相适应才能获得好的效果。当环境非常有利或非常不利时,采取工作导向型领导方式是合适的;但当各方面因素交织在一起,且环境有利、程度适中时,以人为中心的领导方式更为有效,结果见表8-4。

表8-4　　　　　　　　领导方式与工作情境匹配关系

工作情境	有利			中间状态				不利
	1	2	3	4	5	6	7	8
上下级关系	好	好	好	好	差	差	差	差
任务结构	明确	明确	不明确	不明确	明确	明确	不明确	不明确
职位权力	强	弱	强	弱	强	弱	强	弱
领导方式	指令型			宽容型		—	—	指令型

2. 路径-目标理论

罗伯特·豪斯于20世纪70年代早期提出的路径-目标理论是目前最受人们关注的领导观点之一,这一理论源自弗鲁姆的期望理论。该理论认为,领导者的工作是帮助下属实现他们的目标,并提供必要的指导和支持以确保个人目标与群体或组织的总体目标相一致。这一理论主张,有效的领导者要通过指明实现工作目标的途径来帮助下属,并为下属清理各种障碍和危险,从而使下属实现目标的过程更为容易。领导者的激励功能包括:为实现工作目标增加下属的报酬;为下属能更容易地完成工作指明路径;减少障碍和陷阱;提高下属在工作中的满意度。

路径-目标理论有两个重要的命题:其一,领导者的行为是否被下属接受和令下属满意,取决于在多大程度上下属将其视为即时满足来源或是将来带来满足的工具;其二,领导者的行为是否有激励作用,取决于这种行为在多大程度上使得下属需求的满足依赖于有效的工作绩效,并且这种行为为下属取得有效的工作绩效提供必要的辅导、指导、支持和奖励。

在此基础上,罗伯特·豪斯确定了四种领导者行为:

(1)指导型领导

领导者对下属需要完成的任务进行说明,包括对他们有什么希望,如何完成任务,完成任务的时间限制等,能为下属制定明确的工作标准,并将规章制度给下属讲清楚。

(2)支持型领导

领导者对下属十分友好,关注下属的福利和需要,平等对待下属,对下属表现出充分的关心和理解,在下属有需要时能够真诚提供帮助。

(3)参与型领导

领导者邀请下属参与决策,同下属一同探讨工作,征求下属的想法和意见并将其融入团体或团队的决策中去。

(4)成就导向型领导

领导者鼓励下属,使工作达到尽量高的水平。领导者为下属制定的工作标准很高,寻求工作的不断改进。除了对下属期望很高外,成就导向型领导者还非常信任下属有能力制定并完成具有挑战性的目标。

罗伯特·豪斯认为领导者可以根据情境的不同改变自己的领导风格。领导者在选择领导行为时主要考虑两类情境因素:下属权变因素和环境权变因素。下属权变因素包括认知能力、知识与经验、独立性、控制点等;环境权变因素包括任务结构、正式职权系统、工作相互依赖性、工作多样性等。领导者行为与下属的特征和环境的因素正确匹配,将对下属满意度和工作绩效产生正向影响。具体匹配方式如下:

(1)如果下属是教条的或崇尚权力的,任务不明确,组织的规章和程序不清晰,则指导型领导方式最适合。

(2)对于结构层次清晰、令人不满意或者令人感到灰心的工作,领导者应采用支持型领导方式。当下属从事机械重复性的和没有挑战性的工作时,支持型领导方式能够为下属提供工作本身所缺少的"营养"。

(3)对于独立性和控制欲较强的员工来说,参与型领导方式具有积极的影响,因为这种类型的下属喜欢参与决策和工作建构。

(4)当任务结构不明确时,成就导向型领导方式较为可取。在这种情境中,激发员工挑战性和设置高工作标准的领导者能够增强下属实现目标的自信心。

路径-目标理论如图 8-4 所示。

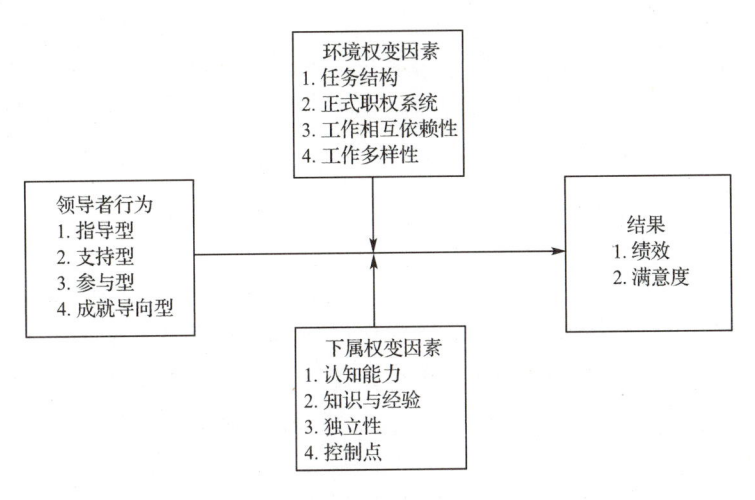

图 8-4 路径-目标理论

8.2.4 新型领导理论

1. "改革型"或"超凡魅力"的领导者理论

20世纪80年代以来,一些管理学者提出了"改革型"或"超凡魅力"的领导者的概念。

管理学家伯纳德·M.巴斯把领导者分为两类,即事务型和改革型。前者给下属提出需要做什么、有哪些要求,帮助下属树立信心并实现目标;后者则通过提高员工对完成工作的价值与意义的认识、强调追求更高层次的需求等来激励下属完成比原先预期的更多的工作。

理查德·博伊德在巴斯的基础上,提出"改革型"领导者必须具备五种新的领导技能。

(1)预见技能:对不断变化的内外部环境深谋远虑。

(2)想象技能:运用说服和榜样的作用引导下属按领导者或整个组织的意图行事。

(3)价值观综合技能:把员工在经济、安全、心理、精神、美学和物质等方面的需求统合起来,以使组织成员有共同的动机、价值观和目标。

(4)授权技能:乐意并且有效地与下属分享权力。

(5)自治或反省技能:既明白自己的需求与目标,也了解下属的需求与目标。

理查德·博伊德的一个重要观点是,上述这些新的领导技能并不是生来就具备的,而要在实践中锻炼、培养、学习和提高。

罗伯特·豪斯探讨了具有超凡魅力的领导者。他认为,具有超凡魅力的领导者拥有非常大的权力、强烈的自信心、强大的支配力,以及对于信念和道德的坚持,以使下属认为跟随他是正确的。具有超凡魅力的领导者能提出一个有想象力的、更远大的目标,从而赢得追随者的支持。这样的领导者以自己为榜样来强调他所坚持的价值观,以使追随者确信能实现领导者的期望。

大量研究表明,具有超凡魅力的领导者与下属的高绩效和高满意度之间有着十分显著的关系。许多学者认为,超凡魅力不是天生具有的而是后天形成的,可以通过培训获得。比如,研究者曾经成功地训练一些本科生"成为"具有超凡魅力者。他们训练学生学会清晰生动地阐述一个宏伟的目标并向下属传递取得高绩效的期望,表示对于下属有能力实现目标充满信心,重视下属的需要。研究者还进一步训练学生,使他们学会富有魅力的非言语行为。通过一段时间的训练和练习,学生们能够表现出坚定、自信和活跃的形象,并学会了使用富有魅力的语调进行交流。

2. 以价值观为基础的领导理论

20世纪90年代中期,罗伯特·豪斯和他的同事根据多年的实证研究,在路径-目标理论的基础上,综合了领导特质理论、领导行为理论和领导权变理论的特点,以组织的愿景来替换并充实原来的"路径-目标",围绕价值观这个核心概念,阐述了什么样的行为能有效地帮助领导者形成组织的共同价值观,以及这些行为的实施条件,提出了以价值观为基础的领导理论。

该理论认为,被领导者对领导者所信奉的并已融入企业文化的价值观的共享和认同程度越高,领导行为就越有效。也就是说,持有明确价值观的领导者通过明确表达愿景,向组织和工作注入自己的价值观,使之与被领导者所持有的价值观和情感发生共鸣,唤起被领导者对集体目标和愿景的认同,进而提高领导行为的有效性。

以价值观为基础的领导理论还认为,有些行为对于形成组织的共同价值观非常有效,组织成员在对领导者所信奉的价值观产生强烈认同并内化为自身的价值观后,会产生强烈的激励效果,这些行为被称为以价值观为基础的领导行为,包括清楚地表达组织愿景;向员工展示领导者自身的良好素质、对愿景的不懈追求和牺牲精神;传达对员工的较高期望,表达对他人的高度信任;树立追求组织愿景的个人榜样;用智慧的手段将富有创造性的员工团结在自己周围。

以价值观为基础的领导理论强调价值观的感召作用。这种感召能够不断吸引有能力的人加入组织。在一个有着强烈的共同价值观的组织中,即使有困难出现,员工也会为了共同的价值观而同甘共苦,一起渡过难关。大量的实证研究表明,领导者采用以价值观为基础的领导方式,将会对下属产生巨大的影响和积极的效果。当下属认同领导者所信奉和倡导的价值观后,这种认同会逐渐内化为下属自身价值观的一部分,成为其为人处世的原则。

以价值观为基础的领导行为,能使组织成员自觉地朝着共同价值观指引的方向努力,并且成员之间为了实现共同价值观会加强沟通,这样就容易形成一种氛围。与共同价值观取向一致的行为会得到大家的赞许和认同,能为组织做贡献将被视为一种个人自我价值提升的表现。这种组织是克服了组织与个人的对立状态、达到和谐共生的组织。

3. 情商领导理论

哈佛大学心理学博士丹尼尔·戈尔曼于1995年在其《情商》一书中提出了情商型领导者的五个要素:自我认知、自我规范、激励、移情和社交技能。在这五个要素中,自我认知、自我规范、激励代表自我管理,移情和社交技能则代表人际技能。戈尔曼认为,以往的领导理论和实践过多强调领导的理性方面,忽略了对情商的重视。但是,对于最高领导者而言,这些情商因素与"传统的"智商(IQ)和技术技能同样重要。没有可靠的自我管理,即前三个要素,组织中的下属就很难接受领导者的愿景;没有移情和社交技能,即后两个要素,领导者就很难与顾客、供应商以及组织外的其他人有效合作以建立起友好关系。

戈尔曼形象地提出,群体中的人们能够体会到相互的情感,人们共同调制出一种"情感汤",每个成员都加入自己的汤料,但只有领导者加入的汤料对于汤的味道起着决定性作用。人们通常以领导者对某事的反应作为参照来调整自身的反应,这意味着领导者在某种程度上设定了情感标准。因此,最高领导者的情绪或态度会感染和影响整个组织的情感氛围。

戈尔曼认为,在领导者所拥有的各种能力中,80%~90%都与情商有关,也许10%~20%与战略、愿景有关,但与技术技能基本没有关系。因此"仅仅因为某人在技术方面出类拔萃就将其提拔到领导岗位"这一逻辑是站不住脚的。

8.3 沟 通

8.3.1 沟通与沟通过程

1. 沟通的概念及作用

沟通就是信息的交流,是信息由发出者到达接收者并为接收者所理解的过程。沟通既能交流情报信息,也可以传达思想感情。沟通存在有效性问题,只有有了正确的理解,才能说沟通有效,如果信息传出却不能被接收者正确理解,则意味着沟通出现了障碍。沟通在领导者的工作中占有非常重要的地位,尤其对于领导工作具有重要意义,一个人若不能进行有效沟通,则其不可能成为有效的领导者;一个组织若缺乏必要的沟通,则组织运转会发生故障,各个部门的工作会出现紊乱的状况。

沟通在组织中发挥的作用可以归纳为三方面:

(1)沟通是组织的凝聚剂和润滑剂

每个组织均由大量成员个体组成,不同成员有着不同的地位、利益和能力,掌握着不同的信息。正是通过沟通,成员才能互相交流意见,统一思想认识,保证个体目标不会偏离组织的总体目标,沟通使得组织凝聚为一个有共同目标的整体。同时,沟通使得成员之间可以协调工作活动,建立起相互信任的、融洽的工作关系。

(2)沟通是领导者激励下属、实现领导职能的基本途径

一个领导者不管有多么高超的领导艺术,有多么灵验的管理方法,他都必须将自己的意图和想法告诉下属,并且了解下属的想法。领导环境理论认为,领导者就是了解下属的愿望并为此而采取行动,为满足这些愿望而拟订与实施各种方案的人;下属就是从领导者身上看到能实现自己愿望或目的的人。而这些"目的"被"看到"或被"了解"都需要沟通这个基本工具和途径。

(3)沟通建立起组织与外部环境联系的桥梁

组织必然要与顾客、政府、公众和竞争者等发生各种各样的关系,它必须按照顾客的要求调整产品结构,遵守政府的法规法令,担负自己应尽的社会责任,获得适用且廉价的原材料,并且在激烈的竞争中获得一席之地,这使得组织不得不和外部环境进行有效沟通。而且由于外部环境永远处于变化之中,组织为了生存,就要不断地与外界保持持久的沟通,以便把握住成功的机会,避免失败的可能。

2. 沟通过程

一个完整的沟通过程包括七个环节,如图 8-5 所示。

(1)沟通主体:信息的发出者。

(2)编码:沟通主体将信息转换成传输的信号或符号的过程,如文字、数字、图画、声音或身体语言等。

(3)沟通渠道:通过某种渠道将信息传递给信息接收者。

(4)解码:客体对接收到的信息所做出的解释、理解。

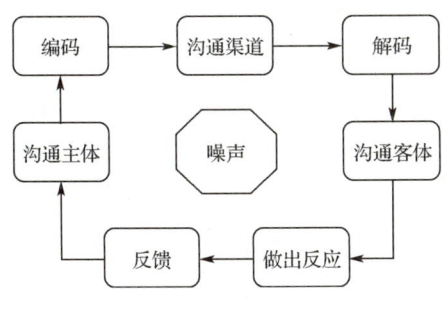

图 8-5　沟通过程

(5) 沟通客体：信息的接收者。

(6) 做出反应：信息接收者根据接收到的信息开展行动，体现出沟通效果。

(7) 反馈：信息接收者将其理解的信息再返回给信息发出者，信息发出者对反馈信息加以核实并做出必要的修正。反馈构成了信息的双向沟通。

沟通的过程会受到噪声的影响。噪声是指沟通过程中对信息传递和理解产生干扰的一切因素。噪声存在于沟通过程的各个环节，如难以辨认的字迹、沟通双方有较难听懂的语言、固有的成见、身体的不适、对对方的反感等都会成为沟通过程中的噪声。

8.3.2　沟通渠道与类型

1. 沟通渠道

沟通可以通过多种多样的渠道来进行，如面对面交谈、电话、微信、微博、电子邮件、备忘录、信函以及正式报告等。不同汇通渠道在传达信息的丰富度上是不同的，如图 8-6 所示。

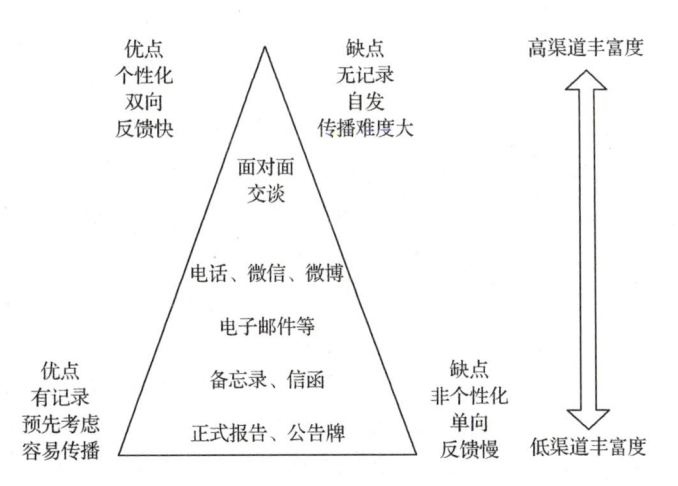

图 8-6　不同沟通渠道的丰富度层级

丰富度处于最高层级的沟通是面对面交谈，它有助于对多种信息的传达和对沟通情境的深层次、情绪化的理解。其次是电话沟通，尽管没有眼神、面部表情、姿势和其他肢体语言的暗示，但是人的声音依然可以传递大量富有情感的信息；微信、微博是近些年使用数量呈现爆发式增长的一种沟通方式,除了文字以外,还可以方便地使用语音、图像等进行沟通。电子邮件也是一种重要的沟通方式。备忘录和信函,其沟通渠道丰富度较低,传达的只是纸面上的文字,而且反馈速度较慢。非个性化的书面载体的沟通渠道丰富度最低,包括正式报告、公示牌等,它们只能传递有限的信息,信息接收者无法提供反馈。

2. 沟通类型

按照不同的划分标准,沟通有多种分类方式。按照发挥的功能,沟通可以分为工具式沟通和感情式沟通。一般来说,工具式沟通指信息发出者将信息、知识、想法、要求传达给信息接收者,其目的是影响和改变信息接收者的行为,最终实现组织的目标。感情式沟通指沟通双方表达情感,获得对方精神上的同情和谅解,最终改善相互间的关系。按照组织系统,沟通可分为正式沟通和非正式沟通。一般说来,正式沟通指以正式组织系统为渠道的信息传递,非正式沟通指以非正式组织系统或个人为渠道的信息传递。按照方向,沟通可分为下行沟通、上行沟通、平行沟通和网状沟通。按照是否进行反馈,沟通可以分为单向沟通和双向沟通。

8.3.3 沟通障碍及克服

1. 常见的沟通障碍

在现实的管理情境中,存在着各种沟通障碍,影响沟通效果。对于管理者来说,一般仅掌握沟通方式是不够的,还需要了解沟通过程中可能存在的障碍,以全面地、科学地对沟通进行控制,使组织内部的工作能够有效开展,实现组织的最终目标。

沟通障碍主要有人际障碍、组织障碍和文化障碍。

(1) 人际障碍

人际障碍可能来自信息发出者,也可能来自信息接收者,通常是由个体认知、能力、性格等方面的差异造成的。主要表现为:

①表达能力:沟通者表达能力欠佳,如用词不当、口齿不清、逻辑混乱、自相矛盾、模棱两可等,会使信息接收者难以准确理解信息发出者的真实意图。

②知识经验差异:沟通双方存在知识和经验方面的差异,阻碍沟通的顺利进行。

③个性与人际关系:信息发出者的个性及沟通双方的关系会影响沟通效果,一个虚伪、狡诈、人际关系差的人,发出的信息即便属实,也不一定有人会轻易相信。

④情绪:情绪对于信息的发出和接收均有很大影响,极端情绪使得人们无法进行客观而理性的思考,会使得信息发出者口不择言,使得信息接收者做出不理性的反应。

⑤选择性知觉:在沟通过程中,信息接收者会根据自己的需要、动机、经验、背景及其他个性特征有选择地去看或去听信息。解码的时候,还会把自己的兴趣和期望带到所接收的信息中。符合自己观点和需要的,就容易听进去;不符合自己观点和需要的,就不大容易听进去。

⑥信息过滤:信息发出者为投信息接收者所好,故意操纵信息传递,造成信息的歪曲。如员工常因害怕传达坏消息或取悦上级而向上级"报喜不报忧"。信息过滤的主要决定因素是组织结构中的层级数目,组织纵向层级越多,信息过滤的机会也就越多。

⑦信息过量:信息过量同样会阻碍有效沟通。当加工和消化大量的信息变得不可能时,人们就会忽视、不注意或者忘记信息,这经常会导致信息流失,降低沟通的效率。

(2)组织障碍

组织障碍的根源存在于组织的等级结构之中。无论组织的复杂程度如何,它都有专门的职责和多层职权,这种专业化分工为沟通困难的产生提供了合适的土壤。组织障碍主要表现为:

①组织结构不合理。组织层级过多,信息在层层传递的过程中不仅容易失真,而且会浪费大量时间,影响沟通的效果与效率。另外,如果组织结构臃肿、各部门之间分工不明、机构重叠或条块分割,就会给沟通双方造成一定的心理压力,引起传递信息的歪曲,从而降低信息沟通的有效性。

②组织氛围不和谐。若组织气氛不和谐,成员之间相互猜忌、相互提防,则沟通有效性会被大大削弱。此外,命令和请示是否拘泥于形式也会对沟通有效性造成影响。

(3)文化障碍

人类的沟通要在一定的文化背景下发生,而文化也不能离开沟通而存在,沟通与文化密切相关,文化会促进或阻碍沟通。信息发出者和信息接收者之间的文化相似性有利于沟通,但文化的差异则会造成人际沟通的障碍。不同的文化差异通过自我意识、语言、穿着、饮食、时间意识、价值观、信仰、思维方式等方面表现出来。如西方管理者更偏重于正式的沟通,而在东方文化中,非正式的、私下的沟通可能会占较高的比重。西方社会比较注重个人发展及成就,权力距离较小,因此沟通方式比较直接;而东方社会比较重视团队和谐,权力距离较大,在工作时,人们不希望过分突出自己,更不愿和同事或上级发生任何明显的冲突。

2.克服沟通障碍

为克服人际障碍、组织障碍和文化障碍,管理者必须掌握或培养一定的沟通技巧。有些沟通技巧对于管理者发出信息特别重要,另一些则对管理者接收信息至关重要。这些技巧能帮助管理者获得决策和行动所需的信息,与其他成员达成共识。

(1)学会倾听

"自然赋予人类一张嘴、两只耳朵,就是要我们多听少说。"一般来说,在沟通过程中最常用到的能力是"洗耳恭听"和"能说会道"。在实践中,人们往往重视语言表达能力的训练而忽视倾听能力的提升,结果就是说得多、听得少。其实,沟通的最大困难不是在于如何把自己的意见、观点说出来,而是在于如何听出别人的心声。倾听不仅是生理意义上的听,更是一种积极的、主动的、有意识的思考。在倾听的过程中,不仅要接收、理解别人所说的话,而且要接收、理解别人的手势、体态和面部表情;不仅要从中得到信息,而且要理解别人的思想和情感。

(2)重视反馈

反馈是指信息接收者给信息发出者一个信息,告知信息已收到以及理解信息的程度。反馈是沟通过程中的最后一个环节,并且往往是决定沟通目标可否实现的关键。很多沟通问题可以直接归因于误解或信息不准确。正确使用信息反馈系统,能够极大地减少沟通的障碍。反馈既可以是言语的,也可以是非言语的。例如,信息发出者可以让信息接收者用自己的话复述信息,如果听到的复述符合信息发出者的本意,则有利于确保沟通的准确性。

(3) 克服认知差异

认知差异可能会成为沟通障碍,因此为了克服认知和语言上的差异,信息发出者应该使信息清晰明了,尽可能使具有不同观点和经验的信息接收者都能够理解。只要有可能,就应该尽力了解沟通对象的背景,尽可能从别人的角度看待问题,使用信息接收者容易理解的方式选择用词和组织信息,这样有助于提高沟通的有效性。

(4) 抑制情绪化反应

情绪化反应会使信息的传递严重受阻或失真。处理情绪因素最简单的方法就是暂停沟通直到完全恢复平静。管理者应该尽力预期员工的情绪化反应,并做好准备加以处理。管理者也需要关注自己情绪的变化,以及这种变化如何影响他人。

8.3.4 冲突与谈判

1. 冲突

冲突是一种广泛存在的社会现象,它以各种形式存在于人类社会活动的各个层面、各个领域和所有行为主体之中。冲突是指由于某种差异而引起的抵触、争执或争斗的对立状态。人与人之间在利益、观点、掌握的信息或对事件的理解上都可能存在差异,有差异就可能引起冲突。不管这种差异是否真实存在,只要一方感觉到有差异就可能会发生冲突。冲突的形式可以从最温和、最微妙的抵触到最激烈的罢工、骚乱和战争。

冲突的来源大致可以分为个体差异、沟通差异和结构差异。

(1) 个体差异

每个人的成长经历、家庭背景、文化水平等不同,造成个体价值观、性格特征、能力、思维方式等方面存在差异。人们之间这种个体差异往往会造成合作和沟通的困难,从而成为某些冲突的根源。

(2) 沟通差异

语义理解的困难、信息交流不充分、沟通渠道中的噪声等因素都可构成沟通障碍,并成为冲突的潜在条件。

(3) 结构差异

结构差异指因组织结构本身的设计不良而造成整合困难,最后导致冲突。组织本身存在水平差异和垂直差异,个人会因为部门立场、目标、资源分配等差异产生争执,这种冲突并非由于个人之间的敌意而产生,而是对事不对人。常见的导致冲突产生的结构差异包括:专业化、任务互依性、资源稀缺、目标差异、权力分配、职责模糊等。

西方现代冲突理论认为,冲突既可以给组织带来积极的影响,也可以给组织带来消极的影响,冲突水平过低和过高都会给组织带来不利影响,应当将冲突控制在一个适当的水平。因此,在冲突管理中应当注意,对于引起冲突的各种因素、冲突过程、冲突行为加以正确分析、处理和控制,努力把已出现的冲突引向建设性轨道,尽量避免破坏性冲突的发生和发展,适度地诱发建设性冲突并把冲突维持在适当的水平之内,以便达到"弃其弊而用其利"的冲突管理目标。

处理冲突是一种艺术,管理者在冲突管理的过程中,应当做到以下几点:

(1) 谨慎选择想处理的冲突

管理者应当选择处理那些群众关心、影响面大,对推进工作、打开局面、增强凝聚力、建设组织文化有意义、有价值的事件。其他冲突均可尽量回避,事事时时都冲到第一线的人并不是真正优秀的管理者。

(2) 仔细研究冲突双方的代表人物

管理者应仔细研究冲突双方的具体情况,如哪些人卷入了冲突?冲突双方的观点是什么?差异在哪里?双方真正感兴趣的是什么?代表人物的性格特点、价值观、经历和资源因素如何?

(3) 深入了解冲突的根源

管理者不仅要了解公开的、表层的冲突原因,还要深入了解深层的、没有说出来的原因。如果冲突是多种原因共同作用的结果,还要进一步分析各种原因作用的强度。

(4) 妥善选择处理冲突的方法

通常的处理办法有五种:回避、迁就、强制、妥协、合作。当冲突无关紧要时,或当冲突双方情绪极为激动,需要时间恢复平静时,可采用回避策略;当维持和谐关系十分重要时,可采用迁就策略;当必须对重大事件或紧急事件进行迅速处理时,可采用强制策略,用行政命令方式做出让某一方牺牲利益的处理后,再慢慢做安抚工作;当冲突双方势均力敌、争执不下需采取权宜之计时,只能让双方都做出一些让步,互相妥协;当事件重大,双方不可能妥协时,经过开诚布公的谈判,使事情向对双方均有利的方向发展。

2. 谈判

谈判是双方或多方为实现某种目标就有关条件达成协议的过程。这种目标可能是为了实现某种商品或服务的交易,也可能是为了实现某种战略或策略的合作;可能是为了争取某种待遇或地位,也可能是为了减税或贷款;可能是为了弥合相互的分歧而走向联合,也可能是为了明确各自的权益而走向独立。市场经济就是一种契约经济,一切有目的的经济活动、一切有意义的经济关系,都要通过谈判来建立。管理者总是面对无数的谈判对手。进行谈判时,管理者应当:

(1) 理性分析谈判事件。抛弃历史和感情上的纠葛,理性地判别信息、依据的真伪,分析事件的是非曲直,分析双方未来的得失。

(2) 理解你的谈判对手。理解谈判对手的制约因素是什么?他的真实意图是什么?他的战略是什么?他的兴奋点和抑制点在哪里?

(3) 抱着诚意开始谈判。态度不卑不亢,条件合情合理,提法易于接受,必要时,可以主动做出让步(也许只是一个小小的让步),尽可能地寻找双赢的解决方案。

(4) 坚定与灵活相结合。对自己目标的基本要求要坚持,对双方最初的意见(如报价)不必太在意,那多半只是一种试探,有极大的伸缩余地。当陷入僵局时,应采取暂停、冷处理等措施后再谈,或争取第三方调停,尽可能地避免破裂。

8.4 激励

8.4.1 行为模式、人性假设与激励机理

管理者行使领导职能的主要内容就是激励组织中的成员为实现组织的目标而努力奋斗。作为名词的激励是指促使人们实施某种行为的内在的或外在的动力,作为动词的激励则是指使人们获得这种行为动力的过程。管理者要影响人们的行为,就必须理解人们的基本行为模式,依据人的行为规律,从人性的假设出发,明晰激励的机理。

1. 行为模式

行为是人类在环境影响下一切外在反应的统称,其构成要素包括行为主体、行为客体、行为环境、行为手段和行为结果。可笼统地将行为划分为动机性行为与非动机性行为两种。动机性行为是在人的理性意识支配下按照一定的规范进行并达成一定成果的活动,非动机性行为则是人在无意识状态下进行的无目的活动。动机性行为属于激励理论研究的范畴,从其内涵可以进一步推导出动机性行为的三大特征。首先,该行为是在人的理性意识支配下的活动,具有一定的目的性、方向性及预见性;其次,该行为与一定的客体相联系,作用于一定的对象,其结果与行为的动机、目的有一定的内在联系;最后,该行为会受到环境的影响,是人的内在因素和外在因素相互作用的函数。

动机性行为的一般过程包括刺激、需要、动机、行为、目标、挫折等环节。当个体处在一定的社会环境中,受到某种内外诱因的刺激时,便产生某种需要。当个体产生某种需要而未获得满足时,心理上就会产生不安和紧张感,于是产生内在的行为驱动力,即动机。有了动机,个体便会开展满足需要的活动,即行为。行为若能达成目标,个体需要便会得到满足,个体的心理紧张感亦会消除,然后在新的内外诱因刺激下,个体又会产生新的需要,形成新的动机,引起新的行为;行为若未能达成目标,个体原来的心理紧张感会增强,有的个体会因此消沉而产生消极行为,而意志坚定者则会继续努力追求需要的满足。这一过程如图 8-7 所示。

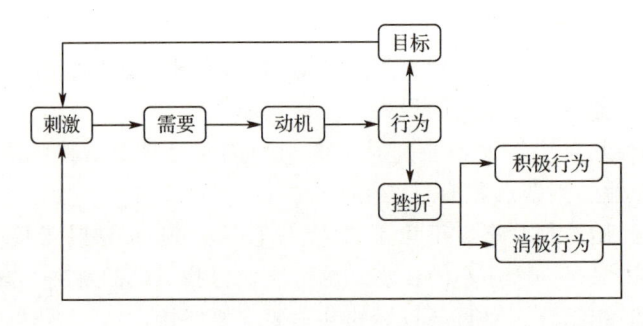

图 8-7 动机性行为的一般过程

由此可见,人的行为过程是一个循环往复的过程。人的行为总是指向一定的目标,又总是为一定的动机所支配;动机被需要所决定,需要又是在一定的社会环境背景下受内外

刺激所产生的。依据行为过程的这一规律,组织管理者可以对劳动者未满足的需求展开刺激,强化劳动者的动机,引导劳动者的行为目标,进而促使劳动者产生组织期望的积极行为。

2. 人性假设

"如何激励人往往取决于如何看待人",因此对人性的合理假设是激励生效的前提。关于人性假设有许多不同观点,其中有代表性的有:经济人假设(X 理论)、社会人假设(人际关系理论)、自我实现人假设(Y 理论)和复杂人假设(超 Y 理论)。部分假设在本书第三章中已有介绍,这里仅做简单回顾。

(1) 经济人假设(X 理论)

经济人假设认为,人是以追求个人利益最大化为目的并积极从事经济活动的主体,具有四个特点:第一,人必然是自利的,且不是孤立的。追逐个人利益的动机是人行为的驱动力;人不能孤立生存,只有在经济生活中与他人进行交往,才能谋求私人的利益。第二,人总是凭借所处环境判断自身的利益,努力使用各种手段,追求自身利益的最大化。第三,人唯一的目的是追求私人的利益,但最终会增加社会的公共利益。但是,这一过程需要有良好健全的法制和规则作为保证。第四,人追逐私人利益的手段和内容会随着社会发展而发生变化,但其自利的本性不变。美国心理学家麦格雷戈在《企业的人性面》中提出的 X 理论,对经济人假设做了进一步详细解释。

(2) 社会人假设(人际关系理论)

社会人假设是人际关系理论的重要研究成果之一。该假设的基本观点包括四个方面:第一,从根本上说,劳动者因社会需求引起自身工作的动机,并且通过与同事的关系获得认同感;第二,工业革命与工业合理化使得工作本身失去了意义,因此劳动者只能从工作中的社会关系寻求工作的意义;第三,劳动者对同事们的社会影响力,比对管理者所给予的经济诱因控制更为重视;第四,劳动者的工作效率随着管理者能满足他们社会需求的程度而改变。

(3) 自我实现人假设(Y 理论)

马斯洛、阿吉里斯和麦格雷戈等心理学家提出了自我实现人假设,其中以马斯洛的需求层次理论影响最大。马斯洛认为人类需求的最高层次是自我实现,"每个人都需要发挥自己的潜力,表现自己的才能;只有人的潜力充分发挥出来,人的才能充分表现出来,人才会感到最大的满足"。也就是说,有别于经济人假设强调的物质需求和社会人假设强调的情感需求,自我实现人假设具有发挥潜能、追求自我完美的需要。麦格雷戈在自我实现人假设的基础上提出了 Y 理论,进一步丰富了自我实现人假设的相关内容。

(4) 复杂人假设(超 Y 理论)

复杂人假设认为,人既不是单纯的经济人,也不是完全的社会人,更不是纯粹的自我实现人,而是复杂人。人的复杂性体现在两个方面:第一,就个体而言,人的需要和潜在愿望是多种多样的,而且这些需要和潜在愿望会随着人的年龄、在社会中所扮演的角色、所处境遇和人际关系的变化而不断发生变化。第二,就群体而言,不同人的需要是千差万别的,无论是经济人假设、社会人假设,还是自我实现人假设,都不是普遍适用的。

3. 激励机理

激励机理旨在揭示激发个体行为积极性的一般原理，其建立在对人的行为规律和人性假设的正确认知的基础之上。科学的激励机理必须符合人的行为规律和人性假设，任何违背人的行为规律和人性假设的激励措施都将无法达到调动个体积极性的目的。依据人的行为规律，人的行为过程包含三类基本变量，即刺激变量、机体变量和反应变量。刺激变量是指对个体反应产生影响的外界刺激，也叫诱因，如自然环境刺激、社会环境刺激等。机体变量是对个体反应产生影响的内部决定因素，是个体本身的特征，如个体性格、动机等。反应变量是刺激变量和机体变量在个体反应上引起的变化。对应到人的一般行为规律，刺激属于刺激变量，个体的需要、动机属于机体变量，个体的行为则属于反应变量。激励过程的本质就是通过刺激变量引起机体变量（需要、动机）产生持续不断的个体兴奋，从而引起个体积极行为反应的过程。

依据人性假设，人的需要是一个包含了物质经济需要、社会关系需要和自我实现需要的复杂动态系统。不仅不同的人的需要存在差异，而且同一个人在不同的时间、不同的境遇下需要也不尽相同。人的行为选择往往并非完全偏向一种需要，而是受制于多种需要的调和与相互妥协。因此，激励措施生效的关键就在于甄别出不同的人在不同的时间、不同的境遇下的优势需要并加以刺激，调动其工作积极性，实现组织目标。

8.4.2　内容型激励理论

自行为科学诞生以来，人们在探讨如何激发人的动机、满足人的需要、调动人的积极性方面做了大量工作，提出了许多有关激励方面的理论。"需要导致行为"这一过程是我们对于人类行为的一个最简单的描述。根据这一过程着眼点的不同，激励理论可以分为内容型、过程型和行为修正型三种类型。内容型激励理论关注构成过程起点的人的需要，过程型激励理论着重于需要导致行为的过程本身，而行为修正型理论主要考察了这一过程的重点，即人的行为。本节着重对内容型激励的几种代表理论进行介绍。

1. 需求层次理论

心理学家亚伯拉罕·马斯洛（Abraham Maslow）于1943年在《人类激励理论》中提出的需求层次理论是最广为人知的内容型激励理论。该理论认为人的需求以层次的形式出现，由低级的需求开始逐级向上发展到高级的需求。马斯洛断定，当一组需求得到满足时，这组需求就不再成为激励因素了。他将人的需求分为生理需求、安全需求、社交需求、自尊需求以及自我实现需求五个层次。生理需求是人类维持自身生存与发展的需求，如吃饭、穿衣、饮水、住房等需求。安全需求是人类保护自身免受伤害的需求，如职业安全、人身安全、社会保障、劳动保护等需求。社交需求是人类在社会交往方面的需求，如友谊、爱情、亲情、隶属关系等需求。自尊需求是人类自我尊重与希望受到他人尊重的需求，如成就、名声、地位、权力和晋升等需求。自我实现需求是人类追求至高人生境界的需求，如实现个人理想和抱负、发挥个人潜能等方面的需求。

马斯洛认为，只有当较低级的需求基本得到满足之后，才会产生较高级的需求。人们尚未得到满足的较低级的需求叫作主导需求，主导需求决定着人们的行为。需要注意的是，马斯洛并未说过人非得在某一层次的需求获得百分之百的满足之后才会产生下一个层次的需求。事实上，人的各项基本需求都有部分满足，也有部分不满足，较低层次的需求得到一定程度的满足之后，便会产生较高层次的需求。另外，马斯洛所列举的各需求层次之间没有明确界限，层次与层次之间往往相互重叠，某一项需求的强度逐渐降低，而另一项需求的强度随之上升，各项需求的先后顺序及需求程度对于每个人来说是不同的。

马斯洛的需求层次理论在一定程度上反映了人类行为和心理活动的共同规律。该理论积极的一面在于：马斯洛从人的需求出发探索人的激励诱因，抓住了激励问题的关键；马斯洛指出人的需求有一个从低级向高级发展的过程，基本上符合人类需求发展的一般规律。但该理论也有其局限性，具体体现在：首先，马斯洛调查的对象主要是中产以上阶层的需求，将其推广缺乏普遍性；其次，马斯洛提出人的需求都是生来固有的，但实际上人的需求既有天生的，也有后天形成的；最后，马斯洛认为只有低层次需求基本得到满足后，高层次需求才会显现，这种需求的发展观带有明显的机械论色彩。

2. ERG 理论

心理学家克雷顿·奥尔德弗（Clayton Alderfer）于 1969 年提出的 ERG 理论可以看作是对马斯洛需求层次理论的一个修正，该理论认为人们存在三种核心需求，即生存（Existence）、相互关系（Relatedness）和成长发展（Growth）。其中，生存需求与人们基本的物质生存需求有关，它包括马斯洛提出的生理需求和安全需求；相互关系需求指人们对于保持重要的人际关系的要求，它对应着马斯洛提出的社交需求和自尊需求的外在部分；成长发展需求表示个人谋求发展的内在愿望，包括马斯洛提出的自尊需求中的内在部分和自我实现需求。

马斯洛的需求层次理论是一种刚性的阶梯式上升结构，即认为较低层次的需求要在较高层次的需求之前得到满足，二者具有不可逆性。ERG 理论并不强调需求层次的顺序，认为某种需求在得到满足后，人们可能去追求更高层次的需求，也可能不会有这种上升的趋势。ERG 理论认为，即使一个人的生存需求和相互关系的需求尚未得到完全满足，他仍然可以追求成长发展需求，而且这三种需求可以同时起作用。ERG 理论还提出了一种"受挫-回归"的思想，即当一个人较高层次的需求受到挫折时，那么作为替代，他的某一较低层次的需求可能会有所增加。

3. 双因素理论

20 世纪 50 年代后期，心理学家赫茨伯格和他在匹兹堡的心理学研究所的研究人员，对 11 个工商机构的 200 多名会计师、工程师进行问卷调查，要求他们回答"什么时候你对工作特别满意"，"什么时候你对工作特别不满意"，"满意和不满意的原因是什么"等问题，根据调查结果提出了双因素理论，如图 8-8 所示，主要观点如下：

（1）满意和不满意并非共存于单一的连续体中，而是截然分开的。因此引起人们对工作满意与不满意的因素不属于同一类别。

（2）使人们感到不满意的因素往往都是属于工作环境或外界因素方面的，被称为保健因素。典型的保健因素有企业政策、工资水平、工作环境、劳动保护、人际关系、安全等。

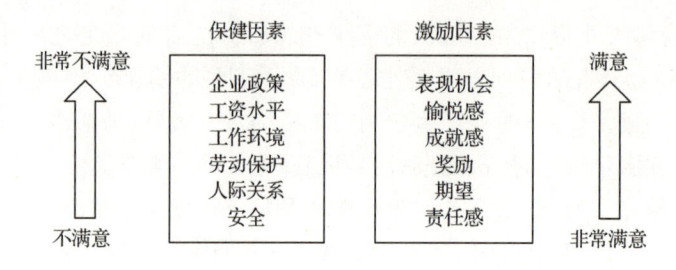

```
                保健因素        激励因素
非常不满意       ┌─────────┐   ┌─────────┐    满意
    ↑           │企业政策  │   │表现机会  │     ↑
    │           │工资水平  │   │愉悦感   │     │
    │           │工作环境  │   │成就感   │     │
    │           │劳动保护  │   │奖励     │     │
    │           │人际关系  │   │期望     │     │
    │           │安全     │   │责任感   │     │
 不满意          └─────────┘   └─────────┘   非常满意
```

图 8-8　赫茨伯格双因素理论

（3）使人们感到满意的因素往往都是属于工作本身或工作内容方面的,被称为激励因素。典型的激励因素有工作表现的机会、工作带来的愉悦感、工作上的成就感、由于良好的工作成绩而得到的奖励、对未来发展的期望、职务上的责任感等。

（4）保健因素只能消除不满意,激励因素才是调动人们积极性的关键。当保健因素恶化到可以接受的水平以下时,就会使得人们对工作产生不满；当保健因素很好时,人们不会因此而产生积极的工作态度。当激励因素不足时,人们并不会对工作产生不满；当激励因素上升到一定的水平时,人们会产生积极的工作态度和对工作的满意度。

双因素理论的提出促使管理者注意到工作重新设计（如工作丰富化、工作扩大化）的重要性。但与此同时,该理论曾受到许多非议：首先,赫茨伯格的调查样本只有 203 人,数量明显不够,而且对象是工程师、会计师等专业人士,缺乏普遍性；其次,赫茨伯格认为满意度和工作绩效的提高有必然的联系,但实际上满意度与工作绩效无直接相关性,人在不满意时也会因其他原因达到高绩效；最后,赫茨伯格将保健因素与激励因素截然分开,实际上保健因素与激励因素不是全无关联的,而是相互联系并可以相互转化的。

4. 成就需要理论

管理学家戴维·C.麦克莱兰在 20 世纪 50 年代先后撰写了《有成就的社会》《激励经济成就》两部著作,阐述了成就需要理论,其主要观点如下：

（1）人的高层次需要有三种,分别为成就需要、权力需要和亲和需要。成就需要是争取成功、希望做得最好的需要；权力需要是影响或控制他人且不受他人控制的需要；亲和需要是建立友好亲密的人际关系的需要。

（2）高成就需求者的主要特征有：事业心强、敢于负责、敢于寻求解决问题的途径；喜欢设立具有适度挑战性的目标,不喜欢凭运气获得的成功,不喜欢接受那些在他们看来特别容易或特别困难的工作任务；密切注意自己的处境,要求不断得到反馈信息,喜欢能立即给予反馈的任务；重成就、轻报酬,报酬对高成就需求者来说,只是衡量其进步和成就的工具。

（3）成就需要不是天生的,它可以通过培养来提高,其更多是一种受环境、教育、实践综合影响的结果。

（4）一个组织的成功与组织具有高成就需要的人数密切相关,成就需要是使国家、企业取得高绩效的主要动力。

成就需要理论对于管理实践具有重要的指导意义,它对成就需要与工作绩效的关系进行了十分有说服力的推断,强调了成就需要对于提高组织绩效的作用,促使管理者致力于培训个体的成就需要。同时,麦克莱兰提倡的"工作本身应具有挑战性""组织应该为个体发展提供机遇"等激励措施在组织管理中很有应用价值。但是,成就需要理论过于强调个体高层次的需要,忽视了满足个体低层次需要的意义。

5. X 理论和 Y 理论

道格拉斯·麦格雷戈于 1957 年提出的 X 理论和 Y 理论是对人性认识的经典理论。X 理论是一种性恶论,Y 理论是一种性善论,两大理论的观点对比见表 8-5。

持有不同对人性认识观点的管理者会采取不同的管理方式。基于 X 理论的管理者较多地倾向于采取一种"胡萝卜加大棒"的管理方式。他们认为,组织应以经济报酬来诱导和驱使人们做出绩效,并以权力与控制体系来维护组织的运转及引导员工;其管理的重点在于提高效率,完成任务;其管理特征是订立严格的工作规范,加强控制。金钱刺激、严厉惩罚是惯用的管理手段。基于 Y 理论的管理者则倡导实行员工参与决策,为员工提供富有挑战性和责任感的工作,建立良好的群体关系,认为通过这些手段可以有效调动员工的工作积极性。

不可否认的是,在现实中,X 理论和 Y 理论的信奉者中均存在有效的、成功的管理者。但麦格雷戈本人相信,Y 理论的假设要比 X 理论更为有效。因此,他主张组织要重视为员工提供富有挑战性的和责任感的工作,倡导让员工参与决策,认为通过这些手段可以有效调动员工的积极性。

表 8-5　　　　　　　　　　X 理论和 Y 理论观点

X 理论	Y 理论
1. 多数人十分懒惰,他们总想方设法逃避工作 2. 多数人没有雄心壮志,不愿负任何责任,而心甘情愿受别人指导 3. 多数人的个人目标都是与组织目标相矛盾的,必须用强制、惩罚的方法才能迫使他们为达到组织的目标而工作 4. 多数人工作都是为了满足基本的需要,只有金钱和地位才能激励他们工作 5. 人大致可以划分为两类:多数人都是符合上述设想的;少数是能够自己鼓励自己、克制感情冲动的人,这些人应承担管理的责任	1. 一般人都是勤奋的,如果环境条件有利,工作就如同游戏或休息一样自然 2. 控制和惩罚不是实现组织目标的唯一手段。人们在执行任务中能够自我指导和自我控制 3. 在适当条件下,一般人不仅会接受某种职责,而且会主动寻求职责 4. 大多数人而不是少数人在解决组织的困难问题时,都能发挥出高度的想象力、聪明才智和创造性 5. 有自我满足和自我实现需要的人往往以达到组织目标作为自己致力于实现目标的最大报酬 6. 在现代社会中,一般人的智能潜力只得到了部分发挥

8.4.3　过程型激励理论

过程型激励理论主要着重于研究人从动机产生到采取行动的心理过程,主要包括目标设定理论、期望理论和公平理论等。

1. 目标设定理论

目标设定理论是由马里兰大学的洛克和拉瑟姆于 1967 年提出的,该理论主要研究目标本身的特性对人们行为的激励作用。洛克认为目标本身就具有激励作用,目标能把人的需要转变为动机,使人们的行为朝着一定的方向努力,并将自己的行为结果与既定的目标相对照,及时进行调整和修正,从而实现目标。主要观点如下:

(1) 目标对人们努力程度的影响取决于四个方面：一是目标明确性，具体的目标要优于空泛的目标；二是目标难易性，有一定难度的目标比唾手可得的目标要好；三是目标责任清晰度，责任清晰的目标比责任不明的目标好；四是目标接受度，被人们接受的目标可以提高人们在实现目标过程中的自觉性与主动性。

(2) 在实现目标的过程中，工作绩效水平取决于组织支持和员工个人能力与个性特点。因此，为帮助员工高效地达成目标，管理者必须为员工创造实现目标的条件，如做好后勤支持、进行能力培训、协调好各方面关系、解决工作中遇到的困难等。

(3) 目标实现后，应让员工获得满意的内在报酬和外在报酬。内在报酬主要由工作本身带来，如对自我存在意义、自我能力的肯定等；外在报酬主要是工作完成以后外界给予的回报，如表扬、奖金、晋升等。

目标设定理论证明了从目标设定的视角来研究激励是有效的。但该理论还存在一些尚未解决的问题，如目标冲突对工作绩效的影响、目标设定与员工满意度的关系等。

2. 期望理论

期望理论是由心理学家弗鲁姆于 1964 年提出的，该理论主要研究人们需要或动机的强弱和人们对实现需要或动机的信心强弱对行为选择的影响。其基本观点是，当人们预期他们的行动能带给自己某种特定的结果，而且这种结果对自己具有吸引力时，人们就会倾向于采取这种行动。它包括以下四个要素间的三种联系，如图 8-9 所示。

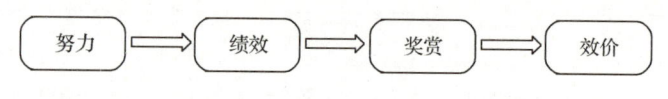

努力 → 绩效 → 奖赏 → 效价

图 8-9 期望理论的四个要素

(1) 努力-绩效：人们相信通过一定的努力可以达到某种绩效的可能性，这种关系称为期望（Expectancy）。

(2) 绩效-奖赏：人们相信达到一定绩效后可获得理想结果（奖赏）的可能性，这一期望称为工具性（Instrumentality）。

(3) 奖赏-效价（Valence）：所获得的结果或奖赏对自己的重要性。

这三种关系意味着人们采取某种行动所受的激励取决于对这三个问题的回答：

- 我必须付出多大的努力才能达到这一绩效水平（期望）？
- 当我达到这一绩效水平后会得到什么奖赏（工具性）？
- 这种奖赏对我有多大的吸引力（效价）？

一个人从事某一行为的动力，即所受激励的程度，取决于这四个要素的共同作用，用公式表达为

$$动力 = 期望 \times 工具性 \times 效价$$

期望理论告诉管理者，要想有效激励员工，就要处理好努力与绩效、绩效与奖赏以及奖赏与效价这三方面的联系，让员工从主观上产生行为的信心，激发员工的动力，并能从取得的成果中收获满足感。期望理论被认为是对激励理论的重要发展，其通过对各种权变因素的分析，论证了人们会在多种可能性中做出自身效用最大的选择，即人们的现实行

为往往是其认为激励力量最大的行为选择。但遗憾的是,该理论的涵盖面太广,内涵比较笼统,且忽略了对个体行为意志的考虑,故其适用范围有一定的局限性。

3. 公平理论

1976年心理学家 J. 斯泰西·亚当斯提出了公平理论。该理论着重研究了工资报酬分配的合理性、公平性对员工积极性的影响,即奖励与满足的关系问题。

公平是一种心理现象,是通过比较来判断的。公平理论指出,员工的工作动机不仅受其所得的绝对报酬的影响,而且受到相对报酬的影响,即每个人会不自觉地把自己付出劳动所得报酬与他人付出劳动所得报酬进行比较。当他发现自己的收支比例与他人的收支比例相等,或者现在的收支比例与过去的收支比例相等时,便认为是应该的、正常的,从而能够努力工作;而当发现不相等时便会产生不公平感,不公平感会使人们心理紧张和内心不平衡,从而做出一系列行为来消除不公平感。这些行为包括改变自己的付出或所得(如要求涨工资、消极怠工等)、改变他人的付出或所得(如要求高收入者请客、要求高收入者完成更多工作等)、自我安慰(如更换比较对象等)、一走了之(如抱怨、放弃工作、辞职等)。

公平理论提出的相对报酬的概念,对组织管理有较大的启示意义。该理论使管理者认识到社会比较是普遍存在的心理现象,利用公平感来调动员工积极性是一种重要的激励手段;而且该理论还对人们进行比较后可能引起的行为进行了分析预测,为管理者客观公正地评价工作业绩、确定工作报酬、预测员工行为提供了借鉴。当然,公平理论也有一定的局限性,如在实际社会生活中,"投入""产出"形式的多样性使得社会比较后的主观感受较难预测,同时,不完全信息也使得社会比较往往脱离实际情况,这些都为理论的实践应用造成了困难。

8.4.4 行为修正型激励理论

行为修正型激励理论不考虑人们的需要或需要与行为之间的心理过程,而是直接考察行为与行为后果之间的关系,本节主要介绍强化理论和社会学习理论。

1. 强化理论

强化理论是由心理学家斯金纳等人于20世纪50年代提出的。与前述的其他激励理论不同,强化理论不考虑需要、期望、公平这些因素,只关注人们采取某种行为会带来什么结果。该理论认为,行为是结果的函数,行为的原因来自外部,人们出于某种动机会采取一定行为作用于环境,当人们因采取某种行为受到奖赏时,该行为就可能在以后重复出现,而当行为没有受到奖赏时,其重复出现的可能性就会很小。

强化就是通过对某一行为的肯定或否定,在一定程度上决定该行为在今后是否重复发生。具体来说,可以采用正强化、负强化、自然消退和惩罚四种方式来对人们的行为进行修正。正强化就是奖励、肯定正确的行为以使其重复出现;负强化是指预先告知某种不符合要求的行为或不良绩效可能引起的后果,引导员工按要求行事,以此来回避令人不愉快的处境;自然消退是一种冷处理,指通过对于不希望发生的行为采取置之不理的态度,使其逐渐减少和不再发生;惩罚即对于不希望发生的行为采取惩罚措施,使之不再出现。

在实践中运用强化理论时,应将重点放在积极强化而不是惩罚上,对于不希望出现的行为,采取自然消退的做法有时比惩罚更有效,惩罚措施往往伴随着负面作用,需谨慎使用。另外,进行强化时必须注意及时性和准确性,无论表扬或批评都要实事求是,及时反馈。最后,应用强化方法也要因人而异,要注意从不同对象的心理特点出发,采取不同的方式方法。

强化理论揭示了行为塑造与修正的客观规律,被广泛应用于组织对员工工作行为的修正和改造中。但该理论过于强调对人的行为的限制和控制,忽视了人的内在心理过程和状态,并且该理论只讨论外部因素或环境刺激对行为的影响,忽略了人的因素和主观能动性对环境的反作用。

2. 社会学习理论

社会学习理论是由心理学家艾伯特·班杜拉于1977年提出的。它着眼于观察学习和自我调节在引发人的行为中的作用,重视人的行为和环境的相互作用。强化理论认为个人的学习本质上是因为受到正强化、负强化、自然消退和惩罚的影响,从而改变了其行为发生的概率。而社会学习理论则认为,除了加诸个体本身刺激物可以让其获得或失去某种行为,观察别的个体的学习过程也可以获得同样的效果。如小学生看到老师表扬讲礼貌的小朋友,他见到老师也会彬彬有礼,儿童的其他特质如性别角色等也是从社会环境中学习而来的。

社会学习理论的上述论断看起来似乎是尝试,但在科学上却是一大进步,通过这种理论,行为主义学派的强化理论被用来解释许多社会心理学问题。社会心理学第一次拥有了改造社会的理论。社会管理者开始更多地注意示范作用,榜样的教育意义受到了空前的重视。

从这一理论出发,组织中的管理者为了强化人们从事某些期望的行为,就要确保人们有机会看到所期望的行为受到组织奖励,确切地理解这种行为,记住该行为,并具有必要的技能来实现这种行为。在实践中,树立榜样、表彰先进等方式都有助于促进这种社会学习的发生。

8.4.5 激励方法

在激励实务中,管理者需要结合组织的特点和员工的需求,灵活运用各种激励理论,采取多种激励方法。常用的激励方法可以分为工作激励、成果激励和综合激励三类。工作激励是指通过合理设计工作内容和适当分配工作任务来激发员工的内在积极性;成果激励是结合对员工工作成果的正确评估,给予员工合理的奖惩,保持员工工作行为的良性循环;综合激励则是除工作激励和成果激励以外的其他辅助性激励方法。

1. 工作激励

员工在工作中存在多种需要和追求,他们希望自己的工作有意义,富有挑战性,并能拥有一定的自主权,通过对工作内容的合理调整,激发员工的劳动积极性。工作激励的措施包括工作扩大法、工作丰富法和岗位轮换法。

(1)工作扩大法

工作扩大法指通过扩大岗位工作的范围、增加工作岗位的职责,消除员工因从事单调乏味的工作而产生的枯燥厌倦情绪来提高员工的劳动效率。一方面可以进行横向扩大，让员工承担同一层级的多种类工作，如将分工较细的工序合并，让多名员工共同负责多道工序的操作；另一方面可以进行纵向扩大，将经营管理人员的部分职能转由生产者承担，如让工人参与生产计划的制订等。

(2) 工作丰富法

工作丰富法指提高岗位的技术含量和技能含量，使工作内容更具挑战性和自主性，以满足员工更高层次的心理需求。如培养员工掌握多种技术技能，使得员工了解所在岗位任务在组织总体中的关系与作用，增加员工参与管理决策的机会，对员工的工作成果进行评价和反馈等。

(3) 岗位轮换法

岗位轮换法指让员工在预定时间内变换工作岗位，使其获得不同岗位的工作经验的激励方法。该方法不仅能丰富员工的工作经验，使员工明确自己的长处和弱点，找到适合自己的位置，而且可以增加员工对组织整体工作的了解，改善日后部门间的合作关系。

2. 成果激励

成果激励就是依据员工的工作业绩，对员工的产出成果进行合适的评价，并依据该评价给予相应回报的激励方法。成果激励可以分为物质激励和精神激励两类。

(1) 物质激励

从满足员工的物质需要出发，对物质利益关系进行调节，从而激发员工的工作积极性。物质激励有多种形式，常见的包括工资、福利、员工持股计划等。工资直接与员工的工作行为和业绩挂钩，是组织定期直接支付给员工的劳动报酬。福利是组织根据劳动合同以及国家相关规定，为员工提供的间接报酬，一般包括健康保险、带薪休假、过节礼物和退休金等形式。员工持股计划是一种特殊的物质激励，是指为了吸引、保留和激励公司员工，让员工持有股票，使员工享有剩余索取权的利益分享机制和拥有经营决策权的参与机制。在实施员工持股计划的组织中，员工不再是组织的被雇用者，而是组织的所有者，因此员工会自发地产生积极的工作热情。

(2) 精神激励

满足员工在精神方面的需求，是一种有别于物质激励的无形激励。精神激励不仅成本较低，而且常常能取得物质激励难以达到的效果，是调动员工积极性、主动性和创造性的有效方式，包括情感激励、荣誉激励、信任激励等。管理者可以通过多种途径来增进与员工之间的情感互动，进行情感激励，满足员工渴望关怀、爱护和尊重的需要；也可以通过公开表扬、员工评比、头衔名号、晋级提升等来激发员工追求良好的声誉，满足员工对尊重和自我实现的需要；还可以通过授予实权、委以重任、允许犯错等，体现出组织对员工的信任，有效激发员工"士为知己者死"的工作斗志和热情。

3. 综合激励

除了上述方法以外，在管理实践中还存在其他一些辅助性激励方法，如榜样激励、危机激励、培训激励和环境激励等。榜样激励是指组织选择内部做法先进、成绩突出的个人或集体给予肯定和表扬，并要求其他个人或集体向其学习，从而激发全体成员积极向上的激励方法。危机激励是指组织通过不断地向员工灌输危机观念，让员工明白生存环境的艰难,以及由此可能对员工自身工作、生活带来的不利影响,进而激发员工自觉努力工作的激励方法。培训激励是指组织为员工提供定期或不定期的培训和教育,以满足员工渴望学习、渴望成长的需要的激励方法。环境激励是指组织通过改善政治环境、工作环境、生活环境和人际环境,从而使员工在工作过程中心情舒畅、精神饱满的激励方法。

无论采取哪种激励方法或激励形式,都要视员工特点来灵活应用,要重视外在激励与内在激励的统一,通过外部因素诱发员工内在动机的产生,最大限度调动员工的工作热情和积极性。

本章小结

本章对管理实践中的领导职能做了全面介绍。首先,对领导职能的含义、领导影响力的来源、施加影响的方法策略进行了概述;其次,按照理论提出的时间顺序,对领导特质理论、领导行为理论、领导权变理论、新型领导理论的主要内容等进行了梳理回顾;再次,探讨了沟通的概念、作用、类型,分析了常见的沟通障碍及克服沟通障碍的方法,并对组织中的冲突管理与谈判活动进行了介绍;最后,对激励的行为模式、人性假设与激励机制进行了探讨,并对内容型激励理论、过程型激励理论、行为修正型激励理论等代表观点进行了介绍,归纳了三种常用的激励方法。

请扫描二维码阅读案例

案例 8-1   案例 8-2   案例 8-3

第 9 章　控　制

在各项管理实践活动中,计划活动明确了组织的目标和实现目标的途径;组织活动形成了分工协作的结构;领导活动调动起组织成员的积极性,激励组织成员各司其职以实现组织目标。此外,还必须通过控制活动确保组织沿着正确的轨道前进,对实际工作与计划之间的偏差进行修正,保证组织目标按照计划实现。如果失去了有效控制,由于组织环境的不确定性、组织活动的复杂性、管理失误的不可避免性等原因,实际工作就有可能偏离计划和目标方向。正是通过控制活动,管理活动形成了一个闭合的循环,组织目标的实现才有了保障。实行有效的控制是不断提升组织效率和企业竞争力的必然要求。

要想在组织内实现有效控制,管理者需要了解建立控制系统的条件。通过建立控制系统,掌握控制过程与控制活动的原则,学习各种控制方式,思考组织需要进行控制的内容,了解控制阻力出现的原因及应对对策,掌握组织活动的进度及情况,对组织工作与计划的偏差进行及时、准确的测量与原因分析,并采取有效措施纠正偏差。

9.1　控制建立的条件

9.1.1　控制的含义

控制(Controlling)作为一项管理职能,是指管理者为了确保组织的目标得以实现,根据事先确定的标准对于计划的进展情况进行测量和评价,并在出现偏差时及时进行纠正的过程。控制活动是管理实践活动的最后一环,与其他管理职能有着密切的联系:计划、组织、领导职能是控制的基础,控制职能则是计划、组织、领导有效进行的必要保证。离开了计划、组织、领导职能,控制职能无法正常进行;反之,若缺少了适当的控制,计划、组织和领导职能就会流于形式,无法发挥实效作用。钱学森蛰伏五年,把控制论发展为一门技术科学,潜心撰写了《工程控制论》。该书于 1954 年在美国正式出版,以系统为对象,以火箭为应用背景讨论自动控制,系统揭示了控制论对自动化、航空、航天、电子通信等科学技术的意义和影响,充分体现并拓展了维纳《控制论》的思想,是对控制与制导方面进行创造性论述的经典专著[①]。

在组织活动中,导致实际工作偏离计划的原因是多种多样的:第一,组织所处的环境

---

① 包为民.工程与数学完美结合,系统科学思想的实践——纪念《工程控制论》发表 60 周年[J].控制理论与应用,2014.12

在不断发生变化,这使得在特定时间、环境下制订的组织计划不一定能够长期适用和顺利实施;第二,组织活动具有复杂性,在开展组织活动的过程中需要进行大量的组织协调工作,在协调的过程中容易出现偏差,如沟通不畅、分工不明、工作遗漏或职责重叠等,最终延缓工作进度;第三,在管理实践中,不可避免地出现一些管理失误,会导致组织陷入暂时的混乱中,使得工作偏离计划。

造成组织工作偏差的原因有很多,因此需要对组织活动进行控制,从而顺利完成计划,实现组织目标。实行有效的控制是不断提升组织效率和企业竞争力的必然要求,一个组织要在竞争中脱颖而出,就必须在运营效率、产品和服务质量、对顾客的响应、创新等方面有出色的表现。而管理者要提升组织运作效率,就必须掌握组织利用资源的现状,准确地评估组织已有的生产或服务效率。正是因为有了通过控制系统所获得的信息反馈,一个组织才能不断改进产品和质量,有针对性地指导员工更好地为顾客服务,从而在竞争中脱颖而出。同时,当一个组织拥有一个有效的控制系统时,就可加大对员工的创新授权,从而有利于推动组织内部创新。

9.1.2 控制系统的构成

管理者要想了解组织内外环境的变化,监控组织中各项工作的进展情况,及时发现和解决管理过程中出现的失误,就必须在组织中建立一个完整的控制系统。一个组织的控制系统由控制主体、控制客体、控制目标以及控制方法和手段四部分组成。

1. 控制主体

控制主体就是控制职能的履行者,为落实控制活动的职责与权力,在建立控制系统时必须首先明确各项工作的控制主体。组织内的控制活动以往是由人来执行和操纵的,因此,组织控制系统的主体是各级管理者及其所属的职能部门。

一般来说,企业中的控制主体可以划分为高、中、低三个层级:第一,以股东为主体的高层控制主体,包括股东会、监事会、董事会、经理人和党委、工会组织,他们对经营者及整个企业的业务经营活动进行控制;第二,以经营者和管理者为主体的中层控制主体,主要指各职能管理层,他们的控制责任来自总经理的授权,其具体责任形式表现为接受经理人员的控制、接受内部审计的监督,负责建立健全所辖范围的具体控制;第三,以普通员工为主体的低层控制主体,他们的控制需求来自岗位责任,主要负责控制自身岗位业务范围内的经营活动。

在现代,越来越多例行的、程序性的控制转由智能化的机器设备和信息网络来执行,管理者更多关注的是例外的、非程序性的控制。控制主体的控制水平是控制系统能发挥多大作用的决定性因素。

2. 控制客体

控制客体是指控制活动中所要评价的对象范围。从横向看,组织内的人、财、物、时间、信息等资源都是控制的对象;从纵向看,组织中的各个层级,如企业中的部门、车间、班组、各个岗位都是控制对象;从控制的阶段看,组织内不同的业务阶段也是控制对象,如企业中研、供、产、销都需要控制;从控制的内容看,行为、态度、业绩等都可以成为控制的对象。组织的控制应该是全面的控制,组织控制系统的控制对象原则上应是组织的各个方面,这些都能够成为控制客体。在选定控制客体时,还应把组织的各个方面当作一个整体来控制,只有统一控制才能使组织活动协调一致,达到整体的优化。

3. 控制目标

任何控制活动都有一定的目标取向,不存在无目的的控制。要建立控制系统,除要明确控制对象外,还要明确控制的目标体系,即要求控制在怎样的范围之内。在一个组织中,控制的目标体系常常体现为各种形式的控制标准,如时间标准、质量标准、行为准则等。控制应服从于组织发展的总体目标,因此,控制标准往往是根据总目标派生出来的分目标及各项计划指标或制度要求来确定的,无论是为了经济有效地利用组织资源还是确保信息质量,控制目标体系总是与组织目标体系和计划体系相辅相成。

4. 控制方法和手段

为了解控制对象实际达到控制目标体系的程度,我们还需要明确衡量控制对象实际状况与控制目标体系之间差距的方法和手段。虽然控制方法和手段有很多,只要控制对象确定、控制目标要求明确,就一定可以找到相应的衡量指标和衡量方法。

9.1.3 控制的基本前提

控制活动的根本目的在于保证组织活动的过程和实际绩效与计划目标、计划内容相一致,最终保证组织目标的实现。控制本身不是目的,而是保证目标实现的手段之一,必须将其置于整个管理工作过程之中才能发挥其应有的作用,不能"只顾数金蛋而忘了喂鹅"。任何形式的控制活动都离不开一定的前提条件,即其他管理职能必须顺利开展。

1. 有科学、切实可行的计划

控制的目的是保证组织目标与计划的顺利实现。控制目标体系是以预先制定的目标和计划为依据,控制工作与计划工作紧密相连。组织在行动之前制订出一个科学的、符合实际的行动计划,是控制工作取得成效的前提。相反,如果一个组织没有好的计划,或者有一个会导致组织走向失败的计划,那么控制工作做得越好,越会加速组织走向失败的进程。

2. 有专司控制职能的组织机构或岗位

控制活动的进行需要组织中有专司监督职责的机构或岗位,建立、健全与控制工作有关的规章制度,明确由何部门、何人负责何种控制工作。如果组织中没有专门的控制机构,而是由各部门自行监督、自行控制,那么就会出现管理部门和执行部门出于对自身利益的考虑而故意掩盖、制造假象、阳奉阴违的情况,也可能会存在管理部门由于忙于贯彻指令,无暇顾及调查研究及分析评价而难以反映真实状态的情况。因此,监督机构与相应的规章制度越健全,控制工作也就越能取得预期的效果。

3. 有畅通的信息反馈渠道

在控制工作中管理者需要不断将已达到的目标水平与预期目标进行比较分析,要想做到这点,就需要有畅通的信息反馈渠道,以使决策指令和各项计划的执行情况可以及时反馈给管理者。信息反馈的速度、准确性直接影响决策机构做出决策指令的正确性和纠偏措施的准确性,为了获得准确的信息反馈,防止监督机构与被监督机构串通一气、谎报信息,管理者在制订好计划,明确了各部门、各岗位的控制职责以后,还必须设计和维护畅通的信息反馈渠道,充分发挥社会舆论的监督作用。在设计信息反馈渠道时要设立多个信息反馈渠道,确定与信息反馈工作有关的人员在信息传递中的任务与责任;事先规定好信息的传递程序、收集方法和时间要求等事项;做好领导工作,调动各方面人员主动提供信息的积极性。只有加强领导,并建立畅通的信息反馈渠道,控制工作才能卓有成效地进行下去。

9.2 控制过程与原则

9.2.1 控制的基本过程

无论是哪种类型的组织,无论控制客体是什么,控制工作的基本过程都包括三个步骤:制定控制标准;测量绩效,找出偏差;采取纠正措施。

1. 制定控制标准

要对组织的各项活动或工作进行有效控制,就必须首先明确相应的控制标准。没有标准,就无法对工作活动及其效果进行检查和评价,无法了解工作的进展状况或存在的问题。控制标准不明晰或不客观,会导致组织内部的纷争、员工满意度的下降或挫折感增强等问题。因此,确定控制标准是进行控制工作的起点。

标准是指评定绩效的测量指标或尺度,是用来衡量组织中的各项工作或行为符合组织要求的程度的标尺。在实际管理工作中,控制标准经常是由一系列测量指标综合在一起构成的绩效测量指标体系,如许多组织使用的 KPI(Key Performance Indicator)体系就属于绩效测量指标体系的范畴。

由于控制的目的是保证计划的顺利进行和目标的实现,因此控制标准的制定必须以计划和目标为依据。但组织活动的计划内容和活动状况是细微和复杂的,但不可能也无必要对整个计划和活动的细枝末节都确定标准、加以控制,而应找出关键点。只要抓住这些关键点,就可以控制组织整体状况。对于对实现组织目标有重大影响的因素和环节的关键点要加以控制,管理者在选择控制对象时需对影响实现组织目标成果的各种要素进行科学的分析研究,然后从中选出重点的因素作为控制对象,制定相应的控制标准。一般地,影响组织目标实现成果的主要因素有以下三方面:

(1)环境特点及发展趋势

组织在特定时期的经营活动是根据决策者对经营环境的认识和预测来计划和安排的。如果预期的市场环境没有出现,或者组织外部发生了某种无法预料和抗拒的变化,原来计划的活动就可能无法继续进行,从而难以为组织带来预期的结果。因此,应将制订计划时所依据的对经营环境的认识作为控制对象,列出"正常环境"的具体标志或标准。

(2) 资源投入

组织成果是通过对一定资源的加工转换得到的。没有或缺乏这些资源，组织的经营活动就会成为无源之水、无本之木。投入的资源如何，会影响组织活动能否按期限、数量、质量和品种的要求完成经营任务指标。同时，获取资源的成本费用会影响经营活动的经济效果指标。因此，必须对资源投入进行控制，使之在各方面都符合预期经营成果的要求。

(3) 活动过程

企业经营成果是通过全体员工在不同时间和空间上利用一定技术和设备对不同资源进行不同内容的加工劳动才最终得到的。组织成员的工作质量和数量是决定经营成果的重要因素，因此，必须使组织成员的活动符合计划和预期结果的要求。为此，必须建立员工的工作规范、各部门和各员工在各个时期的阶段成果的标准，以便对他们的活动进行控制。

管理者要从以上三个主要影响因素中选择具体控制的关键点作为控制对象，制定控制标准。控制标准可分为定量标准和定性标准两类。定量标准便于度量和比较，是控制标准的主要表现形式。定量标准主要分为实物标准、价值标准、时间标准，实物标准如产量等，价值标准如成本、利润、销售收入等，时间标准如工时定额、工期等。除了定量标准外，还有定性标准，主要是关于服务质量、组织形象、社会责任等方面，这些方面一般难以量化。尽管如此，为使定性标准便于掌握，有时也应尽可能地采用一些可度量的方法。如麦当劳餐厅在经营上奉行"质量、服务、清洁、价值"的宗旨，为体现其宗旨，公司制定的工作标准是：95%以上的顾客进餐厅后三分钟内，服务员必须迎上前去接待顾客；事先准备好的汉堡包必须在五分钟内加热完毕供应顾客；服务员必须在就餐顾客离开后五分钟内把餐桌打扫干净等。

确定控制标准的方法随控制对象的变化而变化，最简单的情况是将计划过程中形成的可考核目标直接作为控制标准。而对于更复杂一些的情况，则需要通过一些科学的方法将某一计划目标分解为一系列具体可操作的控制标准，如统计计算法、经验估计法、工程方法等。统计计算法是根据组织的历史资料或者对比同类组织的水平，运用统计学方法来确定组织经营方面各项工作的标准，制定该类标准所使用的数据可以来自组织自身的历史数据，也可以来自其他组织的统计数据。经验估计法则是根据管理者的知识经验和主观判断来确定标准，主要用于新近从事的工作或者缺乏统计资料的工作。工程方法是通过对工作情况进行客观分析，并以准确的技术参数和实测数据为基础制定工作标准。

合理的控制标准应该具有与组织的战略和目标一致性、均衡性、完整性和可控性四个特征。

(1) 一致性

控制标准必须要与组织的战略和目标相一致，因此，在组织整体战略和目标建立以后，要将组织整体战略分解为一套协调一致的测量指标作为控制标准。

(2) 均衡性

在管理实践中，对工作绩效的测量需要从多个方面综合进行，指标必须均衡全面，如既要有财务指标,也要有非财务指标;既要重视数量指标,也要重视质量指标;既要关注职能,也应关注过程等。

(3)完整性

控制标准应能够全面反映测量对象绩效的情况。缺乏完整性的控制标准只能反映出控制对象局部的活动及影响,从而有可能导致次优化决策,使得人们采取更有利于改进局部指标的行动,而不是追求真正的长期价值。

(4)可控性

控制标准所衡量的应该是组织中可控因素的影响,控制标准所针对的控制对象越具有可控性,对部门绩效的反映就越可靠。例如,销售人员的销售业绩不仅与其努力程度有关,也受到市场多种因素的影响,这其中有许多因素是销售人员无法控制的,针对销售人员业绩的控制标准受到外部不可控因素的影响越大,其反映出的绩效状况与该部门人员做出的努力之间的关联性就越差。理论上讲,对人员的控制标准应尽可能根据他们所在的部门来确定。

需要注意的是,以上四个特征要同时满足在实际上是有难度的,有时需要在各个方面之间进行权衡,找到控制标准的关键点。

2. 测量绩效,找出偏差

标准的制定是为了测量实际绩效,即把实际工作情况与控制标准进行比较,找出实际绩效与控制标准之间的差异,并据此对实际工作做出评估。

为准确测量绩效,管理者必须掌握足够的信息。例如,依据预算标准控制开支,管理者需要掌握目前组织中各部门的资金使用情况。衡量实际绩效也就是控制过程中的信息反馈。在了解内外部环境和检查各项工作的过程中,信息的获取占据着重要的地位。在控制工作中,能否及时获得所需要的信息以及所获得的信息的准确性如何,直接影响组织对实际绩效的评价、差异的分析和纠偏措施的采取。为此,管理者有必要建立一个高效的管理信息系统,来帮助管理者收集、储存、综合分析、传递大量信息以满足决策和控制的需要。管理者可建立专门的信息管理部门,如统计部门、审计部门、政策研究部门等来从事这项工作。管理者可以通过个人观察、统计数据、口头汇报和书面汇报等方式获取信息,这些方式各有利弊,将它们结合起来使用,可以拓宽信息的来源并提高信息的可信度。管理者可以通过建立一定的检查制度、汇报制度,及时掌握信息,通过在线检测、调查、核实、统计、分析,比较全面确切地了解实际的工作进展情况。

通过比较实际业绩与控制标准,可确定两者之间有无偏差。若无偏差,工作按原计划继续进行;若有偏差,则首先要了解偏差是否在标准允许范围之内。若偏差在允许的范围之内,则工作继续进行,但也要分析偏差产生的原因,以便改进工作,并把问题消灭在萌芽状态;若偏差超出了允许的范围,则应深入分析偏差产生的原因,适时采取纠偏措施。

导致实际绩效与计划之间出现偏差的原因有很多,大致可以分为两类:一类是正常偏差,一类是异常偏差。正常偏差是由大量微小的、偶然的原因造成的波动,具有一定的随机性,造成这类偏差的原因称为一般性原因,主要受一般性原因作用的系统是一个稳定的或受控的系统。异常偏差是由系统性原因引起的,这类系统性原因称为特殊性原因。对于由一般性原因引起的正常偏差,短期内将其控制在一个可接受的范围内即可,应着眼于持续改进工作,同时将偏差降低到更低水平;而对于由特殊性原因引起的异常偏差,应当查明系统原因,坚决消除。

在对偏差进行分析时,必须持冷静客观的态度,以免影响分析的准确性。应抓住重点和关键,从主观和客观两方面做实事求是的分析。

3. 采取纠正措施

在分析偏差时应注意从根本上查找原因,然后再采取措施纠正偏差。切忌"头痛医头、脚痛医脚",否则很可能只是暂时解决了表面上的问题,而根本性的问题仍然存在,偏差会再度发生甚至激化。例如,销售收入明显下降的现象在测量销售绩效时很容易发现,但引起销售收入下降的原因却需要进行深层次分析——销售部门营销工作出现问题,制造部门产品质量下降、不能按期交货,技术部门新产品开发进度太慢导致产品老化、竞争力下降,宏观经济调整或消费者偏好发生了变化等。只有准确判断偏差产生的原因,才能有的放矢,因此,对产生偏差的根本性原因要采用"剥洋葱"的方式,层层分解,透过现象找到本质。

拓展阅读 9-1

丰田"五个为什么"[①]

丰田公司有一个著名的"五个为什么",用来从根本上查找问题原因、提出解决方法。丰田生产方式的创始人大野耐一举过一个生动的例子来说明该方法。生产线上的某台机器总是出现故障,于是,大野耐一与工人进行了如下对话:

问:"为什么机器停了?"

答:"因为超负荷,保险丝断了。"

问:"为什么超负荷?"

答:"因为轴承的润滑效果不好。"

问:"为什么轴承的润滑效果不好?"

答:"因为润滑泵吸不上油。"

问:"为什么吸不上油?"

答:"因为油泵轴磨损松动了。"

问:"为什么磨损了?"

答:"因为没有安装过滤器,混进了铁屑等杂质。"

对于这个例子,若没有这种追根究底的精神来发掘问题,很可能就只是换根保险丝草草了事,真正的问题没有解决,同样的故障还会频繁出现。只有彻底地不断追问,对问题

---

① 资料来源:吴江.5WHY 分析法在工程项目 HSE 管理中的应用[J].中国工程咨询,2014,168(08):72-75.

进行实地考察,重复问"五个为什么",才能找到偏差的根本原因。

对产生偏差的原因进行彻底分析之后,管理者需要确定应当采取什么样的纠正措施和行动。纠正措施可以分为两类,一类是立即执行的应急纠偏措施,另一类是旨在从根本上解决问题的彻底纠偏措施。组织中出现的某些问题,可能属于迅速、直接影响组织正常活动的急性问题,多数应立即采取行动,实施应急纠偏措施。例如,某一特殊规格的部件一周后要交货,否则其他部门会受到影响而出现停工待料。一旦该部件的加工出现了问题,首要的工作不是考虑追究什么人的责任问题,而是必须按计划如期完成任务。此时,管理者可采取一系列行动来纠偏,如要求工人加班加点、增添工人和设备、派专人负责指导完成以及请求工人努力抓紧、进行短期突击等,以保证工作任务的按时完成。在组织中,解决急性问题多是为了维持现状,但根本的问题可能得不到发现和解决,还可能引起其他问题的产生。因此,管理者应该勇于打破现状,解决慢性问题,采取彻底纠偏措施。当然,这可能受时间、资金和其他条件的限制。现实中,许多管理者往往以没有时间为借口或不愿变革而不采取彻底纠偏措施,仅仅满足于不断的救火式应急纠偏行动。事实证明,作为一个有效的管理者,对偏差进行认真分析,并花一些时间以永久性地纠正这些偏差是非常有益的。

管理者可以通过以下几个方面进行纠正:

(1) 改进工作方法

工作方法不当是产生偏差的主要原因之一,在很多情况下,偏差可能来自技术上的原因,为此就要采取技术措施,及时处理由于技术问题而引起的各种偏差。

(2) 改进组织和领导工作

控制职能与组织职能、领导职能是相互影响的。组织方面的问题主要有两种:一是计划制订好之后,组织实施工作没有做好;二是控制工作本身的组织体系不完善,不能对已产生的偏差加以及时跟踪与分析。在这两种情况下,都应改进组织工作。偏差也可能是由执行人员能力不足或积极性不高而导致的,那么就需要通过改进领导方式和提高领导艺术来矫正偏差。

(3) 调整或修正原有计划或标准

当偏差产生的主要原因是原计划安排不当或组织内外环境发生较大变化,就要对原计划加以适当的调整。需要注意的是,调整计划不是任意地变动计划,这种调整不能偏离组织总的发展目标,调整计划归根到底还是为了实现组织目标。在一般情况下,不能以计划迁就控制,随意根据控制的需要来修改计划。只有当事实表明计划标准过低或过高,或环境发生了重大变化使原有的计划前提不复存在时,对计划或标准进行修改才是合适的。

9.2.2 控制的基本原则

要使控制工作卓有成效,必须遵循一些基本原则,包括反映计划要求原则、控制关键点原则、及时性原则、灵活性原则、预防性原则、经济性原则,具体含义见表9-1。

表 9-1　　　　　　　　　　　　　　　控制基本原则

控制原则	含义
反映计划要求原则	控制的目的是使事情按计划进行,因此控制活动必须能反映计划要求,服务于计划的实现
控制关键点原则	应抓住活动过程中的关键和重点作为控制关键点,考虑项目的所有活动和细节既不必要也不现实。一般地,在任何组织中,目标、重要影响因素、薄弱环节和例外情况都是管理者需要控制的关键点
及时性原则	控制时机的选择十分重要。实际情况千变万化,控制不仅要准确,而且要及时,一旦丧失时机,即使提供再准确的信息也是徒劳的
灵活性原则	控制需要具有一定的弹性,管理者应制订多种应对变化的方案,留有一定的后备力量,并采用多种灵活的控制方式和方法来达到控制的目的
预防性原则	控制应努力做到以事前控制为主,着眼于人的素质、能力的提高以从根本上提升工作质量,从而变"亡羊补牢"为防患于未然
经济性原则	控制活动会耗费一定的成本,需要投入人力、物力、财力。管理者要把控制所需的费用与控制所产生的效果进行经济上的比较,只有当有利可图时才实施控制

9.3　控制方式与内容

9.3.1　控制的方式

在组织控制系统的构建过程中,由于控制的性质、内容、范围不同,可采用多种控制方法和手段。管理者要进行有效的控制,就应了解各种控制的方式,根据实际情况选择合适的控制方式。本节介绍预算、视察和报告这三种常见的控制方式。

1. 预算

预算是一种常用的控制方式,这里的预算与通常所说的财务方面的预算有所区别,它特指针对特定的活动进行资源分配的数字化计划。由于货币是人类社会中最通用的语言,各种类型的组织以及组织中的各个职能、各个层次的活动都可以用货币来描述,故货币化的预算是最普遍的预算。除此之外,预算也可用于描述时间、空间和物料的分配,这种类型的预算通常使用非金额的数字,如工时、能力利用率、单位产量等。

预算为管理者提供了测量工作绩效的量化尺度,通过将实际使用的资源与预算指标进行对比,判断计划进度是否正常,必要时可采取适当的纠正措施,从而确保资源的分配和使用按计划进行。

企业的预算按不同的内容可以分为经营预算、投资预算和财务预算三类。

(1) 经营预算

经营预算是指企业日常发生的各项基本活动的预算。主要包括销售预算、生产预算、直接材料采购预算、直接人工预算、制造费用预算、单位生产成本预算、推销及管理费用预算等。

(2) 投资预算

投资预算是指针对企业固定资产的购置、扩建、改造、更新等编制的预算。它要明确在何时投资、投资多少、资金从何处取得、何时可获得收益、每年现金净流量为多少、收回全部投资所需时间等。

(3) 财务预算

财务预算是指企业在计划期内反映预计现金收支、经营成果和财务状况的预算。主要包括现金预算、预计损益表和预计资产负债表。前述的经营预算和投资预算都可以折算成金额反映在财务预算内,从而财务预算可以成为各项经营业务和投资的整体计划,故又称为总预算。

尽管预算是一种普遍的计划和控制方式,但在实际工作中仍存在一些使预算控制失效的危险倾向,如预算过于烦琐、预算目标有时会取代企业目标、效率低下、缺乏灵活性,零基预算(Zero-based Budget)有助于解决这些问题。零基预算的思路是,在每个预算年度开始时,将所有还在进行的管理活动都看作重新开始,即以零为基础。根据组织目标,重新审查每项活动对实现组织目标的意义和效果,并在费用-效益分析的基础上,重新排出各项管理活动的优先次序,以此来分配资金以及其他资源。

2. 视察

视察是一种经典、直接的控制方式。基层管理者通过视察,可以判断出产量、质量的完成情况以及设备运转情况和劳动纪律的执行情况等;职能部门的管理者通过观察,可以了解工艺文件是否得到了认真贯彻,生产计划是否按预定进度执行,各项规章制度是否被严格遵守,以及生产过程中存在哪些偏差和隐患等;高层管理者通过视察,可以了解组织的方针、目标和政策是否得到贯彻,可以发现职能部门的情况报告是否属实以及员工的合理化建议是否得到认真对待,还可以从与员工的交谈中了解他们的情绪和士气等。这些都是从正式的报告中难以获得的第一手信息。

视察还可以使得组织管理者保持和不断更新自己对组织的感觉,这种感觉有助于管理者了解组织运转是否正常,即使是计算机化的现代管理信息系统提供的实时信息也代替不了管理者的亲身感受和亲自了解。此外,视察还具有激励作用,有助于向员工传达关心、理解和信任,视察也能够使得高层管理者发现人才,并从下属的建议中获得启发和灵感。

在这方面,实践中有一种颇受推崇的管理方式,称为走动式管理(Management by Wandering Around, MBWA),指高层管理者经常抽空前往各个工作现场走动,收集第一手信息,获取直接感受,把握实际情境下的管理方式。走动式管理的概念源于彼得斯与沃特曼在1982年出版的《追求卓越》一书,书中提议"高层主管应该至少有一半以上的时间要走出办公室,实际了解员工的工作状况,给他们加油打气"。许多著名企业家、经理人都践行了走动式管理的做法,如麦当劳的创始人雷·克罗克喜欢到各部门、分店走动考察,以便及时发现、解决问题;通用电气公司的杰克·韦尔奇喜欢"深潜"到员工中一起工作,识别并提拔优秀的人才;日本东芝电器公司的土光敏夫在接管公司后,每天巡视工厂,与员工一起吃饭、话家常,大大提升了员工士气。

3. 报告

通过报告形式,执行者向上级管理者全面、系统地阐述计划的进展情况、存在的问题及原因、采取了什么措施、收到了什么效果、预计可能出现的问题等。通常,运用报告方法进行控制的效果取决于管理者对报告的要求。现实中许多管理者对下属应该进行报告的内容缺乏明确的要求,从而使得依据报告的控制效果打了折扣。通用电气公司建立的一种报告制度较为具有借鉴意义,该公司规定报告应包括以下八个方面的内容:

(1) 客户的鉴定意见以及自上次会议以来外部的新情况,目的在于使上级管理者判断情况的复杂程度和严重程度,以便决定是否要介入以及介入的程度。

(2) 进度情况。将工作的实际进度与计划进度进行比较,说明工作的进展情况。

(3) 费用情况。与费用开支计划进行比较,并回答实际的费用开支为什么超出了原定计划,以及按此趋势估算的总费用开支(或超支)情况。

(4) 技术工作情况。说明工作的质量和技术性能的完成情况及目前达到的水平。其中很重要的问题是说明设计更改情况、设计更改的理由和方案,说明设计更改是客户提出的要求还是自己做出的决定等。

(5) 当前的关键问题。报告者需要检查各方面的工作情况,并从所有存在的问题中挑出最为关键的问题。不仅要指出问题所在,还要说明对整个计划的影响,列出准备采取的行动,拟定解决问题的负责人,规定解决问题的期限,并说明最需要上级管理者帮助解决的问题。

(6) 预计的关键问题。预计的关键问题对上级管理者来说特别重要,因为他们往往认为下属容易陷入日常问题之中而对未来漠不关心。这些关键问题有助于管理者制定长期决策。

(7) 其他情况,例如,对组织及客户有特别影响的事项,上个阶段的工作绩效与下个阶段的主要任务等。

(8) 组织方面的情况。向高层管理者提供有关人员的名单、对计划的组织工作的评估等。

9.3.2 控制的内容

控制的内容涉及组织的方方面面,包括资金控制、时间控制、数量和质量控制、安全控制、人员行为控制和信息控制。

1. 资金控制

一个组织中业务活动的开展,几乎都伴随着资金的运动,因此管理控制中的一项主要内容就是对资金进行控制,又称财务控制。资金控制通过对组织中资金运动状况的监督和分析,对组织中各个部门、人员的活动和工作实施控制。财务预算就是资金控制的一种方式,除了财务预算,属于资金控制的常见方法还有审计、财务报表分析。

审计是指通过对财务成本计划和财务收支计划的审查,以及对会计凭证和账表的复核,及时发现会计中存在的问题。审计可分为内部审计和外部审计。外部审计是由组织雇用的外部专家对组织会计、财务和营运系统的独立评估,重点在于确定组织的会计程序和财务报表编制是否以客观的和可核实的方式合法进行。内部审计由组织内部的员工进行,审计目的和外部审计相同。

财务报表是用于反映组织期末财务状况和计划期内经营成果的数字表。几乎所有组织都会使用的最基本的财务报表是资产负债表、现金流量表和损益表。财务报表分析,就是以财务报表为依据来分析判断组织的经营状况,从中发现问题。

组织对资金进行控制,主要目的在于提升资金的使用效率,降低企业运营成本,确保资金得到合理利用并能够快速增值。

2. 时间控制

时间是一种重要的资源,任何组织的活动都是在一定的时间内进行的,因此时间也是组织控制的重要内容之一。对时间进行控制的目的是使组织对其实现目标过程中的各项工作做出合理安排,以求按期实现组织目标。

时间控制的关键是确定各项活动的进行是否符合预定时间表的时间安排。在时间控制中,甘特图和网络图是常用的工具,它们都有助于物资、设备、人力在指定的时间到达预定的地点,使之紧密配合以完成任务。

甘特图是由管理学家亨利·甘特在20世纪初提出的一种条状图表。甘特图的实质是通过对各项活动完成情况的了解,调整工作程序和时间以完成该项任务。管理人员可以从甘特图提供的情况中了解到某项活动已落后于预定计划,然后采取一切必要行动加以纠正,以使该项活动赶上计划的安排,使计划能按时或在预期的许可范围内完成。甘特图形象直观、简明易懂、易掌握,对控制计划进度、改进管理工作有很大帮助,至今仍在许多方面广泛运用。但甘特图无法表明各项活动之间的相互影响和逻辑关系,对于一些应加以控制的局部应控制到什么程度,也缺乏明确的交代。因此,甘特图一般只适用于小型活动,大型活动则要借助于网络图来控制。

3. 数量和质量控制

对于制造类企业而言,生产产品的数量和质量也是需要控制的重要内容。管理者只有心中有"数",才能纵观全局,这一方面需要企业对市场需求变化能够准确预测,另一方面要保证企业的上游原料供应商的供货渠道通畅。对数量的控制很重要,但其前提是要有一定的质量水平。质量不合格的产品是不能计入产品产量的,没有质量也就没有数量,没有质量也就没有效益,粗制滥造,必然废品成堆,造成产品积压、经济亏损。

对于产量的控制可以采取多种统计分析方法,对市场需求发展趋势进行预测,并建立能够快速响应的柔性供应链;对产品进行质量控制需要组织中每一个成员、每一项工作的配合,实行全员参与的全面质量管理,可借鉴源于美国摩托罗拉公司的六西格玛管理、日本丰田生产系统的精益管理以及ISO 9001质量管理体系等。

4. 安全控制

安全控制包括人身、财产、资料安全等内容,直接关系到生命和财产的保障、组织的前途。人身安全控制是控制各种工伤事故和职业病的发生,管理者要努力营造安全的工作环境,建立定期体检制度,设置安全控制保护系统,采取措施消除可能产生不安全的各种隐患;要加强对全体人员的安全教育,使之遵守安全操作方法。财务安全控制是组织各项工作得以开展的物质保证,要建立适当的保管制度,根据不同物资的特性确定不同的保存要求,防止变质、丢失、火灾等事故的发生;要建立检查制度,定期或不定期地清点各类物资,做到账物相符,并检查各种设备是否保持在正常状态。资料安全控制是对涉及组织机密信息的资料进行控制,防止外泄,对于组织的各种文件档案资料,均应建立管理制度以求妥善保管。

5. 人员行为控制

任何组织活动的开展都有赖于员工的努力,控制工作从根本上来说是对人的行为的控制。在对员工行为的控制中经常用到的控制方法是理念引导、规章约束和各种绩效考评。文化理念表明了一个组织对组织运作过程中所涉及的各个方面的主张和组织的共同价值观,明晰和强化企业文化理念,有助于引导员工的思想趋向于组织所希望的方向。规章制度规定了一个组织中员工必须遵守的行为准则,表明组织可以接受的限度及员工在组织考核中应遵守的规则。绩效考评方法是对员工工作表现制定评价标准,定期鉴定,并根据鉴定结果进行奖惩,是组织中最重要的控制手段之一,常用的绩效考评方法有鉴定式评价法和指标考核法。

6. 信息控制

信息是决策的基础,组织活动在现实中的表现方式之一就是信息流的运动,对于组织信息的控制已成为现代企业经营管理的重点之一。在传统的控制方式中,往往需要专门的数据分析人员通过对大量数据的人工处理来获得有用的信息,而现代信息技术的发展,使得数据收集、处理、分析、存储、查询等变得格外便利,从而使基于计算机信息系统的信息控制越来越成为现代组织的重要控制方式之一。

9.4 控制阻力的应对

9.4.1 反对控制的原因

无论组织中的控制系统是多么有效,总会有人抵制组织的控制活动,其主要原因一般有以下几点:

1. 过分控制

当组织企图对一切都进行严格控制时,就会引起组织成员的普遍不满,尤其是针对员工行为的控制,当控制的严格和细致程度超出一定限度,人们就会产生不满的情绪和抵触心理。无论是何种组织活动,都应给员工留有一定的自主性,这样有利于调动员工的积极性,控制活动也要注意留有余地,把握限度。

2. 无效控制

若控制活动在进行测量、发现不足之后不能及时跟进,采用改善措施,控制活动就失去了其意义,也就变成了一种无效控制,容易使人们产生反感。例如,当管理者未根据考评结果进行奖惩时,人们就会怀疑考评的意义,认为考评是一种无效活动,最终使得考评流于形式。

3. 控制点选取不当

控制点的选取必须要针对组织活动的关键环节、关键因素，并能反映出实现组织目标的需要，不当控制点的选取也会引起人们的不满。例如，有的组织只注意产品的数量而不注重质量，有的大学只强调教师科研而忽视教学等，都可能会引起人们对控制的反感。

4. 控制方法不当

不合理的控制方法会引起人们对控制活动的抵制。例如，当组织单纯地根据管理者对下属的主观评价给予相应的奖惩时，人们就会对评价的客观性和奖惩的公平性提出质疑。

5. 职责不明

效率高的控制系统往往都明确地规定各组织成员的工作职责，若职责不明，就容易被一部分人钻空子，因为组织中常常有一部分人不坚守岗位好好工作。当制度不明时，这些人一旦自己的工作出了问题，就会千方百计地推卸责任，反对和抵制组织对自己的控制。

9.4.2 反对控制的方式

当人们反对控制时，常常会以以下几种方式表现出来。

1. 对抗某项制度

人们会通过对抗组织中的规章制度来发泄对于控制活动的不满。例如，员工如果不喜欢组织中的某项规定，就会查找规定中的"表述纰漏"来为自己辩解，他们会一味抓住规定中的个别字眼，而根本不管规定的用意如何；再如，当操作人员不喜欢组织的安全预防措施时，就会以不折不扣地按相关条文办事为借口而故意放慢工作速度，以此迫使管理者修改条文。

2. 提供片面的或错误的信息

无论是管理者还是员工，向上级汇报自己的工作失误总不是一件令人愉快的事。因此，有的信息会被故意拖延，汇报时遮遮掩掩，甚至被篡改得面目全非，通过有意识地控制信息的传递来对抗对其实施的控制。

3. 制造控制假象

部分员工在汇报工作时，会通过夸大工作成果或者虚报工作进度等方法制造控制假象，以此逃避控制。

4. 怠工与破坏

当制定的控制标准非常不合理时，员工就会通过消极怠工来表示不满，甚至为了证明某项标准或者控制方法的不合理而有意制造混乱，破坏组织正常活动，导致一系列问题的发生。

9.4.3 管理者的对策

1. 建立有效的控制系统

要想进行顺利而有效的控制，必须从一开始就建立一个高效率的控制系统。如果控制围绕着计划目标，有重点、灵活、及时、准确以及合理的奖惩制度的话，就会减少或避免过分控制、控制不当等问题,同时也可逐渐使那些对工作不负责的人意识到自己应该担负的责任。

2. 让更多的人参与控制

参与可减少和避免人们对变革的阻力。让尽可能多的人参加对计划和控制标准的制定,可以使参与的人在遵守和执行控制中负有更大的责任心,参与的人越多,反对和抵制的力量就会越小。进一步地,如果员工能够对绝大多数事情都拥有自我控制权,则可以最大限度地降低人们对控制的反感。

3. 采用目标管理法

采用目标管理法可减少人们对控制的反对和抵触情绪。因为在目标管理法中是由管理者和下属共同确定目标和有关标准的,责任明确并且由员工对过程实行自主控制,每一个人事先清楚自己工作情况与可能得到的报酬之间的关系,因此人们自然会减少对控制的不满。

4. 建立记录备查制度和信息共享制度

为明确责任和便于解释,要建立各方面的记录备查制度。例如,一名车间主任认为他这个车间之所以未能达到原定的降低成本的要求,是因为原材料涨价。如果控制信息系统记载着各种原材料的进价的话,就可以很快查出这个主任的解释是否正确,并确定相应的责任。因此,建立各方面的记录备查制度可减少人们对控制的反对情绪。同时,信息的透明化不仅可让人们更加注重做好自己的工作,而且也能让管理者将控制的焦点放在例外上,在较大限度上减少对员工常规性工作的直接控制。

本章小结

本章对控制职能进行了全面阐述,首先介绍了控制建立的条件,帮助读者了解控制的含义、控制系统的构成以及控制的基本前提;随后着重介绍了构成控制基本过程的三个步骤,并对控制所要遵循的原则进行了概括;在掌握了控制过程和控制原则之后,管理者还应当对控制的各种方式、控制内容有一定了解,从而可以在实践中灵活运用各种方法手段;对控制阻力出现的原因、人们反对控制的方式以及管理者应对控制阻力的对策进行了简要探讨。

1. 控制是指管理者为了确保组织的目标得以实现,根据事先确定的标准对于计划的进展情况进行测量和评价,并在出现偏差时及时进行纠正的过程。控制活动是管理实践活动的最后一环,与其他管理职能有着密切的联系,是不断提升组织效率和企业竞争力的必然要求。一个组织的控制系统由控制主体、控制客体、控制目标以及控制手段和方法四部分组成。任何形式的控制活动都离不开一定的前提条件,如要有科学、切实可行的计划;要有专司控制职能的组织机构或岗位;要有畅通的信息反馈渠道。

2. 控制工作的基本过程包括三个步骤:制定控制标准;根据控制标准测量活动的绩效,找出偏差;采取纠正措施,消除偏离标准和计划的情况。确定控制标准是进行控制工作的起点,标准是指评定绩效的测量指标或尺度,是用来衡量组织中的各项工作或行为符合组织要求程度的标尺,其制定必须以计划和目标为依据,抓住关键点。标准的制定是为了测量实际绩效,即把实际工作情况与控制标准进行比较,找出实际业绩与控制标准之间的差异,并据此对实际工作做出评估,找出偏差,仔细分析偏差原因。管理者可以通过应急纠偏措施或彻底纠偏措施消除偏差,具体可落实到改进工作方法、改进组织和领导工作、调整或修正原有计划或标准等方面。要使控制工作卓有成效,必须遵循一些基本原则,包括反映计划要求原则、控制关键点原则、及时性原则、灵活性原则、预防性原则、经济性原则。

3. 预算、视察和报告是三种常见的控制方式。预算指针对特定的活动进行资源分配的数字化计划,可以分为经营预算、投资预算和财务预算三类。视察是一种经典的、直接的控制方式,在管理实践中被广泛应用。报告可以使得执行者向上级管理者全面、系统地阐述计划的进展情况,在应用时要注意管理者应对报告内容有一定的要求。各种控制方法所要控制的内容涉及组织的方方面面,包括资金控制、时间控制、数量和质量控制、安全控制、人员行为控制和信息控制。

4. 组织中的控制活动总会引起人们一定程度的不满和抵制,究其原因有可能是过分控制、无效控制、控制点选取不当、控制方法不当、职责不明等。人们对控制的不满,会通过对抗组织制度、提供不实信息、制造控制假象、怠工与破坏等方式体现出来。要应对这些控制阻力,管理者可以采取建立有效的控制系统、让更多的人参与控制、采用目标管理法、建立记录备查制度和信息共享制度等对策来应对。

请扫描二维码阅读案例

案例 9-1

第三篇

管理学创新

第 10 章 创新管理

伴随着时代的变革与发展,在管理学原有的计划、组织、领导、控制四大职能的基础上,创新的作用日益凸显并成为管理的第五大职能。事实上,创新并不是凭空创造出的一种全新的事物,而是寻求以前未曾有过的两种或多种观点或事物的"重组"。可供重组的元素越多,创新的潜力就越大。因此,一个组织要想增强创新能力,就要不断提高组织的包容性,促进不同部门、不同知识背景成员之间观念的碰撞与融合。

10.1 管理创新及其重要性

1. 创新的本质

变化与发展是人类社会永恒的主题。从石器时代到文艺复兴,从工业革命到全球信息化,新事物总是不断产生,而旧事物也在不断灭亡,在这个过程中无论是自然界还是人类社会都在不断发展着,永远不会停止在同一个水平上。马克思主义发展观认为,社会是一个有机联系和发展的整体,社会发展是社会基本矛盾运动的结果,有其内在的客观规律性,这一观点为当代中国发展提供了科学的理论基础。

自工业革命以来,创新给人类社会带来了大大小小许多次变革,新的组织结构和商业模型由此产生,不同的科技和生产工具被发明创造出来,并推动了社会生产力的进步和人们生活便利程度的提高。一些旧的工作岗位就此消失,取而代之的是一些新的产业和工作机会,在这个过程中,创新的重要性日益凸显。

创新,英文一般翻译为 innovation,其最基本的含义是创造新的事物、思想或方法。如果从字面上看仅提出新的事物、思想或方法,或者把创新等同于发明、创造,则没有抓住创新的本质。2000 年联合国经济合作与发展组织在"学习型经济中的城市与区域发展"报告中提出:"创新的含义比发明创造更为深刻,它必须考虑在经济上的运用,实现其潜在的经济价值。只有将发明创造引入经济领域,它才成为创新"。

创新对全面深化改革和发展具有重要作用,变革创新是推动人类社会向前发展的根本动力,在社会发展史上,从蒸汽时代的工业革命到第二次机器革命引发的信息时代,创新引领的三次人类社会变革如图 10-1 所示。真正的创新一定要以促进社会发展、推动文明进步、改善人民生活为出发点。必须深刻认识和理解:在新时代,创新是引领发展的第一动力,创新发展注重解决发展动力的问题。

管理学

```
蒸汽时代 → 电气时代 → 信息时代
```

代表事件：
工业革命
时期：
18世纪末至20世纪初
影响：
从农业社会转向工业社会

代表事件：
第一次机器革命
时期：
20世纪初
影响：
自动化生产

代表事件：
第二次机器革命
时期：
21世纪初至今
影响：
计算机普遍应用，人机交互等

图 10-1　创新引领的三次人类社会变革

课程思政

我国的研发与创新

1. 5G 研发与创新[①]

当前，5G 移动通信技术已投入使用，但是在研发过程中遇到了很多困难，这涉及 5G 移动通信的关键技术。首先，使用全双工技术克服双向通信困难，全双工技术发挥着重要作用，是实现双向通信的重要途径。在整体网络构架中，使用双全工技术改变了以往单一的通信方式，解决了通信信号受干扰的问题。其次，使用多天线技术提高传输的时效性，将 5G 移动通信技术融入多天线技术中，使移动通信传递信号的速度更快，提高了各个网络系统中频谱效率。正确使用多天线技术，为信号和信息的传输提供较大的空间，使信道容量逐渐扩大，从而有效提高 5G 移动通信传输的时效性。最后，使用无线传输技术，克服高效覆盖困难。使用无线传输技术，将网络热点全面覆盖在各个区域，逐渐扩展 5G 移动通信网络的覆盖面，使 5G 移动热点使用率有所提高，发挥无线传输技术的优势和作用，将复杂的无线系统简单化，实现高效传输信息的目标，将信号准确传递到相应的控制中心。

5G 研发的意义在于使得技术创新日益活跃，5G 标准、研发、试验、产业等各方面工作取得积极进展，产业链各环节加速成熟。人工智能、工业互联网、云计算、大数据等新兴领域加速发展，新技术、新应用不断涌现，经济环境充满活力。

2. 我国北斗导航系统研发与创新[②]

北斗导航系统（BDS）是我国自主研发、独立设计，秉承着开放自主、兼容渐进建设原则的一项高新技术成果。1994 年，中科院院士孙家栋与时任国防科工委副主任的沈荣骏联名向国家提议重启"灯塔"计划，北斗工程决策立项，我国开始了漫长的研制工作历程。实际上从 1994 年至 2007 年，我国只发射了 4 颗试验卫星，仅覆盖国内，进行区域测试服务，目前三颗已停用，另一颗无法正常进行工作。2007 年北斗一号正式完工，至此，整个北斗系列共发射了 59 颗卫星，它们分别分布在地球静止轨道（GEO）、倾斜地球同步轨道

---

① 资料来源：李业田.5G 移动通信发展趋势与若干关键技术[J].通信技术，2017.
② 资料来源：根据 CCTV 纪录片《北斗》整理所得

(IGSO)和中圆地球轨道(MEO)。这表明我国在军事领域(战术武器等)方面一定程度上已经摆脱了对 GPS 的依赖。

北斗产业意义重大,依据不同的定位精度(1毫米～100米)划分出了大众消费市场和高精度专业应用市场;主要划分为三个层次:国防应用、行业应用以及大众消费应用。其中,国防应用涉及对船舶、汽车、飞机、潜艇等运动物体进行定位导航以及水上排雷定位等;行业应用涉及经济安全等方面,如农业监控、森林调查、土地测量、车辆导航、城市智能交通等相关领域;大众消费应用主要包括个人导航服务、道路智能导航应用、应急救援、危险(贵重物品)运输以及精细化应用等板块。无论我们身处何地,无论我们身处何时,北斗导航系统都在我们看不见的苍穹之上为我们指引前行的路。

2. 管理创新的含义

约瑟夫·熊彼特于1912出版的《经济发展理论》,是首次涉及管理创新的论著。熊彼特提出创新理论,认为企业家的本质是创新,管理创新则是指组织形成创造性思想并将其转换为有用的产品、服务或作业方法的过程。

熊彼特认为,创新是一个建立新的生产方式的过程,它是一种"新的组合",意味着将不同的材料组合在一起生产出不同的产品,或者用不同的方法生产同一种产品。这种"新的组合"往往不是突然出现的,而是在旧事物的基础上经过一步一步地改变形成的。这种新组合包括五种情况:

(1)采用一种新的产品,这种产品还没有为消费者所熟悉,或者产品的质量发生了改变;

(2)采用一种新的生产方式,这种方式可能还没有被过往的生产实践所检验;

(3)开拓一个新的市场,这个市场之前可能已经存在了,但是创新的主体还从未进入过这个市场;

(4)获取一种新的原料或者半成品的来源,不论这种原料是否之前已经存在,或者这种半成品之前已经被制造过;

(5)在任何一个工业领域开创一个新的组织,比如创造一个寡头企业或者打破原有的寡头地位。

保罗·罗默认为,管理创新是在创造和掌握新的管理知识的基础上,主动适应外部环境,提高组织整体效能,推动生产要素在质和量上发生新的变化和新的组合的过程。彼得·德鲁克把创新理论引入管理领域,认为创新即赋予企业以新的创造财富能力的行为,企业通过在经济与社会中创造一种新的管理机构、管理方式或管理手段,从而在资源配置中获得更大的经济价值和社会价值。埃佛雷特·罗杰斯对创新的定义与熊彼特有相似之处,他提出创新是"一种被个人或其他采纳单位视为新颖的观念、实践或事物",同时他指出发明是第一次创造了一种新的产品或者观念,而创新则是第一次将不同的观念或事物组合起来。正如熊彼特在1912年提出的那样,大部分的创新都不是新的,只不过是现有事物的重组。组织中可供组合的元素越多,创新的潜力就越大。因此,一个组织越有包容性,成员的知识水平越丰富,就越容易进行创新。

现在普遍接受的管理创新是指:为了更有效地运用资源以实现目标而进行的创新活

动或过程。管理者借助系统的观点,利用新思维、新技术、新方法,创造一种新的更有效的资源整合范式,这种范式既可以是新的有效整合资源以达到组织目标和实现组织责任的全过程式管理,也可以是新的具体资源整合及目标制定等方面的细节管理,或是以促进企业管理系统综合效益的不断提高,达到以尽可能少的投入获得尽可能多的产出的具有动态反馈机制的管理。

3. 管理创新的意义

创新始终与变革、发展和进步联系在一起,因而管理创新与组织的适应变革、健康成长息息相关。

(1)保证组织应对新机遇、新挑战

组织的发展离不开环境因素的影响,机遇和挑战不断发展变化,需要管理创新以应对新机遇、新挑战,保证组织目标的实现。

(2)保证组织适应激烈的市场竞争

在信息化市场经济中,资金流通与商品流通日趋市场化、全球化,组织的发展和竞争必然是全球范围内的,管理创新有助于组织适应激烈的市场竞争。

(3)保障组织健康发展

管理要合理组织生产力,同时又要不断调整生产关系。管理创新有助于组织通过计划、组织、指挥、协调、控制、反馈等手段,对组织内部的资源、能源、人员、资本、信息等资源要素进行优化配置,保障组织健康发展。

10.2 管理创新模式与原则

1. 管理创新内容

管理创新包括管理思想、管理理论、管理知识、管理方法、管理工具等的创新。按功能可以把管理创新分解为目标、计划、执行、检查、控制、调整、领导、组织、人力九项管理职能的创新;按业务组织的系统,将创新分为战略创新、模式创新、流程创新、标准创新、观念创新、风气创新、结构创新、制度创新;按企业职能部门的管理,将创新分为研发管理创新、生产管理创新、市场营销和销售管理创新、采购和供应链管理创新、人力资源管理创新、财务管理创新、信息管理创新。

如果从层次高低来说,管理创新可以分为以下三种:

(1)管理思想和理论创新

管理过程是理论与实践统一的过程,在应对新机遇、新挑战、新竞争的过程中,新的管理思想、管理理论应运而生,指导新的创新实践。

(2)管理制度和模式创新

经济、社会在发展,组织也要不断发展,管理制度直接左右着组织的发展状况,需要进行管理制度的不断创新,从不同的维度、广度、深度促进组织的可持续发展。

(3)管理方法和工具创新

管理方法和管理工具创新是指引入更有效而尚未被组织采用的新的管理方法或工

具,组织通过实施新的、有效的管理模式、管理方法和手段,变革和替代原有的不适应组织发展要求的习惯做法和模式,使组织的管理系统具有更高的管理效能。

2. 管理创新的模式

(1) 从创新主体的角度

① 自主创新

自主创新是指企业通过自身的努力、依靠自身的力量,不断发现问题、解决问题的管理创新活动。其特点是:创新成果在组织内部容易推广,对外移植相对比较困难,会受到外部不同文化的抑制和影响。

② 模仿创新

模仿创新是指通过学习、模仿别人的创新思路和创新行为,吸取别人先进经验与管理模式,并在此基础上形成自己独特的管理模式的过程。其特点是:源于特定组织文化,失效风险最大。

③ 合作创新

合作创新是指企业与科研机构、高等院校、管理咨询公司等共同进行的联合创新。其特点是:以共同利益为基础,以资源共享或优势互补为前提,能够突破原有的思维定式,否定原有的管理模式,进行较大程度的管理创新活动。

(2) 从创新进程角度

① 渐进式管理创新

随着管理理论的演变,新的理念、方法、技术、模式被不断引入,管理进程不断变革,产生渐进式的创新,点滴积累使管理产生由量变到质变的创新。

② 突变式管理创新

组织外部环境或内部条件发生重大变化,原有的管理组织的方法、模式无法适应新的变化,从而采用突变式管理创新。

3. 管理创新的原则

掌握有效的管理创新原则可以在创新实践过程中少走弯路,降低成本。常见的管理创新原则有:

(1) 还原原则

在管理实践中,通过事实调查,检验现有的管理方式或方法的基本前提假设是否成立,当这些假设可以被推翻时,便可以开展管理创新。该原则的实质是寻求事物的本质。

(2) 木桶原则

在组成事物的诸因素中最为薄弱的因素就是瓶颈因素,事物的整体发展最终将受制于该因素;只有消除这一瓶颈因素,事物整体才能有所发展。在管理创新中,要抓住这个影响事物发展的最关键的环节或因素。该原则的实质是关键要素创新。

(3) 交叉综合原则

交叉综合原则是指管理创新活动的展开或创新意向的获得可以通过各种学科知识的交叉综合得到。如计算机学科与管理学科的交叉综合就形成了一系列具有革命性的管理方法和手段:管理信息系统(MIS)、决策支持系统(DIS)、企业资源计划(ERP)等。该原则的实质是发挥交叉优势创新。

(4) 兼容性原则

坚持"古为今用,洋为中用,取长补短,殊途同归",既学习国外的先进经验,也从中国古代的管理思想中汲取营养,并分析借鉴其他组织的有效做法。该原则的实质是兼收并蓄的创新。

(5) 宽容失败原则

创新实践过程不可避免会走弯路,管理创新要允许尝试和失败。要营造出不怕犯错误、宽容失败的氛围,才会有致力于创新的行为。

(6) 效益原则

按照效益原则,组织要以较少的人员、层级、时间等的投入得到尽可能多的产出。

10.3 管理创新思维方法

1. 创新思维的方法

掌握科学的思维方法,提高科学思维能力,包括提高创新思维能力。深入理解创新思维,可以从创新思维的科学性、实践性,以及提高创新思维能力的方法与路径来认识。

常用的创新思维方法如下:

(1) 逆向思维

逆向思维,也称求异思维,它是对司空见惯的似乎已成定论的事物或观点反向思考的一种思维方式。敢于"反其道而思之",让思维向对立面的方向发展,从问题的相反面进行深入探索,从而产生创新。

人们习惯于沿着事物发展的正方向去思考问题并寻求解决办法,对于某些问题,尤其是一些特殊问题,从结论往回推,反过来思考,从求解回到已知条件,或许会使问题简单化。

拓展阅读10-1

逆向思维案例

钟表商大力宣传自己的钟表走时准,但顾客是不相信钟表绝对准确的;一个钟表厂大方地承认他们的钟表不够准,每天会有1秒的误差,但顾客觉得他们生产的钟表挺准的,反而非常认可这个品牌。

(2) 发散思维

发散思维,又称辐射思维、放射思维、扩散思维或求异思维,是指大脑在思考时呈现出一种扩散状态的思维模式。它表现为思维视野广阔,思维呈现出多维发散状,如"一题多解""一事多写""一物多用",培养发散思维能力,从而产生由此及彼的多项创新成果。不少心理学家认为,发散思维是创造性思维最主要的特点,是测定创造力的主要标志之一。

拓展阅读 10-2

变废为宝的创新

1974年,美国政府为清理给自由女神像翻新扔下的废料,向社会广泛招标。但好几个月过去了,没人应标。正在法国旅行的斯塔克听说后,立即飞往纽约,看过自由女神像下方堆积如山的铜块、螺丝和木料后,未提任何条件,当即就签了字。纽约许多运输公司对他的这一愚蠢举动暗自发笑,因为在纽约州,垃圾处理有严格规定,弄不好会受到环保组织的起诉。就在一些人要看他的笑话时,他开始组织工人对废料进行分类。他让工人把废铜熔化,铸成小自由女神像;把水泥块和木头加工成底座;把废铅、废铝做成纽约广场的钥匙。最后,他甚至把从自由女神像身上扫下来的灰包装起来,出售给花店,不到3个月的时间,他让这堆废料变成了350万美元现金,使每磅铜的价格整整翻了1万倍。

(3)批判性思维

批判性思维就是通过一定的标准评价思维,进而改善思维,是合理的、反思性的思维,既是思维技能,也是思维倾向。在现代社会,批判性思维被普遍确立为教育特别是高等教育的目标之一。批判性思维作为一个技能的概念可追溯到"反省性思维"——能动、持续和细致地思考任何信念或被假定的知识形式,洞悉支持它的理由以及它进一步指向的结论。

批判性思维指的是技能和思想态度,没有学科边界,任何涉及智力或想象的论题都可从批判性思维的视角来审查。批判性思维既是一种思维技能,也是一种人格或气质;既能体现思维水平,也能凸显现代人文精神。

在管理创新中,我们能勇敢地向旧的概念、法则、规律、方案等大胆质疑而提出挑战,突破思维定式和既定规则,形成对企业的各项制度、流程、作业方式进行定期评审的制度,可以不断地促使企业废除已有的与企业发展不相适应的老规则,建立与企业发展相适应的新规则。

(4)多路思维

多路思维,也称多维思维或者多角度思维,是指对一个有多种答案的问题,朝着各种可能解决的方向,去扩散性思考该问题各种正确答案的思维。从不同角度、不同逻辑起点、不同思维程序考察客观事物,形成多方面、多层次、多因素、多变量的整体认识。在管理创新中,要打破固有的思维模式,寻求多种答案,大胆假设以找到全新的解决办法或思路,从而产生创新。

(5)替代思维

替代思维,也称替换思维,是指当问题的数量关系比较复杂时,可以根据给定的条件,寻找恰当的方法,通过等量替代,用一种数量替代另一种数量,将问题化繁为简、化难为易,从而解决问题,产生创新。

(6) 物极思维

物极思维来源于一种现象：一只足球撞到墙上，因受反作用力的影响而猛然回头，顺着原方向，返回到一定的距离处，受反作用力越大，返回距离就越远。管理创新中要很好地把握物极思维，消除和避免因为创新而带来的阻力和反弹。

(7) 心理思维

心理思维是指创新活动中要抓住人的心理和追求，以确保创新活动的顺利开展，使组织目标顺利达成。抓住了人的心理，也就抓住了成功的机会。

(8) 跟踪思维

跟踪思维就是通过对社会现象或经济发展迹象进行跟踪调查，然后综合、分析、思考和判断，从中发现和确定未来创新的方向。

2. 管理创新的技法

科学家们对创新的方法进行了深入研究，提出了许多适合各种创新工作的方法。较为适合管理创新的技法包括：

(1) "5W+1H"法

"5W"最早是由政治学家哈罗德·拉斯韦尔于1932年提出，经过不断运用和总结，逐步形成了一套成熟的"5W+1H"模式，这是一种正确识别问题的方法。

"5W"分别代表：为什么(why，目的)、是什么(What，对象)、在哪儿(Where，地点)、什么时候(When，时间)、谁(Who，人员)；"H"代表怎么做(How，方法)。

"5W+1H"是一种定律、一种原理，也是一种流程，更是一种工具，广泛运用到企业管理、日常工作生活和学习以及教育当中。该方法提供了科学的工作分析方法，常常被运用到制定计划草案上和对工作的分析与规划中，并能提高效率。因为如果问题一旦确定，且简单明了，那么事情就解决了一半。

按照该技法可以对工作进行科学分析，对某一工作在调查研究的基础上，就其工作内容(What)、责任者(Who)、工作岗位(Where)、工作时间(When)、怎样操作(How)以及为何这样做(Why)，即"5W""1H"进行书面描述，并按此描述进行操作，达到完成职务任务的目标。

(2) 头脑风暴法

头脑风暴法是目前最为实用、最为有效的一种集体式创新性解决问题的方法。它之所以有效，应归功于在群体活动情境下具有的彼此促进的动力机制。

(3) 列举法

列举法是通过列举有关项目来促进全面思考问题，防止遗漏，从而形成多种构想方案的方法。列举法在列举事项、方案和评选方案时，均可结合头脑风暴法进行，以获得更多更新颖的构思。

列举法包括特性列举法、缺点列举法、希望点列举法等。在这些方法中，特性列举法是基本方法，其他方法不过是对特性列举法的巧妙运用而已。

特性列举法是进行管理创新的一种重要创新技法，它通过列举现有事物的特征，针对其中需要改进的问题提出新的创新设想。它在把要解决的问题分解为局部子问题的基础上，将对象的特点与属性全部罗列出来，并分门别类地加以整理，然后进行详细的分析，提出问题,找出缺陷,再将功能、结构、人员、原理等其他管理要素与其他相类似的论据属性加以置换,从而产生管理创新的设想。这种创新技法特别适合于老企业改进管理,是老企业进行管理创新的重要辅助工具。特性列举法的优点在于促使我们全面地考虑问题,防止遗漏,而且较易找到解决问题的切入点。

(4)联想类比法

联想类比法的核心是通过已知事物与未知事物之间的比较,从已知事物的属性去推测未知事物的属性。类比推理的不确定性,可以帮助我们突破逻辑思维的局限性,寻找到一个新的逻辑起点。在日常生活中,人们常常用众人皆知的事例来比喻说明某些难懂的事物或概念,这实际上就是运用了类比的方法。

联想类比法以比较为基础。人们在探索未知的过程中,借助类比的方法,把陌生的对象与熟悉的对象进行对比,把未知的东西与已知的东西进行对比,从而由此及彼,起到启发思路、提供线索、举一反三的作用。

(5)移植法

移植法是指将某一领域的技术、方法、原理或构思移植到另一领域而产生新事物的方法。例如,把生产管理中标准化的管理技术运用到商业经营领域,就产生了全新的经营方式——连锁经营,通过统一形象、统一进货、统一价格、统一管理制度等方法实现商业规模化经营。移植法最大的优点是不受逻辑思维的束缚。当想把一项技术或原则从一个领域移植到另一个领域时,并不需要在理性上有多清楚的理解,往往是先做了再说,这就为新事物的形成提供了多种途径,甚至为许多"外行"搞创新提供了可能。

10.4 创新管理

管理创新是对组织本身管理体系、经验、流程等进行创造性突破和改进,以让组织适应不同的竞争环境,达到既定目标;创新管理是以特定的流程来设计、衡量、监督、激励创新活动,包括从创意到产品、科研到市场的整个管理过程。管理创新作为一种创新,与技术创新一样需要科学管理。

1. 对技术创新的管理

技术创新是指企业应用新知识和新技术、新工艺,采用新的生产方式和经营管理模式,提高产品质量,开发生产新的产品,提供新的服务,占据市场并实现市场价值。企业是技术创新的主体,技术创新是发展高科技、实现产业化的重要前提。

一般认为,技术创新管理是指在经济活动中引入新产品或新工艺以实现生产要素的重新组合,并在市场上获得成功的过程。

(1)技术创新管理的类型

①按照创新管理的对象不同,可以分为产品创新管理和工艺创新管理。

②按照创新管理的程度不同,可以分为渐进式创新管理和突变式创新管理。

③按照创新管理的来源不同,可以分为自主型创新管理、模仿型创新管理和引进技术型创新管理。

(2)技术管理创新的特点

①基于技术的活动。

②对"技术"变动的程度有较大弹性。

③是技术与经济结合的概念。

(3)技术创新管理的作用

①加强组织技术创新管理是抢占科技和产业制高点的关键。

②加强组织技术创新管理是转变经济增长方式的重要途径。

③加强组织技术创新管理是组织振兴和发展的必然要求。

(4)风险管理

加强风险管理,就是通过对技术创新管理风险的识别、衡量、预测和分析,采用相应的对策处置技术创新管理风险和不确定性,力求以最小的成本保障最大的创新管理效益。具体措施如下:

①积极利用风险投资,使创新管理投资主体多元化。

②增强模仿创新管理能力,减少技术和市场风险。

③加强合作研究,化解技术风险。

拓展阅读10-3

中国金融风险管理的发展

市场经济的核心是金融体系,资金是经济的"血液",风险是金融的本质和核心,风险问题是金融的核心问题,也是经济体系中核心的核心。风险管理作为金融的基本功能,已经被越来越多的人所认可。同时,风险管理也被认为是文明发展的标志。哈佛大学著名的金融史学家伯格斯坦在他的《与天对弈》一书中提出,文明发展最重要的标志不是科技的发展,也不是所谓的民主和各种社会制度安排,而是在于人类对风险的一种掌控力,所以风险管理成为人类文明发展的标志和分水岭。大到一个社会,小到一个家庭和个人,文明程度的标志是对于风险的掌控。

风险管理问题是金融改革和发展的核心问题。从2015年提出的供给侧改革到2019年提出的金融供给侧改革,再到2020年提出的需求侧改革,金融风险始终是改革中非常关键的问题,风险将这三大改革融为一个有机整体。供给侧改革里面的去杠杆本身就是一个风险管理问题。金融供给侧改革的关键内容和任务在于金融体系向实体经济供给风险的管理,而不仅限于供给资金。至于需求侧改革,非常重要的就是金融系统改革,因为需求是由资金决定的,只有有资金的需求才是有效需求,而提供资金的就是金融系统,也就是金融供给侧改革。金融系统本身就是经营风险的系统,在提供资金时,最需要考虑的就是风险。所以,无论从供给侧改革还是从需求侧改革,风险都是关键因素,如果把供给侧改革简单理解为关于"上项目"的改革,需求侧改革也简单理解为"给钱"的改革,把两者联系在一起共同的因素就是风险,上项目要考虑上项目的风险,给钱也要考虑投资的风险,由此可以看出关于风险的讨论是金融最基本的问题。如何看待我国的金融发展,如何看待金融改革开放的道路选择,如何看待目前金融所面临的各种风险问题,以及未来如何去面对,都需要从回顾改革开放以来金融风险管理的发展历程中找答案,并从中找到一些重要的启示。

在专业风险管理体系中,通常来讲,风险管理分为内控、对冲、经济资本配置三大机制。传统风险管理主要关注内部控制,日常生产经营过程中的控制手段、监测手段和审计等,这些活动往往可以说是保驾护航的。但全面的风险管理要超越这些,不仅限于这些保驾护航的活动,还要直接参与发展中,成为决策的核心,比如资本的配置、业务的限额、产品的定价、工作绩效的风险调整,这就涉及金融机构以及企业经营最核心的问题,是决定航向的问题,这也是金融机构的核心竞争力。

风险管理的目标不仅是要保驾护航,还要决定航向,创造价值,它不是简单的规避损失,甚至都不是降低风险,而是在一定的时候要增大风险的承担量,这就是所谓的风险偏好问题。

2. 对管理创新的管理

管理创新主要有以下障碍:

(1)资源短缺与缺少管理层的支持

管理创新的最大障碍之一是组织缺乏对管理创新的投入和支持。在绝大多数企业中,管理者注重的是经营活动和日常管理工作,对管理者没有创新要求,也没有安排一定的时间、资金和人力用于管理创新。

造成这种局面的本质原因是许多企业没有意识到管理创新的重要性,单纯地把企业发展的希望寄托在抓机会、抢资源或技术创新、营销创新上,没有把管理创新列为组织的战略措施之一。由于对管理创新既没有要求,也没有投入,有组织的管理创新活动自然也不可能产生。

(2)僵化的组织结构与官僚主义

在变化多端、难以预测的环境中,组织需要创造和创新。反过来,创造与创新也需要有一个能对环境变化做出迅速反应的组织结构。一个能对环境变化做出快速反应的组织结构是有效创新的必要条件,只有这样的组织机构,才能迅速发现管理中存在的问题,并及时通过管理创新予以解决。层级太多、办事刻板、缺乏生气、部门本位主义和官僚主义盛行的组织结构必然会阻碍创新工作的开展。

(3)害怕失败、抵制变化

害怕自己的行为受到批评或观点被嘲笑,这是人类的通病。人们之所以不愿意发表自己的创新性、建设性观点,多半是因为害怕受到嘲笑与批评。与此同时,不少人害怕犯错误,因而养成了循规蹈矩、因循守旧的习惯,习惯于走老路,按"老皇历"办事,只唯书、只唯上,不唯实,过分依赖权威,不敢存疑,过分相信书本,不敢深究。

(4)从众或对创新行为过分挑剔

创新意味着其观念有别于一般人,这样就与组织现有的行为规范不相一致,那么创新者就有可能被认为行为古怪或思想偏执。而一旦被认为是古怪的,那么创新性的观点就得不到重视,管理者也不把他们的创新性想法当一回事。这种群体规范压制了创新,使得多数人更愿意服从现有的规范和标准,跟着多数人的意见走。

(5)创新中贪大求洋、急于求成

在管理创新中,有的组织热衷于引进先进管理模式,希望通过创新一下子解决所有的管理问题;有的管理者则为创新而创新,为求"政绩"而创"亮点"。但创新只有立足于现实,结合本组织的实际,围绕着目标进行,才有实际意义。制度创新也好,资本经营也罢,都需要在一定的条件下进行。管理创新是多层次、全方位的,而且多数创新都是从细部开始的,贪大求洋、急于求成的结果往往适得其反。海尔集团管理创新就是从制定组织内部管理的"十条规定"开始的,在"十条规定"中,其中一条是"禁止在车间里大小便"。就是这样的起点,经过十几年坚持不懈的管理创新,形成了以"日清日高"为代表的海尔管理模式。因此,管理创新要从小事做起,从细部做起,从点点滴滴做起。

为了克服上述障碍,保证管理创新工作的顺利进行,需要做好计划、组织、领导和控制工作。

3.组织创新的流程

埃佛雷特·罗杰斯提出了组织创新的流程,该流程分为启动和实施两个阶段。启动阶段是指收集信息、定义创新需求、制订创新计划的过程,实施阶段则包括了所有应用创新的活动、实践、决策。同时组织的创新流程还包括日程制定、匹配、重新定义/重新建设、澄清、程序化五个步骤(图10-2)。

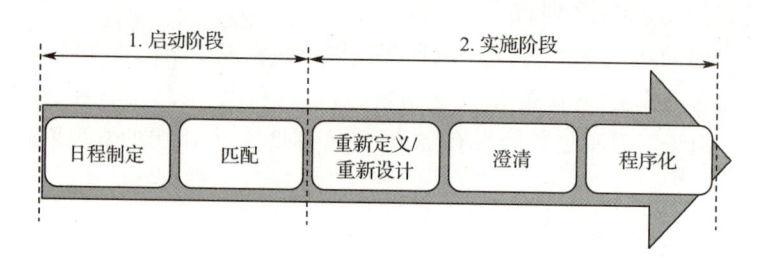

图10-2 组织创新的流程

(1)日程制定

通常情况下,企业会面临的问题包括:①如何获取客户需求的信息;②如何令组织的工作更有效率;③当前的工作应该如何完成;④如何在未来更快地驱动创新。

(2)匹配

管理者需要对组织环境进行扫描,将组织中的某项需求同某项创新联系起来。

(3)重新定义/重新设计

一项创新被重新定义或改造从而为企业服务,同时企业的结构和原有的业务流程也可能因此发生变化。

(4)澄清

更进一步定义组织和创新之间的关系。

（5）程序化

将创新融入组织日常的工作流程中。

4. 管理创新的内容

（1）做好管理创新的计划

管理创新计划的制订是创新管理的基础。制订科学的管理创新计划可以提高管理创新过程的效率和成功率。

（2）做好管理创新的组织

管理创新的组织工作要求管理者按照创新目标和计划要求，建立合理、高效、能保证计划顺利实施的组织结构与体系，合理安排和调配各种组织资源，以保证管理创新计划的顺利实施。

（3）做好管理创新的领导

管理创新工作是开发员工的智力，而不是体力。在领导管理创新工作的过程中，管理者应建立良好的组织创新环境并做好创新的激励工作。

（4）做好管理创新的控制

如同组织其他战略性重要项目一样，对于各项管理创新工作，也应纳入组织工作的检查范围并加以经常性的督促，只有这样，才能保证管理创新活动的持续开展。

拓展阅读 10-4

新中国成立以来，我国的科技发展取得举世瞩目的成就。新中国成立后，面对帝国主义的核威胁、核讹诈，我国发挥科技攻关的举国体制优势，在党中央的统一领导下，调动全国资源，依靠各部门、各地方、各部队的"大协作"，独立自主研制出"两弹一星"。党的十八大以来，我国继续发挥创新精神，一批重大创新工程取得突破性进展，"神舟"飞天、"蛟龙"入海、"嫦娥"奔月、"墨子"传信、"北斗"组网、"天眼"巡空、"天问"探火等，令世人为之惊叹。党的十八大以来，习近平总书记把创新摆在国家发展全局的核心位置，高度重视科技创新，围绕实施创新驱动发展战略、加快推进以科技创新为核心的全面创新，提出一系列新思想、新论断、新要求。2016 年，中共中央、国务院印发了《国家创新驱动发展战略纲要》，明确提出了实施创新驱动发展战略，这是根据国内外发展态势、立足国家发展全局、面向未来发展做出的重大战略决策。从要素驱动到创新驱动，不仅遵循了科技发展的规律性特征，而且找到了新时期科技发展要走内生式发展的道路。实施创新驱动战略，必须把重要领域的科技创新摆在更加突出的地位。当前，我国在发展核心技术方面同发达国家总体差距在缩小，重大创新成果竞相涌现，一些前沿领域开始进入并跑领跑阶段，科技实力正从量的积累迈向质的飞跃。自主创新是我国攀登世界科技高峰的必经之路，实现科技自立自强就不能在关键核心技术领域受制于人。为实现关键核心技术自主可控，为我国经济高质量发展提供有力科技支撑，我国只有强化国家战略科技力量，依靠自力更生和艰苦奋斗，向自主创新要驱动力，解决关键核心技术"卡脖子"问题，努力把我国建成世界科技强国。

本章小结

创新是民族的灵魂,是引领发展的第一动力,是文明进步的源泉。在新时代,创新将成为管理的主旋律,也将成为管理的主要职能之一。本章从管理创新及其重要性、管理创新模式与原则、管理创新思维方法、创新管理四个方面对管理创新做了概述,其中创新思维的方法、管理创新的技法尤其需要我们结合国家对新时代创新的要求来掌握。

《中共中央关于制定国民经济和社会发展第十四个五年规划和二〇三五年远景目标的建议》中提出:"强化企业创新的主体地位,促进各类创新要素向企业集聚",这是推动创新链和产业链有效对接、提高国家创新体系整体效能的重要战略举措。在时代变革的背景下,管理者创新职能的重要性愈发凸显。

请扫描二维码阅读案例

案例 10-1   案例 10-2   案例 10-3

参考文献

[1] Frederick Winslow Taylor. The principles of Scientific Management [M]. Project Gutenberg, 2004.

[2] Peter F. Drucker. Management: Tasks, Responsibility, Practices [M]. Portsmouth Heinemann, 1974.

[3] Schermerhorn J R. Management (Sixth Asia-Pacific edition) [M]. Wiley, 2017.

[4] Thomas A. Mahoney, Thomas H. Jerdee, Stephen J. Carroll. The Job(s) of Management. Industrial Relations (February 1965), pp: 97-110.

[5] 彼得·德鲁克. 公司的概念 [M]. 慕凤丽, 译. 北京: 机械工业出版社, 2018.

[6] 彼得·德鲁克. 管理的实践 [M]. 齐若兰, 译. 北京: 机械工业出版社, 2018.

[7] 成刚. "鞍钢宪法"对新时代企业改革的现实意义 [J]. 企业管理, 2021(07): 10-13.

[8] 包为民. 工程与数学完美结合, 系统科学思想的实践——纪念《工程控制论》发表60周年 [J]. 控制理论与应用, 2014, 31(12): 1618-1620.

[9] 陈传明, 等. 管理学 [M]. 北京: 高等教育出版社, 2016.

[10] 管夕茂, 王景奎. 从古代铁锅贸易看"海洋全球化"——新课程形势下中学历史课堂转型初探 [J]. 历史教学(上半月刊), 2021(03): 42-50.

[11] 哈罗德·孔茨, 海因茨·韦里克. 管理学 [M]. 郝国华, 金慰祖, 葛昌权, 等, 译. 北京: 经济科学出版社, 1995.

[12] 亨利·明茨伯格. 管理工作的本质 [M]. 方海萍, 等, 译. 北京: 中国人民大学出版社, 2007.

[13] 黄志立. 《管子》人才思想及其当代价值 [J]. 管子学刊, 2016(02): 18-24.

[14] 林桦. "鞍钢宪法"是马克思主义政治经济学的中国实践成果 [N]. 鞍山日报, 2021-11-16(A05).

[15] 刘红凛, 刘莹. 党内激励机制在重大突发事件中的运用与调适 [J]. 山东社会科学, 2021(10): 10-16.

[16] 祁志祥. 《吕氏春秋》的思想结构及其帝王之道——重写先秦思想史系列 [J]. 河北师范大学学报:哲学社会科学版, 2021, 44(06): 1-23.

[17] 斯蒂芬·罗宾斯,玛丽·库尔特. 管理学[M]. 13版. 刘刚,程熙镕,梁晗,等,译. 北京:中国人民大学出版社,2017.

[18] 史家汇. 古代中国企业家精神的变革与启示[J]. 中国中小企业,2021(11):64-68.

[19] 汪克夷,齐丽云,刘荣. 管理学[M]. 2版. 北京:清华大学出版社,2016.

[20] 邢以群. 管理学[M]. 4版. 杭州:浙江大学出版社,2016.

[21] 周三多,陈传明,刘子馨,等. 管理学:原理与方法[M]. 上海:复旦大学出版社,2019.